AF465854

HENRI DE FRANCE

I

Nantes, imp. Vincent Forest et Émile Grimaud, place du Commerce, 4.

HENRI DE FRANCE

OU

HISTOIRE DES BOURBONS

DE LA BRANCHE AINÉE

PENDANT QUARANTE ANS D'EXIL

1830 — 1870

PAR

M. ALFRED NETTEMENT

NOUVELLE ÉDITION

REVUE ET CONSIDÉRABLEMENT AUGMENTÉE

D'APRÈS DES NOTES LAISSÉES PAR L'AUTEUR

I

LIBRAIRIE JACQUES LECOFFRE

LECOFFRE FILS ET Cie, SUCCESSEURS

PARIS | LYON
90, RUE BONAPARTE | RUE BELLECOUR, 2

1875

AU LECTEUR

La *Vie de Henri de France* parut pour la première fois en 1845. C'était l'histoire des Bourbons de la branche aînée pendant les quinze premières années de leur troisième exil, l'histoire du douloureux hiver de la vie du vieux roi Charles X, hiver consolé et réjoui par l'épanouissement de la jeunesse de M. le comte de Chambord et de sa sœur, *Mademoiselle.* L'exil était triste; mais, lorsque les royaux exilés se prenaient à songer à l'avenir concentré sur la tête du prince qui était leur joie et leur gloire, l'espérance leur apparaissait. Dieu n'avait-il pas eu pitié de la France lorsqu'il avait permis la miraculeuse naissance de l'enfant que les poètes et que les politiques appelaient le Dieudonné, l'enfant de l'Europe? Le roi Charles X mourut consolé à la pensée que les heureuses qualités de son petit-fils serviraient un jour à la France, loin de laquelle les restes du vieux roi allaient reposer; cette espérance adoucit également les derniers jours de Louis-Antoine de France et de Marie-Thérèse de France.

En 1845, M. le comte de Chambord avait vingt-cinq ans. Il entrait dans ces années fécondes où l'homme juge l'éducation qu'il a reçue, la complète ou la rejette avec les principes et les traditions qui lui ont servi de bases et choisit le sentier où il veut marcher. C'est le moment où l'été de la vie commence, où la jeunesse prépare les moissons que l'automne de la maturité recueille et conserve.

Lorsque la première édition de *Henri de France* parut, l'auteur, après avoir rappelé quelle avait été l'éducation de M. le comte de Chambord, s'était réjoui à la pensée qu'une telle jeunesse promettait une vie féconde. Ces promesses sont aujourd'hui de précieuses réalités. Le Prince, élevé dans les rudes sentiers de l'adversité, est devenu la personnification vivante du devoir et le type de l'honneur. Par la dignité de son attitude, la grandeur de son caractère, la noblesse de son langage, ce roi dépossédé domine tous les souverains de l'Europe, pour lesquels la politique est une science de mensonge et de dissimulation, et aux yeux desquels la force prime le droit. Si tous les partis ne s'inclinent pas devant le principe que M. le comte de Chambord représente, tous rendent hommage à son caractère, tous lui accordent leur estime et répètent que jamais prince ne fut mieux préparé que lui pour travailler à la régénération de son pays. Si la France doit être régénérée, c'est par le prince qui a pris pour devise ces mots caractéristiques : *Le droit pour base, l'honnêteté pour moyen, la grandeur morale pour but.*

Depuis les événements de 1870, bien des intelligences ont compris les avantages que notre pays tirerait d'une nouvelle restauration. Les journaux, ces organes de l'opinion publique, se sont beaucoup occupés du comte de Chambord, et l'on est venu nous demander de publier une nouvelle édition de *Henri de France*, redevenu un livre d'actualité. Nous avons hésité d'abord à céder au désir qu'on nous exprimait. L'esquisse tracée en 1845 par un écrivain éminent devenait incomplète en 1872, et nous nous sentions à la fois indigne et incapable de continuer l'œuvre d'une grande intelligence, dont la disparition a fait un vide profond dans les lettres françaises. Alors nous nous sommes souvenu du procédé de ces savants qui, à l'aide de quelques débris venus d'un passé lointain, reconstruisent tout l'organisme d'un être. Nous avons eu recours à des notes laissées par M. Alfred Nettement ; elles nous ont servi à compléter cette étude sur la vie du prince qu'il a tant aimé et au service duquel il avait consacré son talent, voué sa vie. Dans ce travail, nous avons cherché à nous éviter nous-même, à nous supprimer, et, sentant toute notre infériorité, nous nous sommes borné, autant que nous l'avons pu, à lier entre elles, aussi brièvement que possible, les notes que nous possédions.

Quand il s'est agi de porter un jugement, nous nous sommes efforcé de nous rappeler les appréciations de M. Alfred Nettement sur les hommes et sur les choses. Si nous n'avons pu atteindre la hauteur de son langage, nous espérons que notre désir de puiser comme lui nos inspirations à la source de l'impartialité et de la justice, fera oublier la distance qui sépare notre humble prose de celle d'un maître qui nous a quitté trop tôt.

INTRODUCTION

Le titre de ce livre en indique l'objet et le but; ce n'est ni une apologie, ni un panégyrique : c'est une histoire. Dans cette histoire, l'auteur n'a cherché nulle part l'occasion d'exciter les passions; il l'a au contraire évitée partout où elle s'offrait d'elle-même. Le terrain des passions est mauvais pour l'intérêt de ce pays, mauvais par conséquent pour les idées que l'auteur défend, et qui, dans sa conviction, contiennent seules la solution du problème qui pèse sur la France.

Selon lui, ce n'est pas aux passions de cette société, c'est à sa raison qu'il faut en appeler pour qu'elle avise à préserver sa grandeur menacée, sa liberté compromise, son influence morale et politique décréditée.

Si l'on veut savoir pourquoi ce livre paraît aujourd'hui, pourquoi il n'a pas paru il y a quelques années, ou pourquoi l'auteur n'a pas attendu à une autre époque pour l'écrire, voici sa réponse. Plus tôt, il serait venu trop tôt; les passions étaient trop émues, une longue expérience devait être faite; plus tard, il viendrait peut-être trop tard.

1*

Quand on n'écrit pas avec l'unique pensée de divertir le public, ce qu'on appelle de nos jours faire de l'art pour l'art, il importe que chaque livre soit un acte, c'est-à-dire qu'il soit de nature à produire, à l'instant où il paraît, un effet utile et de nature à accélérer le mouvement des idées. Il ne faut pas faire des livres de circonstance, mais il faut toujours faire un livre avec à-propos. Celui-ci vient-il à son heure ? L'auteur croit pouvoir répondre affirmativement. Le temps a usé bien des passions, fait tomber bien des préventions. On veut savoir, on veut connaître, on veut s'éclairer sur les hommes et sur les choses; il n'y a plus guère de parti pris sur rien, pour ou contre personne. Le moment a paru bien choisi à l'auteur pour venir raconter une histoire peu connue, l'histoire de quarante années d'exil. Ce qu'ont fait, ce qu'ont pensé, ce qu'ont éprouvé, pendant quarante années, les princes dont la vie se confondait naguère avec notre histoire, ce qu'ils étaient, ce qu'est aujourd'hui l'unique rejeton de la race de Louis XIV, ce qu'il a fait ou dit dans telle circonstance, ce qu'il a dans l'esprit, ce qu'il a dans le cœur : voilà le sujet, le plan, le but de cet ouvrage, ouvrage historique s'il en fut, car l'auteur n'a pas articulé un fait sans être convaincu de sa réalité, et, sans prétendre avoir été à l'abri de l'erreur, il peut se rendre le témoignage qu'il a su se mettre en garde contre cet esprit de mensonge qu'on appelle l'esprit de parti.

Un auteur de ce temps a écrit l'*Histoire de dix ans de règne* [1]: pour avoir une idée complète du temps où nous vivons, peut-être croira-t-on devoir lire l'*Histoire de quarante ans d'exil.* Pour les cœurs justes, c'est une pièce nécessaire qui fait partie du dossier d'un grand procès politique; pour les esprits curieux, c'est un document

---

[1] Louis Blanc.

qui a son intérêt; pour les esprits prévoyants, c'est un renseignement utile à compulser.

En se renfermant dans les limites de l'impartialité et de la modération, l'auteur a rempli un devoir. La générosité sied bien aux vainqueurs, et vraiment, quand on examine le changement que ces quarante années ont introduit dans la situation des diverses opinions politiques, on découvre que ce qui en 1830 avait été pris pour une défaite devait en réalité devenir une victoire.

Royalistes, vous savez ce qu'étaient vos adversaires, il y a quarante ans, dans ce pays. Ils étaient tout, car ces habiles diseurs de belles paroles avaient persuadé à l'opinion publique qu'ils étaient les défenseurs des intérêts nationaux. S'agissait-il d'économie, ils vous faisaient passer pour les déprédateurs de la fortune publique et les dévorateurs du festin annuel du milliard. S'agissait-il de liberté, ils poussaient mille cris jusqu'au ciel pour se plaindre de vos tyrannies, ils vous faisaient maudire comme les suppôts du privilége et les complices du despotisme, dont ils étaient, disaient-ils, les irréconciliables adversaires. S'agissait-il de gloire, ils appelaient le régime monarchique une halte dans la boue, et vous accablaient de leurs espérances de triomphe, en projetant sur vous l'ombre de leurs futurs lauriers. Foy, Casimir Périer, Manuel, Salverte, étaient les rois de cette époque, car ils étaient les rois des esprits, et ils ne vous avaient abandonné que les faits qui devaient vous échapper bientôt.

Quant à vous, tout se fondait dans vos mains; rien ne vous réussissait, pas même le succès. Lorsque vous donniez une immense prospérité financière à la France, on vous accusait de vouloir la corrompre dans une nouvelle Capoue. Lorsque vous diminuiez les impôts, on vous accusait de diminuer le nombre des électeurs. Lorsque vous faisiez succéder à la dictature de l'Empire des libertés inconnues et inespérées, ceux-là même qui avaient empêché ces libertés d'être complètes et fondées sur une base indestructible s'en servaient comme d'un levier pour vous abattre. Alliez-vous en Espagne pour accomplir une œuvre sous laquelle avait succombé le génie de Napoléon, c'était, disait-on, pour obéir à l'Europe. Vous ne reculiez pas à la pensée de soutenir une guerre contre cette gigantesque Angleterre qui avait accablé l'Empire : on vous appelait les satellites de l'empereur Alexandre. Malgré tous les pronostics de défaite, vous parveniez à vaincre en Afrique : on déshonorait la victoire entre vos bras. La gloire elle-même, ce talisman si puissant dans le pays des nobles cœurs et des longues épées, la gloire avait perdu son prestige sur la terre de Bayard, de Henri IV, de Crillon, de Jean Bart et de du Guesclin. Le canon qui annonçait la conquête d'Alger laissait les cœurs froids et les âmes sans élan, les imaginations sans poésie, et bientôt le canon de l'insurrection allait élever la voix pour lui répondre.

Ah ! c'est alors qu'il fallait pleurer sur la cause monarchique, pleurer sur un principe condamné à mourir, sur un drapeau que le vent du succès déployait sans que les peuples vinssent s'abriter à son ombre, sur un soleil qui brillait sans qu'on vînt se réchauffer à ses rayons. Royalistes, c'est alors qu'il fallait pleurer sur vous, car alors le doute entrait dans les plus fières intelligences et dans les plus nobles âmes. Mon Dieu ! serait-il vrai ? nous serions-nous donc trompés ? nos principes seraient-ils contraires à la gloire, au bonheur, à la liberté de ce pays ? sommes-nous un obstacle aux grandeurs de notre belle France, un passé tenace et rebelle qui s'obstine à barricader les voies de l'avenir ? Mon Dieu ! serait-il vrai ? Est-ce pour un souvenir seulement que sont morts Lescure, Cathelineau, la Rochejaquelein, Bonchamps, Charette ? et ceux que nous avons honorés comme des martyrs ne sont-ils que les victimes de leurs illusions et le jouet d'un fanatisme insensé ? Nobles paysans de l'Ouest, que nous avons tant de fois salués de la pensée, dans l'histoire, comme les champions de Dieu, ce n'était donc pas pour la cause de la vérité que vous avez versé le plus pur de votre sang? O vous, nos pères, qui avez cru mourir pour la cause de Dieu et du roi, vous n'êtes donc morts que pour des idoles? Vendée, noble vierge des batailles, il faudrait donc renverser le monument que nous vous avons élevé au plus profond de notre cœur? Prisonniers, exilés, proscrits, condamnés à mort, héros et héroïnes, votre peine était juste; martyrs, vous n'étiez que des coupables; échafaud de Louis XVI, vous n'étiez donc pas un autel!

Vraiment, ce doute était horrible! Les intelligences s'éteignaient dans ces angoisses inexprimables, les cœurs cessaient de battre dans l'agonie de cette incertitude, et les âmes ébranlées ne savaient plus où était la vérité, où était l'erreur. Il fallait une grande épreuve, une épreuve qui dégageât les principes du vrai de l'alliage d'erreur à l'aide duquel on les combattait, et qui montrât à la France où étaient ses amis, où étaient ses ennemis. L'épreuve est venue, elle a été longue, voici quarante ans qu'elle dure; la lumière s'est faite. Royalistes! où en sont vos adversaires, où en êtes-vous?

Dans quelle situation avez-vous laissé la France, et comment la retrouvons-nous à la suite de ces quarante années passées en dehors du principe traditionnel qui avait fait la grandeur et l'unité de notre pays?

En 1830 la France, qui depuis le traité d'Aix-la-Chapelle avait repris son rang de grande puissance, amenait l'Europe à consentir au remaniement des traités de 1815, cette mesure de défiance prise par les puissances contre l'ambition de Napoléon. Ce remaniement européen devait s'opérer diplomatiquement, sans coûter une vie d'homme. Toutes les grandes puissances se disputaient l'honneur de l'alliance française. En quinze années, la Restauration avait payé les énormes arriérés, seul héritage que l'Empire ait laissé à la France; le budget, qui s'élevait à 930 millions, se soldait par un excédant de recettes. Cependant l'opposition criait à la Restauration : « Vous êtes une halte dans la boue ! » et dénonçait la dilapidation des deniers publics.

En 1830, les adversaires du gouvernement royal se divisaient en trois classes distinctes : les républicains, qui étaient les moins nombreux ; les partisans de la monarchie constitutionnelle du duc d'Orléans, et les bonapartistes. Tous ont occupé successivement le pouvoir. Où leur politique a-t-elle conduit la France ? Que sont devenus ces plans d'économie si merveilleux ? Où trouver ce budget normal qui devait descendre au-dessous de 900 millions ? Comment se sont réalisés ces dégrèvements et ces diminutions d'impôts dont il était question chaque jour ? Les impôts ont été multipliés et les censeurs du budget d'un milliard ont demandé plus de 2 milliards au pays.

La politique séculaire de la France, protectrice des États secondaires, a été abandonnée. Les parvenus du pouvoir ont rejeté la tradition sans se souvenir que cette tradition avait abrité le royaume de Louis XIV, et que pour un peuple c'est toujours un péril de renier son passé. A l'influence prépondérante de la France en Europe a succédé d'abord celle de l'Angleterre, ensuite celle de l'Allemagne.

Les fautes du second Empire ont aggravé, en les surpassant, celles de la monarchie de Juillet. Napoléon III, poursuivant la chimère des nationalités, a fait l'Italie unitaire ; il a laissé faire l'Allemagne unitaire sans se souvenir qu'au delà du Rhin on attendait toujours l'heure de la revanche d'Iéna. Quand le gouvernement impérial s'est effondré sous le poids accablant des revers, conséquences de ses fautes, il a laissé le territoire envahi, l'armée prisonnière, la France démembrée.

La guerre avec ses conséquences terribles, le socialisme et l'anarchie, tels sont les résultats de la politique suivie pendant ces vingt dernières années. Napoléon III savait qu'il ne pouvait conserver le pouvoir qu'en accréditant dans la partie paisible de la population la conviction qu'il sauvait la France de la république rouge, du socialisme. Pour arriver à répandre cette croyance, il fallait épouvanter les citoyens paisibles, garder auprès de soi le monstre populaire, mais le montrer enchaîné et retenu par la volonté d'un seul homme.

L'empire était affaibli par ses fautes au moment où l'esprit libéral se réveilla en France. Le gouvernement impérial, effrayé des aspirations libérales qui se manifestaient dans toutes les régions de la société, recourut au moyen qui lui avait déjà réussi. Il lâcha le frein qu'il faisait porter au peuple depuis près de vingt ans. Il autorisa les clubs et les réunions publiques. Les orateurs des clubs évoquaient les souvenirs des plus mauvais jours de la révolution, ils demandaient la suppression de la propriété et de la religion, ils réclamaient en même temps la chute du gouvernement. Le pouvoir espérait qu'au moment où l'anarchie des idées voudrait descendre dans l'ordre des faits, la France épouvantée se précipiterait dans les bras du régime autoritaire, et demanderait une seconde fois à Napoléon III de la sauver de la démocratie. La première partie de ce plan était réalisée, lorsque la guerre avec l'Allemagne brusqua le dénoûment d'une manière tout à fait inattendue.

Après le plébiscite du mois de mai 1870, l'Empereur, persuadé que cette victorieuse épreuve lui garantissait la sympathie des populations rurales, pensa, il l'a avoué lui-même, qu'un peu de cette gloire militaire qui est toujours la bienvenue en France rallierait les populations des villes à la politique du gouvernement. Napoléon III croyait à une simple promenade sur les bords du Rhin; il espérait traiter de la paix après un premier succès; les soldats, escomptant d'avance leur succès, criaient en partant : A Berlin, à Berlin ! Il semblait qu'on allait assister à un drame d'opéra-comique, et les premiers bulletins de la campagne avaient un cachet d'idylle tout à fait surprenant. Lorsque la véritable guerre a commencé, on a découvert que la fortune militaire de la France avait été dissipée à courir des aventures. Napoléon III rêvait d'Austerlitz, de Marengo et d'Iéna, il s'est éveillé à Sedan. Alors s'est déroulé ce drame unique dans l'histoire moderne et dont les actes principaux portent les noms de trois villes françaises : Metz, Strasbourg, Paris... L'Europe a vu Paris, cette ville considérée comme le siége de la civilisation et des arts, assiégée pendant plus de quatre mois, bombardée par l'armée allemande, privée de toute communication avec la province, capituler après une résistance héroïque devant le plus implacable des ennemis: la faim. Ce drame terrible s'est terminé par une catastrophe facile à pressentir: la France a été obligée d'accepter un traité qui lui imposait une indemnité de 5 milliards et qui, mutilant le territoire conquis par l'épée, la diplomatie et les alliances de ses rois, lui enlevait deux de ses plus belles provinces : l'Alsace, réunie à la France par l'épée de Louis XIV, et une partie de la Lorraine, dot de Marie Leckzinska, femme de Louis XV.

Tel est le réveil qui attendait la France à la fin du second empire, tels sont les résultats de tant de révolutions successives.

Sous la Restauration, nous avions remonté la pente qui avait conduit la France aux deux invasions, à Waterloo. Depuis 1830, nous avons été de chute en chute. Les adversaires de la monarchie traditionnelle nous ont précipités dans l'abîme. Lorsqu'on cherche à se rendre compte de l'efficacité des promesses de ceux qui accusaient l'administration royale d'incurie et de prodigalité, on arrive à constater que ceux qui promettaient tant d'économie ont doublé le budget de la France.

Les chiffres sont aux finances ce que les faits sont à l'histoire ; nous citerons ici des chiffres, et nous adopterons ceux qu'un adversaire de la Restauration, M. Michel Chevalier, rapportait dans le *Journal des Débats*, en exposant la situation financière de la France en 1870. « Au moment de la première chute de Napoléon, écrit M. Michel Chevalier, l'intérêt de la dette consolidée alors, tout en 5 p. %, était de 63 millions. Après les Cent-Jours, par suite des derniers désastres de l'Empire, cet intérêt s'éleva à 165 millions ; il ne dépassa pas ce chiffre jusqu'en 1830. Le règne de la branche cadette y ajouta 12 millions ; la république de 1848, 54 millions. Au 1er janvier 1852, il était de 231 millions. En 1870, à la déclaration de guerre, il arrivait à 360 millions : l'Empire avait donc augmenté de 129 millions les charges de l'État. Or, jusqu'à la révolution de 1830, le total des dépenses de l'État n'atteignait pas un milliard [1]. » L'ancien sénateur de l'Empire ne peut éviter de rendre cet hommage à la mémoire de la Restauration, il reconnaît que, loin d'aggraver les charges de l'État,

---

[1] Complétons ces chiffres en rappelant les charges énormes que la guerre de 1870-1871 impose aux finances de la France. Nous empruntons ces renseignements au travail de M. Michel Chevalier, qui les a tirés du rapport de M. de la Bouillerie. Depuis la dernière guerre, les intérêts de la dette consolidée s'élèvent à 723 millions. A ces 723 millions, il faut ajouter 233 millions qui représentent l'intérêt des sommes empruntées pour libérer les départements envahis, remplacer le matériel de guerre, payer aux Prussiens l'indemnité de guerre et l'intérêt des sommes empruntées à la Banque de France, sommes qui s'élèvent à 1 milliard 530 millions. C'est-à-dire que la Banque a prêté à l'État plus de sept fois son capital ! A ces 956 millions d'intérêts, M. Michel Chevalier pense qu'il faut en ajouter 45 autres pour les diverses dettes spéciales que l'État solde par annuité. Les intérêts de la dette publique s'élèvent donc à 1 milliard.

elle les allégea. Au moment de sa chute, elle laissait le pays jouissant de tous les genres de prospérité.

Si les hommes de l'opposition systématique réclamaient sans cesse des libertés sous le gouvernement de la Restauration, c'était afin de se servir de ces libertés pour renverser le pouvoir établi, et arriver à en fonder un autre sous lequel les grands emplois leur seraient réservés. Ils invoquaient sans cesse dans leurs discours la gloire, la probité politique, l'économie, la liberté. Ces figures de rhétorique étaient belles, séduisantes; mais ceux-là seuls qui ont sacrifié leur intérêt personnel aux intérêts généraux devraient avoir le droit de les employer.

Après ces quarante années passées en dehors du pouvoir, les royalistes, qui n'ont pas eu une part d'autorité, ne doivent pas porter leur part de responsabilité des événements qui ont désolé la France: la responsabilité n'est qu'une conséquence de l'autorité. Les royalistes ont le droit de parler de gloire, de probité politique, d'économie, de liberté, sans qu'ils puissent craindre qu'on leur oppose les actes de la politique suivie par la Restauration.

Cette époque si calomniée apparaît maintenant aux yeux de la nouvelle génération à la clarté sereine de l'impartiale histoire. Elle déclare que les royalistes sont innocents de tout ce qui a été fait contre l'économie, la liberté, la probité publique et la gloire. Les royalistes sont dégagés de la position fausse et mauvaise qui rendait inévitables les fautes qui sont devenues fatales à la monarchie. Ils ne sont plus les hommes d'une charte octroyée avec des libertés révocables et limitée à un petit nombre d'électeurs; ils sont devenus les hommes des droits imprescriptibles, des libertés générales, du droit commun, les hommes du parti français, les hommes de la France, car le principe monarchique est le seul qui puisse rendre au pays, avec des garanties pour le présent, l'espérance d'un meilleur avenir. Nous pouvons dire aujourd'hui aux vaincus de 1830 : Votre défaite amènera peut-être le triomphe définitif des principes que vous défendiez; car vos idées, séparées de l'alliage qui les obscurcissait, brillent aujourd'hui de toute leur lumière. Le grand problème qui s'est agité pendant tant d'années est aujourd'hui résolu. Il n'y a plus ni incertitude dans les esprits élevés, ni doute dans les cœurs droits. Nos pères sont morts, et vous avez lutté et souffert pour une noble et sainte cause. Le sang qui a coulé pour vos principes a coulé aussi pour la France. Nobles esprits, cœurs généreux, vous tous qui vous êtes consacrés à la défense des principes traditionnels, vous êtes justifiés devant l'histoire !

Depuis le commencement de ce siècle, tous les gouvernements en tombant entraînent un enfant royal en exil. Il semble que Dieu, témoin des souffrances du jeune roi Louis XVII, veuille épargner une seconde fois au monde le spectacle d'un crime pour lequel le génie du mal trouverait encore des bourreaux. Les deux empires, la monarchie de juillet, avaient vu naître des prétendants. Seule, la restauration réservait au pays, dans la personne du duc de Bordeaux, la garantie d'un principe qui a été mêlé à toutes les gloires de notre passé.

Nous avons pensé que les Français seraient heureux de connaître la vie du prince dont les ancêtres ont si puissamment contribué à l'unité et à la gloire de la France. La vie de M. le comte de Chambord est peu connue, et cependant les regards se sentent attirés par cette figure, qui joint à la grandeur qu'elle tient de sa race, l'austérité mélancolique qu'elle a gagnée à l'école de l'adversité et de l'exil. Cet exil est fini de droit, depuis le décret d'abrogation rendu par l'Assemblée nationale. Si M. le comte de Chambord reste éloigné de France, c'est qu'il comprend que le petit-fils de Louis XIV ne peut rentrer qu'en roi dans le royaume de ses pères.

Nous présentons aujourd'hui aux lecteurs l'histoire des quarante années d'exil de la branche aînée de la maison de

Bourbon, depuis le moment de l'embarquement de la famille royale à Chèrbourg. M. le comte de Chambord est maintenant le seul survivant des augustes passagers du *Great Britain*; Dieu leur a donné un trône que les révolutions ne peuvent plus ébranler, une couronne dont leurs vertus et leurs malheurs forment les nombreux fleurons. Nous dirons au lecteur quelle a été la vie des Bourbons pendant leur exil, nous lui rappellerons quelles ont été l'éducation et la jeunesse de M. le comte de Chambord, avant de le représenter tel qu'il est aujourd'hui, dans les vertes années de sa maturité. Après avoir étudié ce noble caractère, nous espérons que le lecteur répétera après Mgr Frayssinous: « Si M. le comte de Chambord devient roi, il sera aimé, et s'il ne l'est pas, il est digne de tous nos regrets! »

MÉDITATION

1830

LES VISIONS DE L'HISTOIRE

L'homme s'agite et Dieu conduit! Où donc nous conduisez-vous, Seigneur?

Je méditais sur l'histoire de ce siècle, et voici ce que j'y vis.

Trois scènes se déroulèrent devant moi.

La première se passait aux Tuileries. On était au 20 mars 1811; le 20 mars, date remarquable dans les annales de l'Empire, et qui devait s'y retrouver encore une fois.

L'empereur, au comble de ses vœux, envoyait le premier de ses pages au sénat, le second au corps municipal de Paris, pour leur annoncer la naissance du roi de Rome. Des pages partaient aussi pour porter la même nouvelle au sénat d'Italie et aux corps municipaux de Milan et de Rome, car, dans ce temps, la France, comme ces torrents qui sortent de leurs lits, avait franchi, d'un côté les Alpes, et de l'autre le Rhin.

De toutes parts s'élançaient les courriers.

Le comte de Ségur, grand maître des cérémonies,

envoyait officiellement un message pour prévenir les ambassadeurs étrangers de ce grand événement, qui semblait devoir consolider à jamais la dynastie napoléonienne sur le trône de France.

Le duc de Cadore expédiait des dépêches aux ambassadeurs français au dehors, pour qu'ils eussent à faire connaître cette nouvelle à l'Europe.

Le comte de Montalivet écrivait aux départements; le duc de Feltre à l'armée; le duc Decrès, aux villes maritimes; le duc de Neufchâtel, aux gouverneurs des contrées et aux commandants des places occupées par les armées françaises, colonies héroïques échelonnées sur toutes les routes du monde. D'un bout de l'Europe à l'autre, la grande voix du canon s'élevait et se répondait à elle-même, pour annoncer la naissance du rejeton de la race de guerre et de victoires.

Puis venaient les harangues enthousiastes.

Le 22 mars, l'empereur étant sur son trône, entouré des princes de sa famille, des princes grands dignitaires, des grands-aigles et de toute sa cour, le sénat était introduit à l'audience de Sa Majesté impériale et royale, et son président portait la parole en ces termes :

« Le sénat vient offrir à Votre Majesté ses vives et « respectueuses félicitations sur le grand événement « qui comble nos espérances, et assure le bonheur de « nos derniers neveux. Vos peuples saluent, par d'u- « nanimes acclamations, ce nouvel astre qui vient de « se lever sur l'horizon de la France, et dont le pre- « mier rayon dissipe jusqu'aux dernières ténèbres de « l'avenir. La Providence, Sire, qui a si visiblement

« conduit vos hautes destinées, en vous donnant ce « premier-né de l'Empire, veut apprendre au monde « qu'il naîtra de vous une race de héros, non moins « durable que la gloire de votre nom et les institutions « de votre génie. »

Et l'empereur, acceptant cet augure, répondait :

« Les grandes destinées de mon fils s'accompliront. « Avec l'amour de la France tout lui deviendra facile. »

Il ajoutait, en s'adressant au conseil d'État :

« J'ai ardemment désiré le fils que la Providence « vient de m'accorder. Mon fils vivra pour le bonheur « et la gloire de la France. »

Le 9 juin de la même année, les cérémonies du baptême se déployaient avec leurs pompes et leur majesté, sous les voûtes antiques de Notre-Dame. Huissiers, hérauts d'armes, pages, maîtres des cérémonies, préfets du palais, écuyers, chambellans, grands-aigles, maréchaux, généraux, cavalerie, infanterie, se succédaient dans les longues files du cortége impérial qui reliait, comme une chaîne vivante, Notre-Dame aux Tuileries. Puis paraissait le roi de Rome porté par madame la comtesse de Montesquiou, sa gouvernante, et revêtu d'un manteau de tissu d'argent doublé d'hermine. Immédiatement après marchaient l'empereur et l'impératrice, sous un dais porté par des chanoines. L'or, les diamants, la soie, le velours, la pourpre, étincelaient au soleil, et jamais peut-être on n'avait vu tant de richesses rayonner avec tant de gloire dans le vieux sanctuaire.

Le soir, un banquet à l'Hôtel de Ville servait à clore les fêtes dont cette illustre naissance avait donné le signal, et la décoration de la salle représentait, glorieux rapprochement, les armes des quarante-neuf bonnes villes, en commençant par Paris, Amsterdam et Rome; car à cette époque Rome et Amsterdam étaient, comme Paris, des villes françaises.

Tout cela était beau et grand; les peuples, en se penchant vers ce berceau, admiraient ce jeune front que Dieu semblait avoir formé pour porter la plus belle couronne de l'univers, et ils répétaient les chants du poète :

Reçois, royal enfant, les vœux de la patrie;
Qu'un laurier paternel ombrage ton berceau;
Que la gloire et les arts, embellissant ta vie,
Consacrent à jamais le règne le plus beau.
Enfant chéri du ciel, attendu par la terre,
Promis à la postérité,
Puisses-tu, sous les yeux de ton auguste père,
Croître pour l'immortalité!
Bannissons la crainte importune.
Par un sort favorable en son cours entraîné,
Le vaisseau de l'État, de gloire environné,
Porte César et sa fortune.

Des trois candidats de l'avenir que leur destinée parut appeler à régner sur la France, celui-là était le premier. Il s'appelait en naissant le roi de Rome. Personne ne doutait de son avenir, et cependant je crus voir un ange, auprès de son berceau, qui, montrant d'une main le livre des destinées scellé de sept sceaux, et de l'autre, indiquant le ciel, semblait rappeler que l'avenir n'appartient qu'à Dieu.

. . . .

La seconde scène se passait, presque à la même époque, à Palerme. Le 3 septembre 1810, dans un palais moins fameux, loin des rivages de la France, avec moins de pompe et d'éclat, mais avec autant de joie, une naissance était célébrée, un premier-né venait réjouir les regards de M. le duc d'Orléans. Là, pas de courriers officiels, point de magnifiques ambassadeurs : une simple dépêche annonçait à un roi exilé la naissance d'un prince né dans l'exil, et portait à Hartwell la nouvelle que le roi Louis XVIII avait un sujet de plus. L'enfant, né le jour de la Sainte-Rosalie, était tenu sur les fonts par le roi et la reine de Naples, et recevait les noms de Ferdinand-Philippe-Louis-Charles-Henri-Rose d'Orléans.

Chose étrange! le prêtre qui le baptisa, songeant que la famille royale n'avait pas de rejetons, laissa échapper cette parole : *Je baptise peut-être un roi de France.*

Par contre, on rapporte que sa mère, qui l'aimait comme on aime un premier-né, étant allée, peu de temps après sa naissance, consulter une religieuse qui passait pour une sainte, et la supplier de prier pour son enfant, celle-ci, après s'être recueillie, lui répondit en hochant tristement la tête : « Madame, vous serez cruellement éprouvée comme mère. »

Plus tard, l'horoscope favorable devait revenir encore. Le duc de Berry, en passant la main dans les blonds cheveux de l'enfant, disait à son père : « Peut-être n'aurai-je point d'enfant; en ce cas, voici le roi de France. »

Un coin du voile de l'avenir, se relevant comme de

lui-même devant le berceau de Palerme, je voyais les chances de l'enfant qui y reposait grandir avec lui, jusqu'à ce qu'enfin l'époque arrivât où, par un coup de tonnerre qui renversait l'une des branches de la maison de Bourbon et élevait l'autre, ces chances semblaient devenir des certitudes.

Les poètes, les politiques marquaient déjà la place de la couronne sur la tête de l'enfant né à Palerme, et ne permettaient à personne le doute sur l'avenir. Mais l'ange était encore là, montrant d'une main le livre des destinées fermé et scellé de sept sceaux, et de l'autre indiquant le ciel, comme pour rappeler que l'avenir n'appartient qu'à Dieu.

. . . .

La troisième scène se passait dix ans plus tard.

On était au 29 septembre 1820. Depuis le 13 février de la même année, les esprits étaient dans l'attente. La maison de Louis XIV aurait-elle été détruite sans retour par le coup de poignard qui, dans une nuit fatale, avait atteint le cœur de M. le duc de Berry, ou verrait-on sortir cette royale maison de ses ruines? La parole du prince mourant était-elle une prophétie? Les uns doutaient, les autres affirmaient et se préparaient à célébrer l'événement qui n'était pas accompli encore. Les villes du Midi envoyaient à l'avance des députations au prince qui n'était pas né. C'était une étrange assurance, et comme une foi dans la mission providentielle de la maison de Bourbon en France, et dans la mission de la France monarchique dans le monde. La duchesse de Berry communiquait ses certitudes maternelles à tous ceux à qui elle parlait. Elle avait eu, racontait-elle, un rêve qui avait, pour elle, le caractère d'une vision. « Elle était à l'Élysée, elle tenait par la main ses deux enfants, sa fille et le jeune prince qu'elle attendait. Alors elle avait vu distinctement saint Louis qui voulait couvrir de son manteau royal MADEMOISELLE. Elle lui avait présenté son fils, et il avait couronné ses enfants. »

Ce récit circulait de proche en proche, et, comme il arrive dans les occasions où la raison est impuissante à répondre à l'anxiété ou à la curiosité publique qui l'interrogent, on se plaisait à voir dans cette voix mystérieuse, qui parlait à l'âme de la veuve et de la mère, la voix du ciel.

Enfin l'instant si impatiemment attendu arriva. Le canon réveillait la ville endormie. Qu'annonce-t-il ? La race de l'épée est-elle tombée en quenouille, ou va-t-elle revivre dans un descendant des vaillants et des forts ?

Tous écoutent, ceux-ci avec l'espoir du dévouement, d'autres avec les appréhensions de la haine ! Les respirations sont suspendues, les oreilles penchées vers cette grande voix qui, portée sur les ailes des vents, articule, à de longs intervalles, ce mot mystérieux dont, jusqu'à la treizième salve, personne ne peut dire le sens.

Le treizième coup retentit enfin, et des innombrables demeures où la grande nouvelle est attendue par les amis de la royauté, un cri d'amour et de reconnaissance s'élève vers Dieu : « Soyez béni, mon Dieu, vous qui renversez et qui relevez, qui ouvrez les tombeaux et qui en faites sortir la vie, soyez béni ; car vous n'avez pas voulu que cette race héroïque qui a illustré tant de champs de bataille, et qui a si souvent resplendi au soleil de la victoire, s'éteignît dans une nuit obscure, sous un coup de poignard, comme un voyageur attardé dans l'ombre, et qui tombe dans l'embuscade d'un assassin ! Soyez béni, vous qui avez conservé Joas dans le temple, et qui, avec une si faible étincelle, avez rallumé le flambeau de David éteint ! Soyez béni, pour le rayon que vous avez daigné faire luire sur la famille de Louis XVI, qui, après tant d'années, vient de voir entrer, dans ses royales Tuileries, un hôte inaccoutumé, le bonheur. »

En même temps la nuit s'illuminait, comme si l'on voulait avancer le jour qui devait éclairer tant de joie. Quelle journée ! les inconnus se connaissent, les passants s'interrogent, les vieillards et les jeunes gens se félicitent ; il n'y a qu'une âme, qu'un cœur, dans cette foule émue qui se presse sous les fenêtres par lesquelles on aperçoit la fille de Louis XVI tenant le fils du duc de Berry dans ses bras. Quelle journée ! la grande ville, ordinairement si légère et si indifférente, n'a pu échapper à l'attendrissement dont elle se sent saisie. La nuit du 13 février et la nuit du 29 septembre, ces deux nuits si différentes, sont présentes à sa pensée : nuit de deuil et nuit de joie ; nuit de mort et nuit de vie ; nuit qui tue et nuit qui ressuscite.

Puis les grandes scènes de la journée se succèdent. Le vieux roi disant à la foule, du haut du balcon des Tuileries : « Mes amis, un enfant nous est né, il vous aimera comme vous ont aimés ceux de ma race ! »

La mère, si courageuse et si confiante, maintenant si fière et si heureuse, voulant elle-même présenter son fils à la foule ; les vieux soldats saluant dans ce berceau le rejeton des victorieux ; la prière s'élançant dans les églises avec les accents joyeux du *Te Deum ;* le canon élevant sa grande voix ; les cris d'enthousiasme la parole du nonce saluant l'enfant qui vient de naître, du nom d'enfant de l'Europe, Lamartine l'appelant l'enfant du miracle, et Victor Hugo lui traçant un glorieux horoscope dans ces vers :

Honneur au rejeton qui deviendra la tige !
Henri, nouveau Joas, sauvé par un prodige,
A l'ombre de l'autel croîtra vainqueur du sort;
Un jour, de ses vertus notre France embellie,
A ses sœurs, comme Cornélie,
Dira : Voilà mon fils, c'est mon plus beau trésor.

Ainsi chantait celui que nous appelions alors justement notre poète, car sa voix traduisait dans une langue éloquente les sentiments qui remplissaient notre âme le 29 septembre 1820 !

L'homme s'agite et Dieu conduit ! L'avenir lui appartient !

DÉPART DES BOURBONS POUR L'EXIL

I

LE DÉPART

Le 16 août 1830, à deux heures de l'après-midi, deux vaisseaux américains, remorqués par un bateau à vapeur, sortaient du port de Cherbourg; un brick les suivait de près, comme un surveillant attaché à leurs traces; la mer était calme et belle, et bientôt la vapeur devint inutile, car une brise favorable enfla à demi les voiles du navire. Sur le rivage, une grande multitude se pressait derrière la grille circulaire qui sépare la ville du port; entre cette grille et la mer, c'est-à-dire sur la jetée, une garde nombreuse était rangée en bataille.

Au voyageur qui, arrivant en ce moment d'un autre hémisphère, aurait demandé l'explication du spectacle qu'il avait sous les yeux, voici ce qu'il aurait fallu répondre : Les deux vaisseaux qui sortaient du port étaient le *Great-Britain* et le *Charles-Carrol*, tous deux d'origine américaine, et ils appartenaient à un Bonaparte; leur commandant était le capitaine Dumont-d'Urville, déjà célèbre par ses voyages autour du monde. Les passagers qui étaient à bord du *Great-Britain*, c'étaient Charles X, M. le duc d'Angoulême, la fille de Louis XVI, MADAME, duchesse de Berry, Henri de France et MADEMOISELLE, c'est-à-dire tout ce qui restait de la race de Louis XIV, obligée de quitter la France à la suite de la révolution de Juillet. Le brick qui les escortait était sous le commandement du capitaine Thibault, qui, c'est un historien contemporain [1] qui l'assure, avait reçu l'ordre de convoyer le *Great-Britain* et de le couler bas, si Charles X essayait d'y agir en maître et de le faire virer de bord vers la France. Cette population, c'était celle de Cherbourg, qui venait contempler ce grand spectacle des choses humaines qui frappe les esprits et remue les cœurs ; ces gardes rangés en bataille, c'étaient les fidèles gardes-du-corps qui, de Saint-Cloud à Cherbourg, avaient suivi la royale famille, étape par étape, en faisant flotter leur drapeau sur le convoi de la monarchie !

Ainsi, cette belle journée était une première journée d'exil.

Jusqu'à Cherbourg, en effet, on avait foulé le sol de la France. Plus d'une fois le calice des amertumes avait été porté aux lèvres du roi et de la famille royale, dans ce triste itinéraire de Rambouillet à la mer ; mais il restait la lie, et on la but à Cherbourg. Tant que les choses n'avaient point été consommées, une espérance vague et indéterminée avait lui au cœur de la royale famille, comme une dernière étin-

---

[1] M. Louis Blanc, *Histoire de dix ans de règne.*

celle dans un foyer éteint. Sans doute, cette espérance avait diminué à mesure qu'on avançait, comme une lampe dont la lueur vacillante, pâlissant peu à peu, finit par mourir entièrement. A Maintenon, on avait licencié l'armée; à Dreux, on avait abandonné l'artillerie de la garde; à Carentan, l'approche d'une colonne mobile commandée par le général Hulot, qui ne faisait que suivre les ordres qui lui arrivaient de Paris, avait décidé Charles X, qui craignait pour la vie de son petit-fils, à abandonner la direction de la fin du voyage aux trois commissaires; à Valogne, les officiers des gardes-du-corps étaient allés, avec les anciens de chaque compagnie, remettre au roi les étendards. Scène de deuil et d'adieu! Tous ces officiers et vingt-quatre des plus anciens gardes-du-corps par compagnie, formant un escadron, marchant quatre par quatre, les trompettes en tête, les quatre étendards sur la même ligne, s'acheminèrent en silence, la douleur peinte sur les visages, vers la demeure du roi. Le roi, selon le récit d'un témoin oculaire, était profondément ému; Madame la Dauphine fondait en larmes; M. le Dauphin paraissait résigné; MADAME, duchesse de Berry, calme comme si elle espérait un meilleur avenir; M. le duc de Bordeaux et MADEMOISELLE, affectueux pour ceux qu'ils reconnaissaient.

Mais, malgré ce qu'il y avait de triste dans cette scène, on n'était encore que sur le seuil de l'exil, et l'on avait pu croire que quelque événement subit changerait encore la destinée de la maison royale. La Vendée n'était pas loin, la Vendée toujours fidèle; on traversait des provinces où, plus d'une fois sur la route, des témoignages de sympathie et de respect, semblables à ces fleurs qu'on dépose sur les tombeaux, étaient venus adoucir les royales adversités des princes voyageurs. Quoi de plus? on avait encore racine en France. En sortant de Cherbourg, on entrait dans l'exil.

Certes, pour les témoins de cette scène qui ne se laissèrent point dominer par l'influence haineuse de l'esprit de parti, ce dut être un douloureux et lamentable spectacle que celui qu'offrit la jetée de Cherbourg, lorsque, devant ces gardes fidèles qui présentaient une dernière fois les armes, on vit passer le vieux roi, le Dauphin son fils, la fille de Louis XVI, appuyée sur le bras de M. le comte de la Rochejaquelein; MADAME, duchesse de Berry, conduite par le baron de Charette; triste honneur, mais honneur mérité par la Vendée, deux fois représentée dans ces funérailles de la royauté; enfin Henri de France, porté par son gouverneur, et à quelques pas, sa sœur, MADEMOISELLE, celle à qui M. le duc de Berry avait dit quelques instants avant de mourir: « Mon enfant, « puissiez-vous être moins malheureuse que ceux de « votre famille! »

Aussi l'émotion fut-elle générale et profonde. Les commissaires du gouvernement attendaient la famille royale à l'entrée du pont qui conduisait du port au paquebot. La population, qui s'était portée sur le passage du cortège, gardait le silence le plus profond. Ce silence des nombreux spectateurs, ces fanfares, derniers adieux d'une garde inutile, tout donnait à cette grande scène un appareil théâtral et lugubre.

Parmi tous ces Bourbons, il n'y avait que les deux enfants qui ne fussent qu'à l'apprentissage de l'exil. C'était pour la troisième fois que Charles X, la fille de Louis XVI et M. le duc d'Angoulême, quittaient le rivage de la France pour aller chercher un asile sur la terre étrangère, et MADAME, duchesse de Berry, avait connu elle-même, dans son enfance [1], la tristesse de ces départs forcés, qui enlèvent les rois à leur royaume, et la patrie aux princes fugitifs. Quelles ne furent point surtout les réflexions du roi Charles X, lorsque du haut du tillac du *Great-Britain* qui s'enfonçait dans l'immensité des mers, il attacha, pour la dernière fois, ses regards sur ce beau royaume de France qu'il ne devait plus revoir, comme son âge le lui faisait dès lors pressentir! A une autre époque, quarante ans plus tôt, lorsqu'il partait pour son premier exil, il était plein de jeunesse et d'espérance, et il se croyait à la veille de rentrer dans la patrie de ses aïeux, à la tête de cette ardente noblesse qui accourait de l'autre côté du Rhin pour se former en bataille. Mais en 1830, il était seul, les temps de l'émigration étaient passés, et c'était à peine si quelques serviteurs dévoués le reconduisaient jusqu'au lieu de son exil, en nourrissant presque tous la pensée d'un prompt retour. Qu'elles devaient être tristes aussi, les pensées de la fille de Louis XVI, qui, pour la troisième fois, sortait de cette France où

---

[1] Lorsque le roi et la reine de Naples eurent quitté cette ville pour se réfugier à Palerme, à l'approche des armées de la République française.

elle avait espéré mourir! Bien des années auparavant, elle l'avait, il est vrai, quittée en laissant derrière elle de chers et douloureux souvenirs; mais alors elle était à la fleur de l'âge, et, quelque cruelles qu'eussent été ses épreuves, son passé était si court, et elle avait devant elle un si long avenir, que l'espoir éclairait comme malgré elle cette vaste carrière qui s'étendait devant ses pas. Tandis qu'en 1830, en voyant arriver ce dernier exil, elle devait craindre d'être arrivée à l'âge où l'on ne dit plus à son pays *au revoir;* mais *adieu!*

Charles X, la fille de Louis XVI et M. le duc d'Angoulême, voilà quels étaient les cœurs les plus cruellement brisés, quand, vers trois ou quatre heures de l'après-midi, les vigies de Cherbourg cessèrent de signaler le *Great-Britain* et le *Charles-Carrol* à l'horizon, et que par conséquent les passagers de ces vaisseaux cessèrent d'apercevoir la terre de France. Quant aux enfants, ils échappaient à la douleur commune par l'ignorance et l'inexpérience de leur âge, que le changement amuse toujours, et qui compte les étapes de la route de l'exil par les fleurs cueillies sur les bords du chemin.

D'ailleurs, alors même que la réflexion serait venue troubler leur paisible indifférence, la possibilité d'un retour de fortune dans ces longues années d'avenir qui, semblables à des plaines aux perspectives indéfinies, se déroulent à cette époque de la vie où l'on commence son pèlerinage, leur aurait bientôt rendu le courage. On appréhende moins le flux de la fortune, lorsqu'on sent que l'on a assez de temps devant soi pour en attendre le reflux.

Telles étaient les diverses impressions de cette colonie d'exilés qui s'éloignait des rivages de France, que plusieurs ne devaient plus revoir. On se dirigeait vers l'Angleterre, et le roi Charles X, avant de partir, avait écrit une lettre au roi de la Grande-Bretagne, afin de lui demander un asile pour lui et sa famille. Par une étrange ironie de la fortune, le monarque qui, deux mois auparavant, envoyait une puissante flotte planter le drapeau français sur les rivages de l'Algérie et les remparts du château de l'Empereur, et obligeait, par la fermeté de sa diplomatie, la flotte anglaise à s'éloigner de la Méditerranée pour laisser le passage libre à notre flotte, se trouvait dans le nécessité d'aller chercher un refuge sur le sol britannique. Ainsi, le régime monarchique de la Restauration se terminait comme le régime impérial, et le roi Charles X (ce sont les deux dénoûments que nous comparons, et non les deux hommes) demandait, comme l'empereur Napoléon, à devenir l'hôte de l'Angleterre.

On craignit, pendant un moment, que l'ordre eût été donné au capitaine Dumont-d'Urville de conduire la famille royale en Amérique. Les dispositions qu'il avait montrées ne permettent point de douter qu'il eût accompli cet ordre avec la dernière rigueur, s'il lui eût été donné. Ce marin illustre, qui avait parcouru tant de parages et fait tant de découvertes, ne comprit pas assez que, de tous les naufrages qu'il avait eus sous les yeux, celui qu'il contemplait à bord du *Great-Britain* était le plus imposant et le plus digne de sympathie et de pitié; il eut le malheur insigne de ne pas témoigner assez de respect au malheur. Peut-être aussi fut-il comme étourdi par la grandeur et la soudaineté de cette catastrophe, qui faisait passer, en un moment, la branche aînée de la maison de Bourbon de la victoire à l'exil, et ne sut-il ni garder son sang-froid ni se défendre d'un trouble involontaire, qui le jeta dans une agitation fébrile et irrespectueuse devant les adversités royales, comme elle devait être fatalement indécise devant une autre catastrophe dans laquelle il devait disparaître avec tout ce qu'il aimait. Du reste, l'inquiétude qu'on avait eue sur la destination du navire ne se prolongea pas, et l'on fut bientôt en vue des côtes de l'Angleterre. Avant d'y arriver, on passa devant l'île de Wight, dont l'aspect est enchanteur dans cette saison. Peu de temps après, c'est-à-dire le 23 août 1830, des bateaux à vapeur anglais accostèrent la flottille, et à huit heures du matin les Bourbons partaient sous pavillon anglais pour aller débarquer à Weymouth.

II

COUP D'ŒIL RÉTROSPECTIF

Avant de séparer de l'histoire de France l'histoire des quarante années d'exil de la maison de Bourbon, il est nécessaire, pour l'intelligence de la suite de ce récit, d'exposer d'une manière sommaire les causes principales qui avaient amené l'événement douloureusement étrange que nous venons de retracer, c'est-à-dire le départ de la race de Louis XIV, obligée de quitter tout entière ce beau royaume de France, taillé sur la carte du monde par l'épée, la diplomatie et les mariages des aïeux de ceux qu'on exilait.

A ne considérer que la surface des choses, ce dénoûment de la Restauration peut paraître inexplicable. Les Bourbons étaient des princes humains et doux, habitués, par les traditions de leur famille, à rechercher la grandeur de la France comme leur grandeur propre. Leur politique étrangère, on l'a reconnu depuis, avait été irréprochable, à part les traités de 1815, fardeau que leur avait imposé le désastre de l'Empire. Mais depuis l'intervention en Espagne, qu'on peut regarder comme la résurrection de la France dans la politique générale, les affaires extérieures avaient été conduites avec fermeté et habileté, et dans la question hellénique, dans la question turco-russe, et enfin dans la question d'Alger, le cabinet des Tuileries avait fait sentir d'abord son influence, ensuite son ascendant. Au dedans les finances, ruinées par l'Empire, avaient été rétablies dans un état de prospérité jusque-là inouï. La propriété foncière, dégrevée de 80 millions d'impôt, respirait à l'aise dans le présent, et promettait d'immenses ressources à l'avenir, dans le cas où une guerre obligerait d'avoir recours à l'impôt foncier; comme ces vastes futaies qu'on épargne dans les coupes, afin de léguer aux générations suivantes de précieuses et inestimables richesses pour les temps difficiles. Les revenus indirects, qui ne cessaient de croître, mettaient le budget dans un état admirable; car il y avait un excédant considérable des recettes sur les dépenses, excédant que le dernier ministre des finances de la Restauration [1] proposait d'appliquer au perfectionnement des routes et des voies terrestres et fluviales qui sillonnaient la France; de sorte que, sans aucun sacrifice nouveau, on allait accomplir ce qui depuis a exigé des sacrifices onéreux. Quant aux libertés, les écrivains les plus prévenus [2] reconnaissaient alors que jamais

---

[1] M. de Chabrol.

[2] Benjamin Constant, *Principes politiques*. Voici ses paroles: « Pour « être fort contre ce qui est mal, soyons vrais pour ce qui est bien; « reconnaissons qu'à aucune autre époque, sous aucun règne, sous « aucune forme de gouvernement, la France n'a été aussi libre qu'au- « jourd'hui. »

on n'avait joui d'autant de liberté en France que sous le régime de la Restauration. La presse et la tribune se développaient dans toute leur indépendance, et réalisaient le régime représentatif qui n'avait jamais existé que de nom sous la révolution, qui, tout en le proclamant, l'annihilait par les émeutes populaires ou par la terreur régnant du haut des échafauds, et sous l'Empire, qui, en acceptant la forme de ce régime, en détruisait toute l'efficacité au profit d'une dictature militaire qui avait l'air de proposer ce qu'elle ordonnait, et de demander ce qu'elle exigeait.

Comment put-il donc arriver que, sous un gouvernement doux et modéré, sous le règne d'un prince affable et rempli de bonne volonté, au milieu d'une prospérité peu commune, qui répandait le bien-être dans toutes les classes de la société, dans un état de liberté politique assez grand pour satisfaire les esprits les plus difficiles, surtout au sortir de l'Empire, dont le régime passait avec raison pour avoir été peu libéral; quand la situation de la France au dehors était excellente, qu'elle avait le choix entre les alliances, et que la sienne était de tous côtés recherchée; qu'elle ne rencontrait en Europe qu'une puissance malveillante, l'Angleterre, et qu'elle était assurée, par la disposition des autres cabinets, d'avoir pour alliées toutes les marines du monde, lorsque cette malveillance, qu'elle avait fait reculer d'abord de l'autre côté des Pyrénées, ensuite sur la Méditerranée même, traversée par une flotte française qui transporta notre armée conquérante en Afrique, lèverait le masque, et donnerait à la France le droit de demander la revanche de Trafalgar et d'Aboukir. Comment put-il arriver que, dans une situation si favorable, une querelle ait pu naître entre la société et le gouvernement, et s'envenimer au point d'amener la révolution de 1830, et de déterminer en trois jours la chute de la monarchie, sans que la victoire elle-même, si populaire en France, ait pu la préserver des foudres révolutionnaires ?

Si cela paraît inexplicable à ceux qui ne considèrent que les effets sans remonter aux causes, il n'en est pas de même pour ceux qui, portant leurs regards plus haut et plus loin, étudient à leur origine les deux mouvements qui, après avoir longtemps marché en sens opposés, produisirent, en se rencontrant, le choc électrique qui renversa la royauté française.

Une des causes latentes et la plus importante peut-être de l'instabilité de la Restauration, c'est qu'elle avait été accomplie à l'occasion d'une situation extérieure. Non que la branche aînée de la maison de Bourbon eût été imposée, comme on l'a dit, à la France par les étrangers. Mais ce n'était pas le travail intérieur des idées et la conciliation des divers partis soumis à l'action bienfaisante du temps, qui avaient accompli, à cette époque, dans les faits, une restauration longuement préparée dans les esprits. C'était une situation extérieure terrible, qui, tout à coup, sans préparation aucune, avait obligé la France à se jeter dans les bras de la race de Louis XIV, comme dans un naufrage on se précipite sur un radeau construit à la hâte, sans considérer s'il a toutes les conditions de solidité et de durée nécessaires pour résister à l'action des eaux et des vents. Du jour au lendemain, la Restauration fut impossible, puis inévitable: après le grand naufrage de l'Empire, elle était la meilleure chance de paix pour la France. C'était la combinaison qui ménageait le plus sa dignité, qui sauvait le plus de débris de cet immense désastre, et la plaçait dans les meilleures conditions vis-à-vis de l'Europe triomphante qui occupait son territoire. La France, comme on l'a dit, paraissait imposante encore, lorsque, veuve de l'épée de Napoléon, elle se réfugiait au milieu des souvenirs de Louis XIV. Mais de la soudaineté de la situation qui rapprocha tout à coup la France de la maison de Bourbon, et du caractère impérieux de cette situation qui obligea de brusquer le rapprochement, il résulta un grave inconvénient. Les partis anciens restèrent entiers avec leurs idées exclusives, tout en acceptant une combinaison rendue nécessaire par le besoin immense de paix qui dominait le présent. On ne transigea point, et l'on supposa que l'on s'entendait bien plus qu'on ne s'entendit.

Du côté d'un grand nombre de membres de l'ancienne société française, en voyant les Bourbons revenus inévitablement, pour ainsi dire, et par la force d'une situation extérieure, dont l'ascendant dominait toutes les considérations, on n'entrevit point qu'il était nécessaire de marquer d'une manière claire et précise dans quelles conditions ils revenaient, et de chercher sous les débris que tant de révolutions avaient accumulés, ces droits respectifs des principes monarchiques et des libertés nationales, dont la définition nette et franche est la condition d'une bonne entente entre le gouvernement et la nation; de même qu'entre des contrées limitrophes la délimitation exacte des frontières est la condition du bon voisinage. On se plut à faire tout dériver de la royauté, la liberté comme la paix, et l'on regarda comme un octroi et une concession bénévole ce qui n'était au fond que la reconnaissance d'un droit préexistant, et qui avait pu être violé en fait, mais jamais détruit en principe. Les princes exilés, à leur tour, ne rentrant point en France par l'effet d'une transaction intérieure, qui les aurait mis à portée d'apprécier l'état des esprits et des intérêts du pays, mais par la force irrésistible d'une situation extérieure qui rendait la race de Louis XIV nécessaire à la France, contre cette grande réaction européenne qui amenait tous les peuples coalisés à Paris, ne purent savoir quelles idées il fallait laisser sur la frontière de France, et en quoi il fallait modifier l'esprit qui avait dominé leurs conseils dans l'exil.

La révolution, de son côté, voyant dans quelles conditions s'opérait la Restauration, resta en armes dans les articles de la Charte qui lui étaient favorables, à peu près comme les protestants se fortifiaient chaque fois que la paix venait à être signée, dans les places de sûreté qu'on leur accordait, parce qu'ils demeuraient convaincus que cette paix serait précaire et de peu de durée, et que bientôt on verrait se rallumer la guerre.

Il devait donc y avoir, une fois qu'on serait sorti des difficultés qui avaient un moment mis tout le monde d'accord, deux esprits en présence : l'ancien esprit royaliste qui mettait tout dans la royauté, et l'ancien esprit révolutionnaire qui mettait tout dans les assemblées et dans le peuple, sans qu'aucun des deux consentît à se dépouiller de ce qu'il avait de trop exclusif, et à reconnaître que, dans la lutte de 89, on était allé trop loin de l'un et de l'autre côté.

La séparation de la France en deux moitiés, et la constitution de ces deux partis qui devenaient chacun plus exclusif par le spectacle de ce qu'il y avait d'exclusif dans le parti contraire, était le péril le plus grave que pût courir la royauté : car notre histoire est là pour le prouver, la place du roi de France a été une mauvaise place, toutes les fois que l'unité nationale a été suspendue. Ce titre de roi de France a quelque chose de trop large et de trop beau pour que la grande mission qu'il indique puisse être réduite aux proportions du pouvoir et du rôle d'un chef de parti. Or, tant qu'une transaction n'intervenait point entre les deux grandes opinions qui avaient plus particulièrement défendu en France l'ordre monarchique et la liberté nationale, la royauté était placée sous la fatalité d'une situation qui l'entraînait à jouer ce rôle. La liberté, en se constituant en parti contre elle, devait, par une réaction inévitable, amener l'ordre monarchique à se constituer en parti sans elle; et, par une influence réciproque, les partisans d'un retour aux idées et à l'esprit politique de l'ancien régime, devaient provoquer chez leurs adversaires une réaction vers les idées et l'esprit révolutionnaires, de sorte que, s'il ne se trouvait pas des hommes assez habiles pour arrêter ce double mouvement, il était indiqué qu'on arriverait d'un côté à un ministère de cour, expression de la volonté absolue du roi, de l'autre à une révolution.

On disait alors que la Charte était la transaction entre les deux esprits, l'esprit ancien et l'esprit nouveau ; mais cette assertion manquait d'exactitude. La Charte n'avait point fait transiger les deux partis opposés, les deux prétentions rivales; elle les avait mis en présence : la prérogative absolue de la royauté, ou l'absolutisme royal, se retrouvait dans l'article 14 ; la prérogative absolue des assemblées, ou la révolution, se trouvait dans le droit de refus d'impôt. Ce n'était donc pas la paix que la Charte avait consacrée, c'était la guerre qu'elle avait mise à l'état constitutionnel; la Charte était, à proprement parler, un champ de bataille.

Le grand péril de la Restauration, c'était donc qu'elle avait l'air d'être faite, et qu'en réalité elle n'était point faite à l'intérieur, parce que c'était une situation extérieure qui l'avait amenée. Tout le travail des esprits et des intérêts qui précède ordinairement la reconstitution d'un pouvoir politique, était donc à opérer, et il est impossible de considérer, au point de vue où nous sommes placés aujourd'hui, l'histoire des quinze années de la Restauration, ces luttes incessantes des partis sur l'étendue des prérogatives parlementaire et royale, cette polémique ardente sur le véritable sens de la Charte, sur la portée de l'article 14 et sur celle de l'article qui attribuait aux Chambres le droit de voter, et par conséquent de refuser l'impôt, sans demeurer convaincu qu'on n'était d'accord sur rien en 1814, et qu'on s'était, des deux côtés, fait illusion sur une constitution qui donnait raison et par conséquent tort à tout le monde, raison et tort à la royauté, raison et tort à la révolution.

Cette persuasion, que la Charte avait tout fini et tout décidé, fut fatale en ce qu'elle empêcha qu'on fît des efforts pour s'entendre, et pour opérer la conciliation entre les deux esprits qui se trouvaient en présence. La tâche à accomplir consistait à séparer l'esprit monarchique de toute tendance au privilége et au pouvoir absolu, et à séparer l'esprit libéral de toute tendance à la révolution, afin qu'ils pussent se réunir et former l'esprit national, l'esprit français. Ce qui compliquait singulièrement cette tâche, c'est que les deux générations qui s'étaient trouvées en conflit en 1789 étaient encore en présence. Ceux qui avaient de vingt à vingt-cinq ans en 1789 avaient de quarante-cinq à cinquante ans en 1814, et par conséquent, dans les dernières années de la Restauration, ils étaient encore dans l'âge de l'activité politique. Il résultait de là que les rancunes et les défiances du passé venaient augmenter les difficultés et envenimer les querelles du présent. Si l'on ajoute à tant de causes de périls, que les deux princes qui régnèrent pendant les quinze années de la Restauration, et surtout celui qui régna le dernier, avaient été les chefs de l'émigration armée, on comprendra toutes les appréhensions et toutes les terreurs accréditées par les habiles et les perfides, réellement ressenties par les hommes sincères du parti adverse, surtout, quand la force des choses eut amené les royalistes à se constituer à l'état de parti. La contre-révolution et la révolution, deux fantômes également redoutables, se provoquant mutuellement, poussaient les choses à l'extrême, et, au milieu des intérêts de la première Révolution alarmés pour la liberté, des intérêts de l'Empire alarmés pour l'égalité, des intérêts des anciennes classes nobiliaires alarmés pour la religion et la royauté, les passions s'échauffaient chaque jour, et la voix de la raison était, chaque jour, moins écoutée.

Nous ne prétendons pas dire que les difficultés étaient insurmontables, mais elles étaient très-grandes, et à cause de leur nombre et de leur étendue, et parce que les hommes qui se trouvaient en face de ces difficultés n'étaient pas dans de bonnes conditions pour les résoudre. Peut-être la meilleure marche à suivre eût-elle été d'attendre que la lave des passions se refroidît, ce qui serait arrivé naturellement par l'extinction insensible des générations qui avaient été engagées dans les luttes ouvertes depuis 1789. Il fallait laisser disparaître la génération de la révolution et celle de l'émigration, et laisser grandir M. le duc de Bordeaux au milieu d'une génération nouvelle, qui n'aurait point eu de préjugés contre lui, et contre laquelle il n'aurait point eu de préjugés. On l'avait appelé à sa naissance *Henri* et *Dieudonné*, ce qui prouvait qu'on avait eu l'instinct politique et religieux de cette situation. Il fallait se laisser guider jusqu'au bout par ce sentiment, patienter avec les difficultés, au lieu de les brusquer, gagner du temps, laisser tomber les colères, travailler à élargir les bases de la royauté en France, en élargissant celles de la liberté, si on pouvait s'élever à la hauteur de cette conception, ce qui était difficile, il faut l'avouer, pour les hommes qui appartenaient à l'époque qui avait tant souffert de la révolution française. Mais, par dessus tout, il fallait éviter, à tout prix, d'arriver à un choc, et mieux valait encore laisser la question indécise et suspendue, que d'essayer de la résoudre violemment; car le succès même n'eût pas été une solution, et l'on devait demeurer embarrassé de la victoire ou accablé sous le poids d'une défaite.

Malheureusement, la perception claire de cette situation manqua à ceux qui dirigèrent, dans les derniers temps, les conseils de la monarchie; et les terreurs redoublant dans les deux camps opposés, terreurs habilement exploitées par le parti qui poussait M. le duc d'Orléans au trône, la royauté se jeta, par les ordonnances de Juillet, dans la contre-révolution, pour échapper à la révolution qui lui paraissait imminente; et l'opposition libérale recula jusque dans la révolution par les journées du 27, 28, et 29 juillet, et surtout par celle du 9 août, pour échapper aux images de contre-révolution qui se levaient devant elle.

La Restauration se trouva donc détruite parce que la situation extérieure qui avait déterminé son avénement n'existait plus, et parce qu'elle n'avait pu résoudre le problème de la situation intérieure. La Charte, comme ces canons chargés outre mesure, éclata. La liberté se sépara de nouveau de la royauté, et essaya une alliance nouvelle avec la révolution. La France rentra dans la carrière des épreuves politiques, les Bourbons rentrèrent dans la carrière des exils, et les royalistes qui n'avaient pas su séparer, d'une manière assez claire, le droit monarchique de l'absolutisme royal et du privilége, les libéraux qui n'avaient pas su séparer le droit national de la souveraineté populaire et des passions révolutionnaires, se trouvèrent jetés dans une situation nouvelle.

Il est remarquable que le roi Charles X eut l'intuition du véritable état des choses dans les derniers instants de la monarchie, et que, dans toutes ses paroles et dans tous ses actes, il considéra évidemment M. le duc de Bordeaux comme pouvant seul apporter une solution aux difficultés si graves de la situation où se trouvaient la France et la royauté. Lors des abdications de Rambouillet, le vieux roi ne songea pas un moment à se donner M. le Dauphin pour successeur, et ce prince d'une si haute résignation n'eut pas lui-même l'idée de régner [1]. La pensée de l'aïeul et celle de l'oncle allèrent droit à l'enfant, en franchissant les intermédiaires, et ce fut M. le duc de Bordeaux que le duc d'Orléans dut faire proclamer sous le nom de Henri V, d'après les actes d'abdication déposés aux archives.

La conviction du roi Charles X, à ce sujet, s'exprima de la manière la plus touchante dans les dernières paroles qu'il adressa aux officiers supérieurs

---

[1] Chose remarquable ! les avantages de cette combinaison avaient frappé le Dauphin. — « Ce n'est pas de ce jour, ce n'est pas de 1830 », disait-il au petit nombre de serviteurs qui l'entouraient après la mort du roi Charles X, « que date ma pensée de placer l'avenir de ma famille sur la tête de Henri; j'avais déjà réfléchi aux préventions qui s'élevaient contre moi; je les croyais injustes, mais je pensais qu'elles m'empêcheraient de remplir utilement mes devoirs. Dès lors il me semblait préférable, dans l'intérêt de la France, que la couronne passât sur la tête de celui

des gardes-du-corps, lorsque ceux-ci vinrent lui remettre, à Valogne, les drapeaux de leurs compagnies. Il y eut des larmes dans tous les yeux lorsque le roi Charles X, après avoir reçu ces drapeaux, s'exprima ainsi : « Je reçois ces étendards ; ils sont sans tache. J'espère qu'un jour mon petit-fils vous les rendra de même. »

On retrouvait encore la même pensée de l'avenir de la monarchie rattaché à M. le duc de Bordeaux, dans l'ordre du jour remis à chaque garde en particulier dans cette même ville de Valogne : « Le roi, y était-il dit, voudrait pouvoir donner à chacun de ses gardes-du-corps et à chacun de messieurs les officiers et soldats qui l'ont accompagné jusqu'à son vaisseau, une preuve de l'attachement de son souverain ; mais les circonstances qui affligent le roi ne lui laissent pas la possibilité d'écouter la voix de son cœur. Privée des moyens de reconnaître une fidélité si touchante, Sa Majesté s'est fait remettre les contrôles de ses gardes-du-corps, de même que l'état de MM. les officiers généraux et autres, ainsi que des sous-officiers et soldats qui l'ont suivie. Leurs noms, conservés par M. le duc de Bordeaux, demeureront inscrits dans les archives de la famille royale, pour attester à jamais et les malheurs du roi et les

---

que son âge mettait évidemment à l'abri de toute imputation. Aussi n'ai-je pas hésité à donner mon assentiment et ma signature à l'acte par lequel le roi mon père avait déclaré que la couronne passait sur le jeune front de Henri. » (*Voir le comte de Marnes*, par M. de Montbel.)

consolations qu'il a trouvées dans un dévouement si désintéressé. »

Ainsi la même pensée qui, avant même la naissance de M. le duc de Bordeaux, s'était manifestée d'une manière remarquable, revenait avec une insistance nouvelle au moment de la chute de la monarchie.

M. le duc de Berry était pour ainsi dire sorti des ombres de la mort qui commençaient à l'envelopper, afin d'annoncer sa venue, et il avait dit à la duchesse de Berry, qui s'agitait dans les convulsions de la douleur et du désespoir : « Ma femme, conservez-vous pour l'enfant que vous portez dans votre sein ! » ce qui produisit, selon le témoignage de M. de Châteaubriand qui assistait à cette douloureuse scène, une impression si vive, que toutes les physionomies parurent comme éclairées par un flambeau qui rayonnait tout à coup au milieu des ténèbres. Le roi Louis XVIII, debout au balcon des Tuileries, avait dit à la foule immense qui remplissait le jardin : « Mes amis, un enfant nous est né. » Le nonce, en se présentant à la tête du corps diplomatique devant le berceau, avait prononcé ces remarquables paroles : « Cet enfant est l'enfant de l'Europe. » La tradition de la même pensée se continuait au moment de la révolution de 1830. Le roi Charles X, au milieu des ruines de la monarchie, se tournait vers cet enfant qui, avant même de naître, était l'espérance de sa race. A Rambouillet, il le désignait pour la couronne ; à Valogne, quand l'avénement du 9 août était déjà accompli, il le montrait comme devant rendre un jour à l'armée les drapeaux qu'on venait de remettre au roi son aïeul ; et c'était à son souvenir qu'il recommandait les noms des officiers, sous-officiers et soldats qui avaient suivi le roi jusqu'à Cherbourg.

Cette préoccupation est remarquable ; ce qui est plus remarquable encore, c'est que le roi Charles X n'était pas le seul dans l'esprit duquel elle se montrât. Un des commissaires chargés de reconduire les Bourbons de la branche aînée à Cherbourg, M. Odilon Barrot [1], dit au roi Charles X, qui hésitait à quitter Rambouillet : « Sire, quels que soient les droits de « votre petit-fils, quelles que soient vos espérances « d'avenir pour lui, soyez bien convaincu que, dans « l'intérêt même de ces espérances, vous devez éviter « que son nom ne soit souillé du sang français. » M. de Schonen disait également, en montrant le duc de Bordeaux pendant le chemin de Rambouillet à Cherbourg : « Et cet enfant ! qui sait ? »

Singulière coïncidence qui nous montre, dans des circonstances si différentes, dans des temps séparés par de longs intervalles, des esprits divers, placés dans des conditions toutes contraires, rattachant le nom de M. le duc de Bordeaux à une pensée d'avenir, et mettant toujours sur sa tête les espérances de la monarchie !

---

[1] Voir la lettre de M. Odilon Barrot à M. Sarrans Jeune, publiée dans l'ouvrage intitulé *Louis-Philippe et la contre-révolution de* 1830. Nous citons textuellement les paroles de M. Odilon Barrot, telles qu'il les rapporte lui-même.

ARRIVÉE ET SÉJOUR DES BOURBONS

EN ANGLETERRE ET EN ÉCOSSE

I

LES BOURBONS A LULWORTH

1830-1831.

L'Angleterre et le gouvernement anglais firent une réception peu bienveillante aux Bourbons de la branche aînée. Sur le rivage où ils débarquèrent on vit des drapeaux tricolores, et le cabinet anglais ne se montra d'abord à leur égard qu'à demi hospitalier. La joie de l'Angleterre, à la nouvelle de la révolution de Juillet, est caractéristique, et la conduite du gouvernement, dans cette circonstance, est d'autant plus remarquable, que c'étaient les tories qui conduisaient les affaires, et qu'ils devaient être défavorables aux principes démocratiques qui avaient triomphé dans les trois journées. Mais, comme on l'a dit avec raison, il y a une chose que l'Angleterre veut avec autant de passion que son propre bien, c'est le mal de la France. Or, la chute de la Restauration, au moment où elle venait, par la conquête d'Alger, d'augmenter son influence dans la Méditerranée, et où ses bons rapports avec la Russie se changeaient en une alliance qui devait amener le remaniement des traités de 1815, était un évènement contraire à la puissance extérieure de notre pays, l'histoire diplomatique des quarante dernières années l'a prouvé jusqu'à l'évidence. La clairvoyance politique des hommes d'État de l'Angleterre avait pu facilement s'élever jusqu'à la prévision d'un fait qui était dans la logique des choses. En effet, la France, sous le gouvernement royal, pouvait choisir à son gré entre tous les systèmes d'alliances ; après les trois jours, elle se trouvait à peu près dans la même position qu'à l'époque des Cent-Jours, isolée en Europe, en face d'une coalition, sinon formée, du moins possible, et à laquelle l'Angleterre pouvait se réunir pour accabler notre pays, ou contre l'action de laquelle elle pouvait lui prêter, disons le mot, lui vendre la faveur onéreuse de sa neutralité.

Il n'était donc pas étonnant que l'Angleterre vît la catastrophe des Bourbons sans intérêt, et la révolution de 1830 avec joie. Deux mois seulement avant cet évènement, notre ambassadeur à Londres, M. de Laval-Montmorency, quittant Londres par congé pour aller passer quelque temps en France, avait fait une visite d'adieu à lord Aberdeen, qui, après s'être plaint de nouveau, avec beaucoup d'amertume, de la conduite du cabinet des Tuileries, lui avait fait entendre que, dans les termes où se trouvaient les deux cabinets, il conservait peu d'espérance de le revoir, tant les choses lui paraissaient marcher vers une rupture, et tant la Restauration s'était par conséquent montrée fière et indépendante vis-à-vis de l'Angleterre! Le lendemain de la révolution de Juillet, un ambassadeur passait le détroit pour mettre la politique du nouvel ordre de choses à la discrétion du cabinet de Saint-James, et pour l'assurer qu'on sentait tellement le prix de l'alliance anglaise, qu'on le laissait maître de fixer le prix qu'il voudrait pour l'accorder. Ce contraste est si frappant qu'il dispense de tout commentaire, et qu'il suffit, pour faire mesurer la distance immense qui séparait la situation où se trouvait la France le 26 juillet, de celle où elle se trouva après les trois jours. Les ministres anglais de cette époque (c'étaient le duc de Wellington et sir Robert Peel) se montrèrent, en agissant comme ils agirent, Anglais avant d'être tories. C'est ce que répondait le duc de Wellington à un ancien ministre de la Restauration, qui lui faisait observer, peu de temps après les événements de Juillet, que le contre-coup de la révolution devait infailliblement renverser l'administration torie, et déterminer l'avénement d'un ministère whig. « Que voulez-vous, lui répondit-il, ils nous ont offert de si grands avantages pour l'Angleterre, que nous aurions été de mauvais citoyens si nous eussions repoussé leurs offres [1]. »

Tandis que, par des motifs honorables pour eux, puisqu'ils attestaient la complète indépendance de leur diplomatie et la nationalité de leur politique, les Bourbons étaient reçus avec tant de froideur par le gouvernement anglais et la nation britannique, il se

---

[1] Nous avons entendu rapporter cette conversation par la personne même à qui le duc de Wellington adressa cette réponse.

trouvait une famille catholique et jacobite qui se chargea d'exercer envers eux les devoirs de l'hospitalité anglaise, et de payer ainsi la dette de la race des Stuarts. Ce fut la famille Weld. Son chef, le cardinal Weld, fit offrir au roi Charles X le château de Lulworth, situé dans le Dorsetshire, non loin de la petite ville de Wareham.

Lulworth est une de ces belles résidences anglaises où l'aristocratie britannique, qui n'a pour ainsi dire qu'un pied-à-terre à Londres, déploie toutes ses grandeurs, comme si cette aristocratie terrienne sentait que sa force tient au sol, et que là où est le nerf de sa puissance, là doit être son principal établissement.

Le village de Lulworth est sur la côte du Dorsetshire, à quelques milles sud-ouest de la ville de Wareham. Le château est d'une architecture imposante et régulière ; ses tourelles dominent les bois et les cottages qui l'avoisinent, et on l'a comparé à la tête d'un géant posée sur le corps d'un enfant. Jacques Ier fut reçu au château de Lulworth en 1615, pendant ses chasses dans l'île de Purbech. En 1668, Charles II le visita avec les ducs d'York et de Montmouth : le premier, après avoir fait monter le second sur l'échafaud, devait, on le sait, aller mourir en exil à Saint-Germain. En 1789, George III et trois princesses se rendirent par eau au château. Pendant la guerre civile, le château de Lulworth partagea le sort de tous les édifices de ce genre ; on enleva le fer et le plomb ; une grande partie de la boiserie fut même pillée par les troupes du parlement en 1643 et 1644. Tel était le château qui allait recevoir la famille royale, car Charles X avait accepté, du moins pour un temps, les offres du cardinal Weld.

Le roi Charles X, en touchant le rivage d'Angleterre, avait pris le nom de comte de Ponthieu, de même que Madame la Dauphine avait pris le nom de comtesse de Marne, qui lui rappelait quelques-uns des plus doux instants qu'elle eût passés en France, dans une paisible et charmante solitude ; et Madame la duchesse de Berry, le nom de comtesse de Rosny, qui lui était cher comme le château qu'elle habitait avec tant de prédilection. Il semble que, pour se créer une touchante illusion, tous ces exilés eussent choisi le nom du lieu qui les rattachait par le lien le plus étroit à la France : c'est ainsi que M. le duc de Bordeaux devait s'appeler plus tard le comte de Chambord.

Lorsque la famille royale, après avoir traversé les vertes allées qui serpentent sur une pelouse immense, fut arrivée au perron élevé par lequel on monte au vestibule de Lulworth, elle trouva sur le seuil deux cents personnes, à la tête desquelles se tenait sir Joseph Weld, qui avait voulu introduire lui-même les augustes hôtes dans l'antique demeure de ses pères. Leur devise, partout inscrite sur le château, semblait souhaiter la bienvenue aux exilés. *Nil sine Numine*, rien n'arrive sans la volonté de la Providence, telle était cette devise profondément chrétienne, qui, dans son éloquence concise, semblait à la fois offrir une consolation dans le présent, une espérance pour l'avenir, à ce grand et inexprimable malheur qui venait s'abriter un moment sous le toit hospitalier de Weld.

Les premiers instants passés sur la terre étrangère

furent profondément tristes ; la royale colonie n'était pas encore acclimatée dans l'exil. Madame la duchesse de Berry, dont le caractère vif et l'esprit moins abattu, parce qu'elle entrevoyait la possibilité de reposer la question qu'elle ne croyait pas irrévocablement jugée, aurait pu jeter quelques rayons sur ces premières et sombres journées, n'avait pas accompagné tout d'abord ses parents à Lulworth ; elle était demeurée quelque temps dans l'île de Wight. L'aspect de cet intérieur avait quelque chose de monotone ; les heures y marchaient lentement et péniblement ; ses nouveaux habitants étaient encore comme sous l'influence de la catastrophe si subite et si imprévue qui avait frappé la royauté en juillet. Ils éprouvaient cet engourdissement que ressentent les personnes à côté desquelles la foudre est tombée, lorsque, sortant de leur évanouissement, elles reviennent peu à peu à la vie. Les principaux Français qui avaient suivi la famille royale étaient, sur le *Great Britain:* M. le duc de Luxembourg, capitaine des gardes; M. le baron de Damas, gouverneur du duc de Bordeaux ; M. Barrande, M. Bougon, médecin; Madame de Gontaut, gouvernante de MADEMOISELLE ; M. de Barbançois, M. de la Villate, M. le comte Ogherty ; et sur le *Charles-Carrol :* M. de Melinge, M. le vicomte de Talon, M. le marquis de la Salle, M. Gaston de Bouillé, M. le duc Armand de Polignac, M. Kingtzinger, M. de la Rue, M. le comte de Brissac, M. de Maupas, M. Alfred de Damas, madame la comtesse de Sainte-Maure, M. et madame de Charette.

Chaque soir le roi faisait son whist, M. le Dauphin jouait au billard, les princesses travaillaient autour d'une grande table devant laquelle étaient assis les deux enfants. Dans la journée on faisait quelques promenades au dehors, on causait, on lisait les journaux, qui étaient attendus avec une grande impatience et qui plus tard animèrent un peu la vie de Lulworth, parce qu'ils apportaient des nouvelles de France. On commentait ces nouvelles avec un intérêt facile à comprendre, car les événements ne se firent pas longtemps attendre. La révolution, qui était sortie avec tant de violence des rives qui la contenaient, avait peine à renrentrer dans son lit. Une lutte de trois jours n'avait point suffi à satisfaire l'immense agitation des esprits; leur élan, encore dans toute sa force, cherchait un champ où il pût s'étendre. Les premières émeutes qui grondèrent dans Paris, la mort du duc de Bourbon enveloppée de redoutables ténèbres, la nouvelle de l'arrestation de MM. de Polignac, de Peyronnet, de Chantelauze et de Guernon-Ranville, vinrent retentir dans la paisible solitude de Lulworth et en troubler le morne repos. On comprend l'intérêt que prenaient le roi et la famille royale au sort des personnes dont la tête était placée sous le coup d'une double menace : les arrêts de la justice politique qui a quelquefois l'implacable cruauté de la peur, et le ressentiment de la population, qui, profondément irritée du sang versé pendant les trois jours, semblait disposée à substituer les arrêts sommaires de la place publique aux lenteurs de la procédure. D'autres fois, comme il arrive à ceux qui ont éprouvé un grand malheur, on refaisait le plan de la bataille perdue, on indiquait les fautes commises et les torts qu'il eût fallu éviter; quelques-uns insistaient même sur les partis énergiques qu'on aurait pu prendre dans le naufrage de la monarchie. L'opinion qui allait appeler aux armes la Vendée, commençait à se dessiner. Mais ces échappées étaient rares, car les conversations de ce genre déplaisaient au roi Charles X. Il conservait, sur la terre étrangère, la conviction que tout ce qu'il était possible de faire pour prévenir ou pour arrêter la révolution avait été fait, et il traitait la pensée d'une retraite sur la Loire comme une chimère. Un jour, qu'un officier général soutenait l'opinion contraire, à Lulworth, devant M. le Dauphin, qui se tenait avec lui dans l'embrasure d'une croisée, le roi Charles X l'entendit et l'interrompit en lui disant sévèrement : « Taisez-vous, ce sont de mauvais propos que vous tenez là. » Ce qui rendait le roi Charles X si contraire à ce sentiment, c'est l'idée du sang qu'il aurait fallu verser pour recommencer sur la Loire la lutte qui avait eu une si funeste issue à Paris, et c'était là le motif qui l'avait décidé à repousser toutes les ouvertures qu'on lui avait faites lorsqu'il n'avait pas encore quitté le sol de la France.

Au milieu de ses tristesses, la famille royale trouvait cependant de grandes consolations dans les preuves de dévouement si nombreuses et si touchantes qu'elle recevait, et dans cette haute et solennelle manifestation des royalistes de France en faveur du principe monarchique, qui venait de recevoir une lésion si profonde par les événements de 1830. Maintenant que la chaleur des passions est tombée, et que la partialité politique, qui fausse tour à tour le jugement de toutes les opinions, a perdu quelque chose de cette âpreté que lui donne l'émotion d'une lutte récente, les honnêtes gens de toutes les opinions le reconnaîtront sans peine, ce fut un beau spectacle que celui qu'offrirent à cette époque tant d'hommes de cœur qui brisèrent leur carrière pour marquer leur haute désapprobation de l'atteinte qui venait d'être portée aux lois fondamentales de la monarchie. Qu'on partage ou non leur opinion sur cette atteinte, là n'est pas la question ; on n'en doit pas moins proclamer que ce fut un fait honorable pour le parti royaliste, honorable pour la France entière, que ce généreux empressement avec lequel ces hommes de tous les âges, de toutes les classes, les uns appartenant à l'ancienne société française, les autres datant de l'Empire, quelques-uns plus jeunes encore, renoncèrent aux positions avantageuses qu'ils occupaient, préférèrent leurs convictions politiques à leurs intérêts, et rentrèrent dans la vie privée au moment où la royauté partait pour l'exil. Ces magistrats qui descendaient de leurs siéges, ces administrateurs qui abandonnaient leurs fonctions, ces diplomates qui abdiquaient leur mission, ces officiers qui brisaient leur épée, les uns dans tout l'éclat de leur carrière, et d'autres, sacrifice plus grand encore ! à l'entrée même de leur vie, et lorsque l'avenir s'étendait devant eux avec toutes les richesses de leurs espérances ; ces professeurs qui quittaient leur chaire, toute cette élite d'esprits élevés et de nobles cœurs, s'honoraient eux-mêmes, honoraient leur parti, honoraient la France, en montrant cette vertu politique devant laquelle disparaissent toutes les considérations de l'intérêt privé, qui prend ses raisons d'agir dans le sanctuaire de la conscience, et qui fait la force et le nerf des nations chez qui elle règne.

Ce qu'il y avait de plus remarquable dans cette manifestation, c'est qu'elle n'était point circonscrite dans les classes qu'on regardait comme plus étroitement unies à l'ancienne dynastie par leur origine [1]. Parmi ceux qui suivaient cette ligne de conduite, on comptait quelques-uns des noms les plus éclatants de l'Empire, entre autres celui du brave général de Latour-Maubourg, trophée vivant que les boulets ennemis avaient consacré en le touchant, et dont la conduite devant l'émeute qui voulait désarmer les Invalides, avait été si courageuse et si ferme. C'était à cette époque aussi que le nom de M. le comte de Kergorlay retentissait à Lulworth, avec tout l'éclat que lui donnait la fermeté bretonne de sa lettre à la Chambre des Pairs. Doué d'un de ces caractères de résistance et d'énergie qui se roidissent contre la difficulté, et que la Providence semble avoir taillés dans le granit celtique pour lutter contre les obstacles des mauvais jours, ce Spartiate, né en Bretagne, ne voulait tenir aucun compte de ce qu'on était convenu d'appeler les faits accomplis. Ce fut une curieuse et intéressante chose que de voir cette probité tenace aux prises avec la dextérité de M. Pasquier, qui

---

[1] Témoin la belle lettre de Richepanse, fils d'un général de la République, au maréchal Gérard : « Né et bercé dans les trois couleurs, « je ne puis les haïr; mais quinze années, l'Espagne, où j'ai gagné le « grade de capitaine avec mon sabre, m'ont rappelé que le drapeau de « Henri IV n'est pas plus conscrit que celui de la révolution. »

employa autant d'expédients et d'échappatoires pour éluder le débat solennel auquel aspirait M. de Kergorlay, que celui-ci put mettre de persistance à obtenir le procès qu'on lui refusait. La dextérité de M. Pasquier fut vaincue, et la persistance de M. de Kergorlay l'emporta; il fallut saisir et déférer à la Chambre des Pairs sa lettre de démission, publiée dans deux journaux, la *Gazette de France* et la *Quotidienne*. L'honorable accusé justifia les paroles incriminées en les aggravant, et ce fut alors qu'il établit entre le père de M. le duc de Bordeaux et celui du prince nouvellement promu au trône, ce redoutable parallèle qui, selon le rapport des témoins de cette scène, fit trembler les pères conscrits mal assurés sur leur chaises curules, tout prêts qu'ils étaient à se croire compromis et à s'alarmer de leur audace involontaire, par cela seul qu'ils avaient entendu les paroles mal sonnantes qui rapprochaient le nom du petit-fils de Henri IV, assassiné le 13 février 1820, comme son illustre aïeul, du nom de Philippe-Égalité. Le nouveau pouvoir montra contre M. de Kergorlay une colère qu'il est assez difficile d'expliquer; car un fonctionnaire public acceptait, à peu de temps de là, devant un tribunal, comme un titre d'honneur, ce nom de régicide que M. de Kergorlay, avec une tout autre intention, il faut le reconnaître, avait fait planer sur la nouvelle dynastie. Un avocat ayant demandé la remise d'une cause en se fondant sur ce que le 21 janvier était un jour férié, un substitut du procureur du roi combattit ses conclusions en ces termes: « Se soumettre aujourd'hui à la loi qui a férié le 21 « janvier, c'est revenir de la révolution aux jours de

« la monarchie du droit divin, c'est frapper de réprobation le grand acte d'une triste mais sévère justice, « c'est donner une sanction pénale à la mémoire de « nos pères, c'est méconnaître le trône élevé par nos « mains; car, nous le disons sans détour, nous n'acceptons pas à titre de réprobation pour notre roi ces « paroles véhémentes de M. de Kergorlay, dont le respect pour la défense fit tolérer les étranges écarts « devant la Chambre des Pairs. Oui, pour nous, pour « la France, le titre de fils de régicide est un titre à « notre confiance; il établit entre Louis-Philippe et « la race proscrite un intervalle immense ; il sépare, « par une barrière insurmontable, le roi citoyen qui « accepte les actes et la justice de la révolution, de la « famille étrangère qui a suscité la coalition des rois « contre la patrie. » Le tribunal adopta les conclusions du parquet, en déclarant qu'il considérait le chômage de l'anniversaire du 21 janvier comme abrogé, « attendu qu'il aurait pour but d'altérer l'affection « des citoyens pour la nouvelle dynastie. » Ainsi, le souvenir du 21 janvier était solennellement revendiqué par les fonctionnaires de la nouvelle dynastie comme un titre de famille, et l'inviolabilité royale, qu'on avait voulu consacrer en vouant à un deuil perpétuel le souvenir de cette journée néfaste, était remplacée par l'inviolabilité du régicide proclamée dans un arrêt judiciaire.

Il est facile de concevoir quelle impression tous ces faits produisaient dans le salon de Lulworth, car les yeux de la famille royale ne cessaient point d'être attachés sur la France. Les membres de cette royale colonie, jetés dans cette demeure hospitalière, ressemblaient à des naufragés qui, du rivage où le flot les a poussés, contemplent avec tristesse les suites de la catastrophe dont ils ont été les premières victimes. De rares moments de bonheur venaient, comme ces rayons qui s'échappent quelquefois entre les nuages, réjouir par intervalles les journées froides et monotones de l'exil, c'était lorsque des voyageurs, arrivant de France, apportaient à Lulworth les souvenirs de la patrie.

Un des premiers visiteurs des adversités de la maison de Bourbon, dont le nom rappelait à la fois au frère et à la fille de Louis XVI un grand malheur et un grand dévouement [1], racontait ainsi, à la date du 7 octobre 1830, son voyage à Lulworth : « Charles X avait « permis que je me trouvasse à onze heures dans le sa- « lon où la famille royale devait se réunir avant la « messe, et j'y étais ; et tous venaient à moi, et tous « m'adressaient des paroles bienveillantes. M. le duc de « Bordeaux me dit : — *Je suis bien aise de vous voir « en mémoire de votre père.* — Ah ! oui, c'est en mé- « moire de mon père ! Je ne suis rien par moi-même, « je suis tout par lui et je m'en félicite. C'est une « gloire si douce que celle d'un père ! On en jouit sans « embarras, on en est fier sans cesser d'être modeste. » Après avoir raconté que le roi Charles X le retint à dîner, le comte de Sèze poursuit ainsi sa narration : « Avant six heures, j'étais de retour à Lulworth et « installé dans le salon. A table, Charles X était placé « entre ses petits-enfants. J'eus le bonheur d'être

[1] M. de Sèze.

« appelé auprès de Madame la Dauphine. Que le « dîner fut triste pour moi! Madame la Dauphine « me raconta ses derniers malheurs, son départ, je « dirai presque sa fuite de Dijon, et cette route si « longue de deux jours sans nouvelle du roi ni de mon- « seigneur le Dauphin. Le seul épisode consolant de « ce voyage avait été la rencontre de M. le duc de « Chartres, qui lui avait offert ses services et ceux « de son régiment avec l'empressement le plus vif « et qui paraissait le plus vrai. La princesse en avait « été touchée. Puis elle me dit le départ de Ram- « bouillet, l'arrivée de Cherbourg, et l'embarquement « sur un bâtiment américain. Cette dernière circons- « tance l'avait effrayée, et ses craintes devaient être « affreuses si elle savait le mot qu'on attribue à M. de « la Fayette. On assure qu'à son dernier voyage aux « États-Unis, M. de la Fayette dit aux Américains en « les quittant : *Je ne vous verrai plus sans doute,* « *mais je vous enverrai bientôt la famille royale de* « *France.* J'ai été interrogé à Lulworth sur tout ce « que je savais. Avec quelle reconnaissance on par- « lait des amis qui se sont montrés fidèles! Comme « Madame la Dauphine se rappelait tous ses bons « voisins de Villeneuve-l'Étang! Le courage de M. de « Kergorlay fut célébré, et M. de Latour-Maubourg « obtint un suffrage bien flatteur, car MADAME, tou- « jours vive, s'écria: « Je savais bien qu'il se condui- « rait ainsi! Moi, je l'aime depuis 1816. »

En arrivant à Lulworth, on avait concentré l'éducation de M. le duc de Bordeaux dans les mains d'un homme qui, en France, n'était chargé que de lui enseigner une seule branche des connaissances humaines; cet homme était M. Barrande, ancien élève de l'École polytechnique, d'un caractère froid, d'un esprit net et positif, et d'une instruction profonde et variée. Il y avait un avantage évident pour la direction de l'éducation de M. le duc de Bordeaux, dans cette concentration qui prévenait les tiraillements qui résultent de la multiplicité des influences : c'était un des bienfaits de l'exil. Depuis que la famille royale était établie à Lulworth, on avait repris cette éducation un moment suspendue, et qui cependant ne suivit son cours régulier qu'un peu plus tard.

Toutes les pensées et toutes les espérances de la branche aînée étaient venues se reposer sur cette jeune et blonde tête d'enfant. Il n'y eut qu'une fête pendant tout le séjour des Bourbons à Lulworth, et ce fut le 29 septembre. C'est la première fois qu'on célébrait dans l'exil l'anniversaire du jour où Louis XVIII avait dit à la foule immense qui encombrait le jardin des Tuileries : « Mes amis, un enfant nous est né. »

Hélas! le souvenir des fêtes de la patrie gâta cette première fête de l'exil. On se rappelait involontairement le concours nombreux de visiteurs qui se présentait à Saint-Cloud à pareil jour, pour offrir ses hommages à la famille royale, et célébrer avec elle la miraculeuse naissance de M. le duc de Bordeaux. Parmi ces visiteurs, un des plus empressés occupait en ce moment le trône de France, et un grand nombre de ceux qui rivalisaient avec lui d'enthousiasme et de dévouement avaient transporté des Tuilleries au Palais-Royal leur fidélité nomade, toujours prête à déserter les autels du malheur pour aller s'asseoir aux banquets de la prospérité. Ces blessures, aujourd'hui cicatrisées par le temps, étaient alors saignantes dans le cœur des Bourbons de la branche aînée. Ils souffraient autant d'avoir été déçus dans la confiance qu'ils avaient mise dans la famille d'Orléans, que d'avoir perdu la couronne, et ce n'étaient point les coups de leurs adversaires qui leur avaient été le plus sensibles, c'étaient les coups de ceux qui se disaient leurs amis.

Bien peu de temps après cette journée, qui jeta un peu de mouvement et de vie au milieu de la morne solitude du château hospitalier des Weld, le roi Charles X songea à quitter Lulworth. Outre qu'on était un peu à l'étroit dans cette résidence, le roi ne voulait point abuser de la généreuse hospitalité de la famille jacobite. Ce fut alors que le gouvernement anglais, ayant été instruit des dispositions du roi et de sa famille, lui fit offrir le château d'Holy-Rood, à Édimbourg, offre qui n'avait rien qui pût compromettre le cabinet de Saint-James avec le cabinet du Palais-Royal, car Édimbourg allait encore éloigner la maison de Bourbon de France, et M. le prince de Talleyrand, nouvel ambassadeur de la royauté d'août, insistait pour obtenir ce résultat.

Ce fut vers la mi-octobre 1830 que le roi Charles X quitta Lulworth, se rendant à Poole, où il s'embarqua avec M. le duc de Bordeaux pour l'Écosse; M. le Dauphin et Madame la Dauphine, avec MADEMOISELLE, prirent le chemin par terre. C'est alors que M. le duc de Bordeaux répondit à sa sœur qui lui faisait observer qu'allant par mer il ne verrait rien : « Je préfère mon voyage au vôtre, car j'apercevrai la France. »

Avant la fin d'octobre 1830, toute la famille royale était établie à Holy-Rood, à l'exception de MADAME, duchesse de Berry, qui, par des raisons particulières et qui, ainsi qu'on le verra plus tard, se rattachaient à la politique, résida quelque temps à Londres et à Bath.

II

LES BOURBONS A HOLY-ROOD

1831-1832.

Le palais d'Holy-Rood, qui, lorsqu'on l'aperçoit pour la première fois à la clarté douteuse de la lune, avec ses créneaux et ses hautes murailles, produit l'effet d'une prison, s'élève à l'une des extrémités d'Édimbourg, et n'est séparé que par une place du sale et sombre faubourg de la Canongade. Il est situé sur un terrain bas, dominé de tous côtés par des montagnes. Celle qui le commande, à gauche, est couronnée d'édifices élégants et pittoresques, et entourée comme d'une ceinture de maisons neuves qui se détachent des flancs de la montagne par leur blancheur. C'est dans une de ces maisons que s'établit Madame la Dauphine; une autre fut occupée par Madame la duchesse de Berry pendant son séjour à Édimbourg. Malgré sa vaste étendue, le palais des Stuarts ne pouvait contenir qu'une partie des Bourbons exilés; la portion des appartements restée habitable était très-restreinte, et ce ne fut que dans la façade opposée à la porte d'entrée, et qui est entièrement moderne, qu'on put trouver un logement pour Charles X et le duc de Bordeaux; MADEMOISELLE s'établit avec la duchesse de Gontaut à droite de la porte d'entrée.

Holy-Rood, dont Jacques V, roi d'Écosse [1], jeta les premières fondations, mais qui ne fut entièrement terminé que sous Charles II, n'est guère plus intérieurement qu'une ruine, mais une ruine majestueuse et vraiment royale. On y visite encore les appartements de Marie Stuart avec leurs tentures gothiques et leurs meubles vermoulus par le temps, et l'ombre charmante et plaintive de la reine d'Écosse semble errer sous les lambris noircis par les années de cette longue et vaste galerie de cent cinquante pieds de long sur soixante-douze de large, toute tapissée des portraits des rois d'Écosse jusqu'à Fergus; c'est dans cette galerie que se réunissent les pairs écossais pour choisir les douze d'entre eux qui doivent les représenter au parlement britannique. Ces rois, muets témoins d'un glorieux passé, attachant leurs regards sur le visiteur dont les pas indiscrets troublent la silence solennel de leur demeure, jettent je ne sais quel trouble dans son âme; on dirait voir l'assemblée des siècles faisant la haie pour regarder passer, avec une ineffable ironie, le présent qui, après avoir fait un peu plus, un peu moins de bruit, va se perdre dans le silence éternel du tombeau. La vie et le mouvement conviennent mal à ce

---

[1] En 1513.

séjour d'immobilité et de mort, palais d'une royauté qui n'est plus, s'élevant dans la capitale d'un royaume qui n'est plus qu'une province, de sorte que toute sa splendeur n'est qu'une splendeur de reflet, toute sa grandeur qu'une grandeur de souvenir. Au dehors, le palais d'Holy-Rood, comme ces organisations vigoureuses qui, malgré les lésions intérieures, conservent l'apparence de la force, offre encore l'image de la solidité et de la durée. L'édifice est de forme quadrangulaire; quatre tours flanquent sa façade; les armes des rois d'Écosse surmontent et décorent la porte d'entrée; une cour carrée, entourée d'un portique, occupe le milieu de l'édifice.

Pendant la première révolution déjà, le roi Charles X avait habité le palais d'Holy-Rood; c'était donc pour la seconde fois que sa destinée voyageuse venait heurter celle des Stuarts. Du reste, les tristesses de ce monument se mariaient avec celles de l'exil, et le vieux palais d'Holy-Rood, qui pleurait ses rois, convenait assez bien, comme séjour, aux Bourbons qui pleuraient leur patrie. Il y avait de mélancoliques rapprochements entre ces deux histoires si pleines de larmes et de douleurs, qui, à deux siècles de distance, venaient se rencontrer, et c'était un assez beau spectacle que les Stuarts se levant à demi sur leurs tombeaux pour faire honneur aux princes qui les visitaient, et pour rendre dans leur morne et sombre palais, aux petits-fils de Louis XIV, l'hospitalité de Saint-Germain. Le souvenir de ces adversités qui, jusqu'à la révolution de France, n'avaient point d'égales sous le soleil, Marie Stuart, Charles Ier, Jacques II, noms tristes et douloureux, adoucissaient l'amertume de la position du frère et de la fille de Louis XVI, en leur rappelant que ce n'était point la première fois que la majesté royale avait été violée, « que les reines avaient été vues pleurant comme « de simples femmes, et que l'on s'était étonné de la « quantité de larmes que contenaient les yeux des « rois. » Quant au jeune enfant qui arrivait à Édimbourg à la suite de ses parents, le séjour d'Holy-Rood n'était pas non plus mauvais pour lui; le génie des Stuarts, qui réside dans ces lieux solitaires, se leva triste et morne devant l'héritier de la maison de Bourbon, pour lui indiquer du doigt les routes à éviter et les écueils sinistres où les monarchies venaient échouer sans retour. Le malheur de ces princes brilla devant lui comme un fanal allumé sur le rivage, et plus tard, quand les années eurent mûri son intelligence, il médita plus d'une fois sur les impressions qui, tombant avec les ombres de la nuit, descendaient sur son jeune front du haut des sombres voûtes du vieux palais d'Holy-Rood.

Tant que la famille royale était demeurée à Lulworth, elle avait été, par suite de l'incertitude de la durée de son séjour dans ces lieux, pour ainsi dire campée dans son exil; à Édimbourg, elle s'y établit, car elle arriva dans cette ville avec la pensée d'y fixer, du moins pour un temps assez long, sa résidence. Le roi, M. le duc d'Angoulême et Madame la Dauphine y formèrent des habitudes. Le roi se promenait à pied deux heures par jour, et montait à cheval une ou deux fois par semaine avec Madame la Dauphine; les magnifiques carrosses des Tuileries avaient été remplacés par une simple voiture de remise louée au mois, et MADEMOISELLE prenait des chevaux à la demi-journée quand elle voulait sortir.

Dans les premiers moments du départ de la branche aînée, on avait parlé de sommes immenses emportées par elle dans l'exil. C'était, on le voit, une erreur à ajouter à tant d'autres erreurs; les prospérités des Bourbons avaient été royalement prodigues; ils avaient toujours eu la pensée que les rois devaient administrer leurs finances particulières à la manière du soleil, qui ne pompe les eaux des fleuves et de la mer que pour les rendre à la terre en rosée et en pluie. C'est ainsi que, dans les dernières années de la Restauration, le duc d'Angoulême répondait à un ministre qui lui demandait, à la fin du mois de décembre, un secours pour une commune: « Monsieur, j'en suis fâché, il faudra revenir. Je me suis fait une loi de rendre à la France, chaque année, ce que je reçois d'elle. L'année finit aujourd'hui, mon revenu a fini avec l'année, et j'ai donné ce matin tout ce qui me restait; revenez demain [1]. » Avec de semblables principes d'administration, on ne thésaurise guère; aussi les Bourbons de la branche aînée avaient-ils agi comme s'ils croyaient perdre tout ce qu'ils ne donnaient pas.

La révolution de 1830 les prit au dépourvu; c'est à peine s'ils emportaient 350 mille francs en quittant la France; et si on avait saisi leurs biens particuliers, qui

---

[1] Ce fait a été révélé dans une lettre de l'honorable de M. Hyde de Neuville.

étaient peu considérables [1], ils eussent été réduits à l'aumône sur la terre étrangère. Ajoutons que cette généreuse confiance, qui fit négliger à la maison de Bourbon de faire des économies, tenait au principe même sur lequel reposait leur gouvernement. Un homme plein de sens [2] l'a fait observer : les princes qui, sortant des rangs de la foule, sont portés au trône par les événements, conservent toujours quelque inquiétude dans leur union avec l'État, et l'on vit le plus illustre sans contredit d'entre eux, Bonaparte, poursuivi de cette idée, lorsque la loi qui réglait les rapports du domaine privé avec le domaine de la couronne fut discutée, prévoir involontairement l'éventualité d'une situation où il cesserait d'occuper le trône, et se préparer pour cette circonstance une opulente retraite. Rien de pareil chez la maison de Bourbon. On reconnaît, à la manière dont ils agissent, qu'ils regardent leur mariage avec l'État, pour nous servir d'une expression du roi Henri IV, comme saint et indissoluble, et qu'ils ne prévoient jamais le cas où il pourrait être rompu. Les révolutions elles-mêmes, malgré tant d'enseignements réitérés, les laissent dans leur généreuse incrédulité à cet égard, et l'exil de 1830 les trouva aussi pauvres en économies que l'émigration de 93.

A Holy-Rood, comme à Lulworth, l'uniformité de la vie des exilés n'était guère rompue que par l'intérêt

---

[1] Ils se montaient à dix mille hectares de bois situés dans sept départements : Vienne, Deux-Sèvres, Cher, Haute-Marne, Marne, Vosges, Ardennes. (Voir *le Moniteur* du 13 février 1831, Rapport de M. Thil sur la liquidation de l'ancienne liste civile.

[2] M. Hennequin.

qu'excitaient les nouvelles qui arrivaient de France, et la joie qu'apportaient avec eux les royalistes persévérants qui venaient saluer les adversités des Bourbons de la branche aînée dans le palais des Stuarts. Ce nouvel exil avait brisé l'âme de Madame la Dauphine ; elle n'était pas au nombre des personnes qui conservaient des espérances prochaines ; sa vue, exercée par le malheur, lui faisait apercevoir les longues années d'épreuves qui devaient encore se dérouler devant elle ; elle souffrait son exil tout entier à chaque instant de son exil. Tous les Français qui venaient à Holy-Rood demeuraient aussi frappés de son douloureux abattement que de son infatigable amour pour la France et de ses inépuisables vertus de pardon envers les moins excusables de ses ennemis. Un voyageur qui était allé déjà visiter les Bourbons à Lulworth [1], et qui vint les revoir en 1831 à Holy-Rood, écrivait ce qui suit à ce sujet : « Assis autour d'une table ronde, pendant le jeu de Charles X et de M. le Dauphin, nous causions, je pourrais dire familièrement, avec Madame la Dauphine. Elle nous demandait des détails sur tous ses amis ; c'est ainsi qu'elle les appelle. Il y avait des noms qu'elle ne pouvait prononcer sans larmes ; puis, quand la conversation tombait sur des personnes et sur des actes qu'il était impossible de ne pas blâmer, elle se taisait et ne pleurait plus. L'attachement l'attendrit plus que l'abandon ne l'affecte ; serait-ce qu'après une si cruelle expérience on n'est plus surpris que de la fidélité ? Madame la Dauphine avait, ce soir-là, auprès

---

[1] Le comte de Sèze.

d'elle, une foule de journaux français ou étrangers. « Vous voyez là des journaux anglais, me dit-elle, « et ce sont des articles de France que je lis et que je « cherche. — Mais, Madame, lui dis-je, la France!... — « Qu'importe, me répondit-elle, c'est là que sont tous « mes souvenirs, tous mes regrets ; c'est là qu'est tout « mon cœur. »

« Elle sanglotait en parlant ainsi, et nous pleurions silencieusement auprès d'elle. J'avais cru jusqu'ici que Madame la Dauphine, assaillie par tant de malheurs, ressemblait à un de ses chênes battus par l'orage qui se fortifient dans la tempête; je m'étais trompé, c'est plutôt un chêne déraciné qui languit et qui meurt loin de sa terre natale. »

Il importe de ne pas l'oublier, lorsque Madame la Dauphine exprimait ces sentiments pour la France, la proposition Baude [1] avait été prise en considération, puis votée par la Chambre des députés, et la salle du Palais-Bourbon retentissait des discours où l'on discutait les moyens les plus propres à tenir à jamais éloignés « l'ex-roi Charles X, ses descendants et les « alliés de ses descendants, bannis à perpétuité du « territoire français, et déclarés incapables d'y acqué- « rir, à titre onéreux ou gratuit, aucun bien, comme « d'y jouir d'aucune rente ni pension », et à les forcer « à vendre, dans le délai de six mois, tous les « biens qu'ils posséderaient en France. » On voulait que cette race antique ne conservât plus un seul pouce

---

[1] La proposition Baude est du 15 mars 1831.

de terrain dans ce royaume qui était l'œuvre de sa politique et de ses victoires.

Mais dans les Chambres et hors des Chambres, de nobles voix retentirent à cette occasion, et elles arrivèrent jusqu'au cœur des exilés, qui se consolèrent d'avoir été aussi cruellement attaqués, en apprenant de quelle manière ils étaient défendus.

« Il y a quelque chose de puéril dans cette pensée de l'homme qui prétend enchaîner l'avenir à ses lois, s'écriait M. Berryer. Mais qui sanctionnera une pareille proposition? Le cousin de la duchesse de Berry et du duc de Bordeaux? Allez, allez, les lois de condamnation et de proscription ont toujours été de mauvaises garanties. Que le gouvernement s'occupe plutôt de dissiper les craintes de l'avenir, et de nous assurer l'ordre, la gloire et la liberté. »

C'est à l'occasion de la même loi que le duc de Fitz-James prononçait ces belles paroles : « C'est une triste passion que la haine, d'autant plus triste qu'un des caractères distinctifs de cette maladie de l'humanité est de ne jamais trouver satisfaction dans les succès qu'elle obtient. C'est une loi de haine et de vengeance qu'on vous propose, une loi qui rappelle celle qui supprima l'anniversaire du 21 janvier, en alléguant que la seule lecture du pardon eût été une infraction au pardon lui-même. L'exclusion de la branche aînée est un fait accompli. Il durera autant que Dieu lui permettra de durer, pas une minute au delà. De deux choses l'une, ou l'exil de cet enfant doit être éternel, ou la France le replacera sur le trône de ses pères. Dans le premier cas, ce ne sera pas la loi proposée qui cimentera sa comdamnation, ce sera la liberté, la paix, le bonheur dont le gouvernement qui a succédé à la branche aînée aura fait jouir la France. Dans la seconde proposition, comme il ne pourra jamais être rappelé que par la force des choses, par une loi unanime de salut qui sortirait de toutes les bouches, une telle puissance est irrésistible, et votre loi serait alors entraînée par le torrent qui en a déjà englouti tant d'autres. Ah! messieurs les ministres, assurez au pays son existence de demain, si vous le pouvez, et ne faites pas de l'éternité [1] ! »

Vives et poignantes paroles, auxquelles M. le marquis de Dreux-Brézé ajoutait plus tard cette éloquente apostrophe: « Si vous bannissez à jamais les Bourbons et leur postérité, renvoyez-leur donc tout ce que vous en avez reçu; ne retenez pas cet héritage de gloire et de biens qu'ils vous ont laissé! Que dis-je! faites ouvrir les tombeaux de leurs ancêtres, et renvoyez-leur les ossements des fondateurs de vos libertés, des conquérants de votre territoire, des sages créateurs de votre législation. »

Une de ces voix surtout, dont les accents sont toujours allés haut et loin dans ce pays, faisait entendre des interpellations qui produisaient une impression profonde: « A entendre les déclamations de cette heure, écrivait M. de Châteaubriand, il semble que les exilés d'Édimbourg soient les plus petits compagnons du monde, et qu'ils ne fassent faute nulle part. Il ne manque aujourd'hui au présent que le passé; c'est peu

---

[1] Séance de la Chambre des Pairs du 9 décembre 1830.

de chose! Comme si les siècles ne se servaient pas de base les uns aux autres, et que le dernier arrivé pût se tenir en l'air! Comment se fait-il donc que, par le déplacement d'un seul homme à Saint-Cloud, il ait fallu prêter trente millions au commerce, vendre pour deux cents millions de bois de l'État, augmenter les perceptions de 55 centimes sur le principal de la contribution foncière, et de 50 centimes sur le principal de la contribution des patentes? Jamais sacre royal aura-t-il coûté aussi cher que notre inauguration républicaine? Notre vanité aura beau se choquer des souvenirs, gratter les fleurs de lis, proscrire les noms et les personnes, cette famille, héritière de mille années, a laissé en se retirant un vide immense, on le sent partout. En parcourant l'espace qui sépare la tour du Temple du château d'Édimbourg, je trouverai autant de calamités entassées qu'il y a de siècles accumulés sur une noble race. Une femme de douleur a été surtout chargée du fardeau le plus lourd, comme la plus forte : il n'y a cœur qui ne se brise à son souvenir; ses souffrances sont montées si haut, qu'elles sont devenues une des grandeurs de la France. »

Belles et hautes paroles qui n'empêchèrent rien, car la passion politique n'a ni oreille pour entendre, ni intelligence pour juger, ni cœur pour sentir; mais paroles qui devaient rester comme une protestation éloquente dans la mémoire de la France, pour en sortir le jour où la raison publique et la justice nationale reprendraient le dessus [1].

---

[1] Quatorze ans plus tard, un vote de la Chambre renvoyait au

Nous avons dû rappeler la proposition Baude, qui se rattache à l'histoire de l'exil de la branche aînée, puisqu'elle acheva de fixer la position des Bourbons exilés, en complétant ainsi la révolution de 1830. Ils furent déclarés bannis à perpétuité, incapables d'acquérir et de continuer à posséder, et il leur fut enjoint de vendre, dans le délai de six mois, à partir de la promulgation de la loi, les biens qu'ils se trouveraient posséder en France.

Peu de temps après la promulgation de cette loi, on vit arriver à Holy-Rood un homme qui venait d'acquérir de nouveaux titres à l'intérêt des exilés, c'était le vicomte de Conny. Les royalistes de France se trouvaient à cette époque dans une situation difficile, et sur laquelle il importe de donner des explications sommaires ; car les résultats de cette situation retentissaient douloureusement dans les entretiens de la petite colonie d'Holy-Rood.

Ministre de l'intérieur, sur le rapport de l'honorable M. Crémieux, une pétition qui demandait que les portes de la France fussent ouvertes à Madame la Dauphine et à Mademoiselle. Interpellé par plusieurs membres ministériels au sortir de la Chambre, M. Crémieux répondit à l'un d'eux qui lui disait : « Mais que voulez-vous donc, monsieur ? — Je veux, monsieur, que lorsque la fille de Louis XVI et la fille du duc de Berry paraîtront dans nos rues, nous marchions devant elles chapeau bas, pour apprendre à tous le respect que l'on doit à l'innocence et à la vertu unies au malheur. Je veux que la fille de Louis XVI jouisse de la seule consolation que la France puisse lui donner, celle d'entendre la messe tous les jours rue d'Anjou, devant l'autel qui s'élève au dessus des restes de son père, de sa mère, de son frère et de sa tante. »

La révolution de 1830 n'avait pas rompu les liens d'attachement qui unissaient un grand nombre de Français à la branche aînée, et, comme il arrive pour les âmes élevées, les injures et les rigueurs auxquelles ils voyaient les objets de leur affection en butte, redoublaient au contraire leurs marques de respect et de sympathie, comme s'ils eussent voulu adoucir, par ces hommages et ces témoignages d'amour, l'amertume qui devait inonder l'âme des exilés. Ils mettaient donc une certaine ostentation dans la manifestation de leurs sentiments; et, par une réaction facile à comprendre, plus le parti révolutionnaire abreuvait les Bourbons d'outrages, plus les royalistes saisissaient les occasions de montrer leur respect et leur dévouement aux petits-fils de Louis XVI. Le gouvernement aurait dû comprendre qu'il y avait quelque chose d'inévitable dans cet état des esprits, et qu'il fallait, au lieu d'entreprendre de changer des dispositions qui échappaient à son action politique, gouverner assez bien les affaires générales de la France pour rendre ces dispositions impuissantes et inactives. Qu'il y eût, au milieu de tant d'intérêts froissés par la révolution de 1830 et d'idées contraires au nouvel établissement, des esprits vifs et impétueux qui fussent prêts à accueillir les moyens les plus courts, et par conséquent les moyens violents, pour arriver à le détruire, cela est trop vraisemblable pour ne pas être vrai. Cependant, quoique leur nombre fût assez grand, c'était là l'exception et non la règle, et un gouvernement habile et fort eût évité, avec un soin tout particulier, de leur donner un prétexte. Mais tout ce qui était général se trouvait au-dessus des forces du gouvernement, ou plutôt, à cette époque, il n'y avait pas de gouvernement : le pouvoir était tombé dans la rue.

Lorsque le premier anniversaire du 13 février revint après la révolution de 1830, un grand nombre de royalistes de Paris voulurent faire dire, dans les églises de la capitale, des messes de commémoration pour cet anniversaire. Il est probable, on ne saurait en disconvenir, que la pensée de ceux qui demandaient ces services se reportait du tombeau du père au berceau du fils, et que le 29 septembre se liait, dans leur esprit, au 13 février. Mais il ne pouvait pas en être autrement, c'était une difficulté inhérente à la situation, il fallait donc l'accepter ; on ne pouvait pas faire qu'il n'y eût pas de royalistes en France, parce que la révolution de Juillet avait éclaté. Du moment qu'il y avait des royalistes, on était logiquement amené à souffrir qu'ils priassent pour le duc de Berry et même pour le duc de Bordeaux. La politique et la médecine qui s'attaquent aux symptômes sont une mauvaise médecine et une pauvre politique ; la grande politique et la grande médecine vont droit aux principes du mal. La grande politique, dans cette occasion, eût consisté à ne donner aucuns griefs généraux aux royalistes, car les partis ne sont dangereux que par la confusion qui s'établit entre leurs intérêts particuliers et les intérêts publics. Jamais une messe n'a renversé un gouvernement qui donne de belles et grandes destinées à la nation à la tête de laquelle il est placé. Le nouveau gouvernement, faute de pouvoir faire de la grande politique, se jeta dans la petite ; il interdit les messes noires pour le

13 février. L'effet de cette mesure fut d'exciter une juste et profonde irritation dans le cœur des hommes de la droite. Or, par un malentendu ou par une négligence, la défense de dire des messes anniversaires n'arriva point au curé de Saint-Germain-l'Auxerrois; il y eut donc là une messe à laquelle les royalistes, devant qui toutes les autres églises se fermaient, accoururent. Grâce à la mesure, l'affluence fut plus grande, puisqu'on se réunit sur un seul point; par suite de l'indignation qu'elle avait excité, la manifestation de sentiments fut plus vive: on parla plus tard d'une lithographie du duc de Bordeaux attachée avec une épingle au drap qui couvrait le catafalque, mais le fait n'a jamais été bien éclairci. Ce qu'il y a de certain, c'est que lorsque le service fut terminé, le bruit se répandit que le duc de Bordeaux avait été proclamé à Saint-Germain-l'Auxerrois, et qu'alors commencèrent des scènes à jamais déplorables. La portion la plus violente du parti révolutionnaire, trouvant là un prétexte d'émeute, le saisit. Bientôt aussi toute cette tourbe de la population, malfaiteurs en rupture de ban, forçats libérés et repris de justice, qui se remue dans les fanges de la grande ville, se précipita dans le mouvement avec une fougue et une fureur inouïes [1]. Les trois journées de Juillet avaient été faites contre la royauté; les trois journées de février furent faites

[1] « Remontons courageusement à la cause des émeutes. Dans ces journées, un grand nombre de forçats libérés et de voleurs se sont portés à l'Archevêché. » (Discours de M. Baude, préfet de police, dans la séance du 19 février 1831.)

contre Dieu. Les croix qui dominent les églises, les églises elle-mêmes, furent l'objet d'attaques et de dévastations dont le sac de Saint-Germain-l'Auxerrois avait donné le signal; l'émeute visita une seconde fois l'Archevêché, déjà dévasté, et courut jusqu'à Conflans, en poussant des cris de mort contre l'archevêque, qu'on accusait d'avoir été l'instigateur du service de Saint-Germain-l'Auxerrois, et qui fut contraint d'épargner, par une prompte fuite, un crime de plus aux auteurs de ces violences.

Bientôt on apprit à Holy-Rood les détails de ces journées pendant lesquelles les symboles du christianisme, les monuments des arts, les propriétés d'une classe de citoyens, furent en proie à des actes de vandalisme que le gouvernement fut obligé de subir, ce qui était pis en politique que s'il les avait ordonnés. Quelque chose de plus encore : il s'était fait perturbateur et iconoclaste à la suite, et marchait, pour ainsi dire, derrière l'émeute pour légaliser ses excès. Il contribua, en effet, à faire descendre les croix du faîte des églises, et il ordonna qu'on voilât les crucifix dans les tribunaux, sans doute pour punir Dieu d'avoir reçu les prières qu'on lui offrait pour le duc de Berry, et pour lui apprendre à obéir désormais au juste-milieu.

Sans parler des émotions douloureuses qu'éprouvèrent les exilés en leur qualité de princes très-chrétiens, en lisant le récit de ces excès, une raison de famille vint augmenter la part qu'ils prenaient à la douleur de tous les catholiques de France. Une pierre, surmontée d'une croix, avait été placée à la Conciergerie dans la chambre où la reine avait versé les dernières larmes qu'elle versa devant Dieu avant d'aller rejoindre le roi Louis XVI, en passant par l'échafaud. Sur cette pierre était gravée la lettre pleine d'une mansuétude ineffable, dans laquelle, suivant le précepte et l'exemple du Dieu qui était son seul consolateur, elle pardonna, avant d'aller à la mort, à ceux qui l'avaient offensée, et pria pour ses bourreaux. Ce monument, cette lettre gravée au pied de la croix, tout fut détruit par les ordres de M. de Montalivet, ministre de l'intérieur, à l'occasion des troubles de février. On ne saurait dire combien ces réactions, à la fois impies et impolitiques, contre les souvenirs les plus chers et les tombeaux les plus sacrés, inspirèrent d'indignation dans le parti royaliste. Le ministère y mit le comble, en ordonnant des arrestations et des visites domiciliaires à Paris, dans toutes les provinces de France. Les provinces de l'Ouest surtout furent privilégiées dans ces mesures de persécution qui, en semant partout des germes de mécontentement, préparaient les esprits à des manifestations violentes; car la passion est comme la flamme, qui se communique à tout ce qu'elle touche.

C'est en sortant de la Conciergerie, où il avait écrit à M. de Montalivet une lettre pleine d'élévation, au sujet de la profanation commise dans cette prison consacrée par la présence de la reine, que M. de Conny se rendit à Holy-Rood avec ses deux fils. Quand il entra dans le cabinet du roi, il le trouva assis et tenant un livre à la main. Par un mouvement involontaire les yeux du vicomte de Conny se portèrent sur le livre que lisait le roi : c'était une histoire de la chute des Stuarts. Tableau plein d'enseignements sur les vicissitudes des choses humaines : le petit-fils de Louis XIV, exilé et proscrit lui-même, lisant l'histoire de la chute de la maison des Stuarts dans le vieux château d'Holy-Rood ! M. de Conny n'avait pas revu le roi depuis Trianon, où il s'était rendu le 30 juillet 1830 pour offrir à la monarchie expirante ses derniers services. Il avait raconté, dans un écrit alors récemment publié, l'entretien qu'il avait eu avec le roi, et le conseil hardi qu'il lui avait donné sans pouvoir le déterminer à le suivre. Le roi mit la conversation sur ce passage de l'écrit de M. de Conny, et lui dit qu'il se rappelait à merveille tous les détails de cette conversation, et qu'il les avait trouvés très-fidèlement rappelés dans son livre. Le fidèle royaliste s'était étonné, à Trianon, de ne pas trouver la famille d'Orléans auprès du roi. Il savait que plusieurs membres influents de la gauche et du centre gauche voulaient appeler le duc d'Orléans au trône. — « C'est là qu'est le danger, s'était-il écrié « en s'adressant au roi ; mais il est grave, le moment « presse ; chaque minute perdue est irréparable. Com- « ment se fait-il, Sire, que dans les conjonctures ter- « ribles où se trouve la monarchie, M. le duc d'Orléans « ne soit pas accouru auprès de Votre Majesté ? » Le roi avait répondu, avec une confiance qui naissait de l'estime qu'il avait pour M. le duc d'Orléans, et du souvenir des bontés dont ce prince avait été accablé par la branche aînée : « Je le crois encore à Saint- « Leu ; mais mon cousin n'accéderait point aux propo- « sitions qui lui seraient faites : le souvenir de son « père est présent à sa pensée ; son fils nous est atta- « ché. » C'est alors que le vicomte de Conny, interrompant le roi : « Sire, avait-il dit, la place de M. le « duc d'Orléans, celle de son fils, sont auprès de vous ; « c'est depuis trois jours qu'ils devraient y être, pour « confondre par leur présence les factieux qui se ser- « vent de ce nom, et pour apprendre à l'Europe qu'ils « ne sont point leurs complices. C'est près de vous, « Sire, que leurs serments les appellent ; c'est en dé- « fendant le trône qu'ils doivent mourir ; et puisqu'ils « n'y sont point venus, que la force les y contraigne. « Ordonnez, Sire, que les gardes aillent les chercher « à Saint-Leu, à Neuilly, partout où ils seront ; qu'ils « soient à l'instant même amenés près de vous, vous « serez obéi. Je viens de traverser votre garde, elle « le demande à grands cris ; mais ordonnez à l'instant, « dans quelques minutes il ne sera plus temps. »

C'est ainsi que le roi exilé et un des serviteurs les plus fidèles de la royauté revenaient mélancoliquement, à l'ombre du palais qui avait abrité les Stuarts, sur les dernières scènes de la monarchie française et sur un passé si récent, et qui cependant semblait déjà si éloigné ; car la grandeur des changements opérés dans un État produit le même effet, sur l'esprit, que la longueur des années, et l'on croit rêver quelquefois quand on vient à réfléchir qu'entre la royauté de la branche aînée et l'inauguration révolutionnaire de la branche cadette, il n'y eut que l'épaisseur de quelques jours. Le royaliste fidèle qui arrivait de France, se rendait intérieurement le témoignage qu'il avait donné à Trianon, aux adversités des princes qu'il aimait, le meilleur conseil qui pût leur être donné, et l'asile lointain où il venait visiter son vieux roi prêtait trop d'autorité à ses paroles, et démontrait trop hautement la justesse de ses prévisions, pour qu'il ne se refusât pas le triste avantage de rappeler inutilement qu'il ne s'était point trompé. Le vieux roi, de son côté, en s'avouant tout bas qu'il avait mal jugé les hommes et les choses, se consolait en repassant au fond de son cœur les motifs de sa confiance, et il préférait son exil, tout triste qu'il fût, et sa condition de roi malheureux et proscrit, aux prospérités de ceux en qui il avait mis une confiance si profonde et si douloureusement trompée.

Lorsqu'on arrivait à Holy-Rood, il y avait deux choses qui frappaient également, mais d'une manière toute différente: c'était la visite que l'on faisait au roi Charles X, et celle que l'on faisait à Henri de France et à sa sœur. D'un côté, toutes les émotions du souvenir; de l'autre, toutes celles de l'espérance. Avec le frère de Louis XVI, on parlait involontairement du passé, et l'on sortait de ces entretiens l'âme pénétrée et triste, et à peu près avec les mêmes émotions de cœur et les mêmes dispositions d'esprit que l'on rapporte de ces lieux funèbres et sacrés où reposent les restes de ceux qui nous sont chers. Mais lorsqu'on voyait les deux enfants, avec leur vivacité si française, s'épanouissant à la vie et égayant cette sombre solitude, comme ces frais bouquets de giroflée dont le vent a apporté la graine et qui fleurissent aux fentes des vieux murs, il était impossible de ne point concevoir des pensées riantes comme l'espérance, et de ne pas songer à l'avenir.

Quand il arrivait quelque voyageur du beau pays

de France à Édimbourg, il s'enquérait toujours naturellement, avec une vive sollicitude, de l'éducation de M. le duc de Bordeaux, et la famille royale avait voulu que toute satisfaction fût donnée à ceux qui désiraient être initiés aux études qu'on faisait suivre au jeune prince. M. le vicomte de Conny, après avoir vu le roi Charles X, s'empressa donc d'aller visiter Henri de France, et voici comment il racontait, au retour de son voyage, qui remonte au mois d'avril 1832, ses impressions à la vue du jeune exilé :

« On annonça au prince que des Français étaient avides de le voir : mes deux fils m'accompagnaient. Il courut à nous et nous donna la main avec une grâce charmante. — « Vous arrivez de France, » nous dit-il, « et vous allez bientôt y retourner. Qu'on est heu- « reux d'habiter la France ! » Tous ses souvenirs, toutes ses pensées sont à la France ; dans ses études comme dans ses jeux, le nom de France est toujours sur ses lèvres. Les deux circonstances que Henri se plut surtout à rappeler furent une visite à l'école de Saint-Cyr et à l'artillerie de Vincennes. Il savait les noms d'une foule d'élèves de Saint-Cyr ; mon fils avait eu l'honneur d'être élève de cette école, et le prince resta des heures entières à se rappeler avec lui tous les souvenirs de ce beau bataillon de Saint-Cyr, que, quelques jours après sa visite, il avait retrouvé à Saint-Cloud marchant à la défense du trône, puis il nous rappela dans tous ses détails le tir d'artillerie de Vincennes et le nombre des heures qu'il avait passées au polygone.

« Dans ses études de dessin, on retrouve encore la

pensée qui domine son âme; ce sont toujours des vues de France, des souvenirs de son pays, que son crayon aime à retracer; puis des têtes de guerriers, des chevaux, des armures, des camps, des batailles. « Je vous « donnerai, me dit-il, un de mes dessins : c'est un « grenadier de la garde. » Il ouvrit alors un portefeuille qui en contenait plusieurs. « Voyez, me di- « sait-il, qu'ils étaient beaux, ces grenadiers! que je « les aimais et combien ils m'aimaient aussi ! » Puis, avec une vivacité à nulle autre pareille, il me nommait tous les régiments de la garde, les noms des chefs, des officiers, et d'un grand nombre de soldats. Un jour qu'il avait causé longuement avec moi de cette garde fidèle, il se lève, et, m'entraînant au bout du salon, il me montre un chien qui aussitôt le couvre de caresses, que Henri lui rendait avec usure. — « Savez-vous « pourquoi j'aime tant ce chien ?... C'est un officier « du 3e de la garde qui me l'a donné. C'était le chien « du régiment ; à l'heure de la parade, dès qu'il en- « tendait le tambour, il descendait et accompagnait « les grenadiers. Il restera toujours avec moi. »

« Une fois, il me disait : « J'ai été heureux ce ma- « tin ! J'allais au manége, en traversant la rue où vous « habitez, j'ai rencontré un régiment, et la musique a « joué : *Vive Henri IV!* Ne l'avez-vous pas remar- « qué ? Je me suis cru en France. »

« Une autre fois il me demandait si j'avais visité « l'arsenal de Londres. — « Oui, lui répondis-je, mais « si un jour Votre Altesse royale y va, elle éprouvera « un vif sentiment de douleur en y voyant deux canons « français. — Deux canons français ! — Oui, monsei-

« gneur, deux canons qui nous furent enlevés à la ba-
« taille de Crécy. — Je ne veux pas les voir ! je n'i-
« rai pas à l'arsenal de Londres. Mais s'il y avait
« guerre, et si les Anglais amenaient nos canons sur
« le champ de bataille, nous les reprendrions ; n'est-ce
« pas, Monsieur, que nous les reprendrions ? »

« Voilà l'enfant que l'on a banni à dix ans de son pays ! le fils de France est devenu l'enfant de l'exil ; ceux qui l'ont proscrit ont pu briser le diadème sur son front, mais il est un don du ciel qu'ils ne lui raviront jamais : ce cœur français qu'il a reçu avec le jour, il le conservera tant qu'une goutte de sang battra dans ses veines [1]. »

Telles étaient les impressions qu'on recevait de l'enfance de M. le duc de Bordeaux, qui avait alors douze ans.

C'est ainsi que chaque voyageur français rapportait d'Holy-Rood de vives émotions et de touchants souvenirs, et se hâtait de les communiquer, en arrivant, à ceux de ses coreligionnaires politiques qui, moins heureux, n'avaient pu aller visiter le lointain exil des petits-fils de Louis XIV. Par un résultat aussi étrange qu'imprévu de cet exil, l'éducation de Henri de France se trouvait plus en vue à Holy-Rood que s'il avait été élevé aux royales Tuileries, et grâce à cet éloignement qui semblait devoir, au premier abord, étendre un voile entre lui et les regards des Français, le vœu exprimé par la Constituante, qui voulait qu'il y eût tous les ans un rapport présenté au pays sur l'éducation du Dau-

---

[1] *Les Bourbons*, par le vicomte de Conny.

phin, se trouvait à peu près rempli pour le jeune prince exilé. Il avait cette vive et ardente curiosité qui, dans un âge aussi tendre, est un bon signe, parce qu'elle annonce l'amour de connaître. Déjà, à Saint-Cloud, il montrait un penchant déclaré pour les récits, surtout pour les récits de guerre, et nous avons entendu raconter par un de ses narrateurs, auquel il témoignait une juste et vive prédilection [1], avec quelle joie il saluait le dénoûment des belles chroniques de la Bretagne, qui montrait le drapeau blanc détrônant le drapeau anglais sur quelque vieille tourelle. A Holy-Rood, il rencontra un merveilleux conteur d'histoires dans un apôtre. C'était l'abbé Dubois, qui avait passé la plus grande partie de sa vie dans les contrées les plus reculées de l'Inde à catéchiser les sauvages. Le saint et vénérable missionnaire ouvrait les trésors de ses souvenirs devant l'héritier de cette race royale qui a tant fait pour propager le catholicisme jusqu'aux extrémités du monde, et ce n'était qu'avec peine, quand l'heure du repas arrivait, qu'on parvenait à arracher le jeune auditeur à ces récits attachants qui l'introduisaient dans un monde où tout était nouveau pour lui. Souvent aussi ces beaux récits s'interrompaient pour faire place à des enseignements plus graves. Depuis que la famille royale était établie à Holy-Rood, on préparait le jeune prince à cet acte si solennel qui initie l'homme au plus beau et au plus grand mystère du catholicisme : le 2 février avait été choisi pour la première communion de M. le duc de Bordeaux. Ce

[1] M. le vicomte Joseph Walsh.

n'était point par une rencontre fortuite qu'on avait désigné une époque si voisine de l'anniversaire de l'événement qui avait rendu Henri orphelin avant sa naissance. Jusque-là le roi Charles X avait trouvé son petit-fils trop jeune pour permettre qu'on lui racontât ce tragique et douloureux événement, tant il craignait que, dans ce cœur qui s'ouvrait à la vie, il ne se glissât quelque prévention contre la France, lorsque l'enfant apprendrait que c'était la main d'un Français qui l'avait rendu orphelin. Ce ne fut donc qu'à l'époque de sa première communion qu'on apprit à M. le duc de Bordeaux comment avait péri son père.

Un Français qui se trouvait le 3 février à Holy-Rood raconte en ces termes cette touchante cérémonie, à laquelle il assista :

« La veille de ce jour solennel, le jeune prince est descendu le soir chez son grand-père, et là, à genoux, il a reçu une des plus touchantes bénédictions qui aient jamais été données. Son oncle et sa tante le bénissaient en même temps. Au milieu de leur émotion, on a entendu nos infortunés princes répéter à plusieurs reprises : *Prie bien, prie surtout pour la France.* C'était un spectacle bien fait pour émouvoir que les larmes et les vœux de toute cette famille française à deux cents lieues de la France, que cet orphelin à genoux devant son aïeul détrôné, et aux pieds de la fille de Louis XVI, si grande et si malheureuse, qui l'exhortait à prier Dieu pour sa patrie.

« Il faudrait un volume pour raconter toutes les paroles et toutes les circonstances touchantes de cette soirée et de la journée qui l'a suivie. Cet enfant bien-aimé du ciel, en tout temps supérieur à son âge, s'est élevé, au moment solennel, au-dessus de lui-même par ses pensées, son langage, ses manières, et par les démonstrations d'une piété douce et tendre qui n'ôtait rien à la vivacité de la plus aimable enfance. Quand le pontife a tenu l'hostie consacrée dans ses mains, il a adressé au jeune prince une courte exhortation qui se terminait ainsi : « Fils de saint Louis, puisse la main « de Dieu vous conduire ! » C'est à peu près le mot adressé à Louis XVI ; seulement, en le prononçant, celui qui exhortait le saint roi regardait le ciel, et celui qui admettait son petit-neveu à la table sainte regardait la terre, où il voyait une longue et difficile carrière s'ouvrir devant lui.

« La cérémonie terminée, toute la famille réunie attendait l'heureux enfant : tous l'ont tendrement serré sur leur cœur. Après le déjeuner, le roi a fait appeler chez lui le jeune duc et ses maîtres, il a remercié ceux-ci de leurs soins et de leur dévouement ; puis il a adressé à son petit-fils des avis paternels avec un accent plein de noblesse et de sensibilité : « Tes destinées, mon cher enfant, lui a-t-il dit, peu- « vent être bien grandes, tes devoirs bien difficiles ; « si jamais tu sens le poids des tribulations et des « peines inséparables de ta condition, la pensée du 2 « février te donnera des forces. » Le jeune prince, profondément touché, a baisé la main de son aïeul. Quelqu'un lui ayant alors demandé ce qu'il voulait faire dire aux personnes qui avaient prié pour lui en France dans cette circonstance solennelle de sa vie : « Je veux, répondit Henri, qu'elles sachent que j'en

« suis reconnaissant, et que je ne les ai pas oubliées « devant Dieu. Si mes prières sont exaucées, Dieu « bénira la France. »

Ce n'est guère qu'à Holy-Rood qu'on avait pu reprendre d'une manière un peu suivie l'éducation du frère et de la sœur. A Lulworth, le coup qui avait frappé la famille royale était trop récent, et l'on était encore sous l'influence de l'agitation fébrile qui suit les grandes catastrophes. L'éducation de M. le duc de Bordeaux avait été, on l'a dit, concentrée dans les mains de M. Barrande, ancien élève de l'École polytechnique, et homme d'une haute intelligence et d'une instruction variée et profonde. Quoiqu'il entre dans le plan de ce livre de grouper dans une exposition particulière tous les faits relatifs à l'éducation du duc de Bordeaux, il paraît cependant convenable de donner ici, d'après M. d'Hardivilliers, qui enseignait alors le dessin au jeune prince, l'emploi d'une de ses journées.

A six heures, en hiver comme en été, Henri, après avoir prié le Dieu de saint Louis pour sa famille et pour la France, prépare son masque et ses fleurets, et fait assaut avec un ancien grenadier à cheval de la garde, qui, comme tant d'autres, lui est resté fidèle, mais qui, plus heureux, a pu le suivre. Il y a plaisir à le voir frapper le parquet à pieds redoublés, et développer cette souplesse qui lui donne de grands avantages dans tous les exercices du corps. De sept à neuf, leçon de latin, de géographie et d'allemand, interrompues par un seul quart d'heure de récréation employé au déjeuner. Grâce à la méthode du maître et aux dispositions de l'élève, Henri, avait, dès 1831, fait dans toutes ces études de grands progrès. Il décomposait les mots allemands, et surtout il en découvrait les racines avec promptitude ; et, quoiqu'il menât de front l'étude de trois langues, l'allemand, le latin et l'anglais, on n'apercevait pas la moindre confusion dans son esprit. A neuf heures arrive le moment impatiemment désiré, d'aller embrasser sa famille ; mais cette réunion ne dure pas plus d'une demi-heure.

A dix heures, le dessin ; pour sujets, des points de vue de France ou des scènes militaires. L'amour de son pays et des soldats, voilà les deux passions dominantes de Henri : on le retrouve partout. Des revues, des combats, des bivouacs, ce sont les images qu'il se plaît à retracer. Combien de fois on a vu sa jeune main chercher à se souvenir des traits et des uniformes de ces grenadiers dont il partageait les jeux à Bagatelle, ou dont il admirait la marche militaire au Champ de Mars ! Mais quelle est cette douce voix qui annonce la franchise et la gaieté ? Il est onze heures, Henri a reconnu la voix de sa sœur ; il court au devant d'elle, l'embrasse et la ramène dans sa salle d'étude, où elle vient prendre avec lui la leçon d'histoire. Une noble émulation se fait remarquer chez ces jeunes concurrents ; Louise sait beaucoup déjà, mais Henri surprend tous ceux qui assistent à cette leçon, tant ses connaissances en histoire sont remarquables pour son âge.

Une mémoire prodigieuse, une grande facilité à classer, à rapprocher les faits, une plus grande à les énoncer, voilà ce que remarquent ceux qui ont assisté à ces leçons.

De midi à deux heures, dîner, et le plus souvent excursion au dehors. A deux heures, leçon d'équitation ; c'est là un des exercices que Henri aime le plus, et il s'y livre avec une ardeur et un courage qui ont effrayé quelquefois ceux qui venaient le visiter.

A l'équitation succèdent les exercices gymnastiques. Dans les temps de prospérité, alors que Henri grandissait au milieu des hommages, des vœux et des espérances, on avait construit au Trocadéro l'appareil nécessaire pour les exercices. Rien de ce qui est utile au développement des forces physiques n'avait été oublié, et là, au milieu de ses jeunes compagnons, Henri montrait déjà une vigueur et une adresse remarquables. Aujourd'hui, quoique les arts et l'industrie ne rivalisent plus de zèle pour concourir à son éducation, Henri n'en continue pas moins ces utiles jeux. Un arbre remplace l'appareil compliqué, un ruisseau sert aux exercices du saut; un arc, un livre, ont remplacé des prix d'une plus grande valeur. Ici, comme à Saint-Cloud, Henri remporte presque toujours l'avantage sur ses jeunes concurrents [1].

Puis vient le tir au pistolet, le jeune prince y était d'une adresse remarquable dès l'âge de onze ans; c'était, après l'exercice du cheval, celui pour lequel il montrait le plus d'ardeur.

L'heure du goûter arrive au milieu de ces amusements; mais le repas est bientôt terminé, et l'on regagne le palais, où deux leçons, l'une d'allemand, l'autre d'histoire, vont clore les études de la journée.

---

[1] *Une Journée d'un jeune exilé*, par M. d'Hardivilliers; *Deux Voyages à Holy-Rood.*

Sept heures sonnent, Henri se retrouve au sein de sa famille réunie; c'est l'heure du repas du soir. Adoucir la tristesse de sa famille par sa gaieté, s'entretenir de la France, quêter pour les pauvres qu'il y a laissés, et pour ceux qui sont plus près de lui et qui font souvent appel aux vertus aumônières des petits-fils de saint Louis, dont l'exil même est généreux [1], disputer à sa sœur le bonheur de faire oublier un moment, par ses tendres caresses, à son aïeul vénérable, au Dauphin son oncle, et à la fille de Louis XVI, les amertumes de leur position, voilà l'emploi de la dernière heure de la journée de Henri. Alors un rayon de joie vient éclairer d'une lumière inaccoutumée le front du vieux monarque, ordinairement incliné dans ses tristes pensées. En voyant s'épanouir la vive intelligence de son petits-fils, en apprenant de la bouche de M. Barrande ses progrès rapides, en lisant dans cette âme pure et limpide comme un de ces beaux lacs d'Écosse si transparents, que le regard découvre les plus petites herbes qui végètent au fond de son lit, et en ne voyant s'y lever que de généreux sentiments et de nobles pensées, le monarque dépossédé trouvait qu'il avait encore des actions de grâces à rendre à la Providence au sein de

---

[1] J'eus la curiosité, en passant un jour dans la Canongate, de demander à une vieille femme, assise devant sa porte, si elle connaissait le duc de Bordeaux. « Je n'ai jamais vu, me répondit-elle avec l'élan du cœur, de plus gentil petit garçon. Il est bon pour les pauvres gens; il ne garderait pas un shelling quand quelqu'un en a besoin. Ce sera bien tant pis pour nos pauvres le jour où il nous quittera. » (Fallon.)

son exil; ses mains s'étendaient pour bénir le fils et la fille du duc de Berry, qui lui donnaient de si douces joies. Il se plaisait à se répéter à lui-même que la France saurait un jour ce que valait son Henri, — et la noble famille, consolée par cette pensée, allait chercher un repos plus tranquille que celui qu'on trouvait à la même heure dans plus d'un palais magnifique, où l'on revoyait peut-être dans ses songes la figure pâle et triste de ceux qu'on était venu si souvent y saluer.

C'est ainsi que se succédaient les journées d'Holy-Rood; elles étaient calmes et mélancoliques, mais cette mélancolie avait sa douceur. D'ailleurs cette paix profonde n'était pas sans avantage pour l'éducation de Henri. Ce n'est pas sans raison qu'on isole les enfants du tumulte des affaires, à l'ombre des vieux cloîtres et des monastères antiques, pour les initier aux connaissances humaines, de même qu'on place les plants encore trop jeunes à l'abri des vents et du soleil. L'éducation a besoin de silence et de recueillement, et il importe que les bruits du monde ne viennent pas retentir trop souvent dans les asiles où l'on cultive les idées naissantes et les sentiments tendres et naïfs de ceux qui seront un jour des hommes. Ainsi l'éloignement forcé de la maison royale, et les adversités de sa race, profitaient, à un certain point de vue, au petit-fils de Louis XIV. Ce qu'il y aurait pu avoir de trop monotone dans la vie d'Holy-Rood pour une vive intelligence d'enfant, se trouvait compensé par le mouvement qu'apportaient dans la solitude royale les visiteurs arrivant de France, et par les courses que le jeune prince faisait souvent au dehors. Ces excursions, qui avaient ordinairement pour but une raison d'étude ou de curiosité historiques, se terminaient presque toujours par un acte de charité. Le fils du Béarnais était pauvre; à son arrivée en Angleterre, la rente que lui faisait le roi Charles X cessa d'être exactement payée; cependant on lui remettait, de temps à autre, des sommes peu considérables, et c'était, pour la famille royale, une nouvelle manière de donner à ceux qui avaient faim, car les mains de Henri de Bourbon étaient toujours ouvertes pour soulager l'infortune. Avant même de quitter Lulworth, il avait commencé ces bienfaisantes promenades. C'est ainsi qu'ayant visité les prisons de Dorchester, il y trouva de pauvres contrebandiers français dont la position le toucha; il leur donna le peu qu'il avait, et il insista tellement pour qu'on fît les démarches nécessaires à leur mise en liberté, qu'il fallut céder à son désir. Banni lui-même, il trouvait je ne sais quelle consolation à rendre à ces exilés leur patrie. Combien de fois, à Édimbourg, des matelots français naufragés trouvèrent-ils assistance auprès du jeune habitant du vieux palais d'Holy-Rood! Quand il n'avait plus rien à donner, il quêtait pour eux. Ces braves gens s'en retournaient attendris et pensifs, méditant sans doute, dans leur simplicité, sur ce secret dessein de la Providence, qui avait placé dans la capitale de l'Écosse le naufragé des révolutions pour adoucir les naufrages de la mer.

Il faut distinguer de ces excursions fréquentes le voyage que fit le jeune prince dans le beau et romantique pays des Highlanders, qui a trouvé en Walter Scott son Homère, et où plane encore la grande ombre de Montrose, en éternisant le souvenir des longues luttes soutenues par la loyauté écossaise pour la royauté des Stuarts. Ce fut par une matinée du mois de juillet 1832 qu'il quitta le château d'Holy-Rood, accompagné de M. le baron de Damas et de MM. Barrande, la Villate et d'Hardivilliers, en s'acheminant vers les comtés de l'Est. Le premier souvenir historique que le jeune prince rencontra sur son passage fut celui de Marie Stuart. Les ruines imposantes du château de Lochleven lui rappelèrent la longue et cruelle captivité de cette reine douloureuse, et le lamentable dénoûment par lequel cette captivité se termina; et ce souvenir sinistre dut éveiller dans son cœur une crainte filiale, car il y avait, à cette époque, ailleurs qu'en Écosse, des châteaux forts dont les portes pouvaient, d'un moment à l'autre, se refermer sur une princesse prisonnière [1]. Il traversa ensuite Kinross, Perth, Scone, l'ancienne résidence des rois d'Écosse, et il arriva à Dunkeld, l'ancienne capitale de la vieille Calédonie. Il était à peu de distance de cette ville, lorsque les sons lointains de la cornemuse nationale se firent entendre. C'étaient les Highlanders qui descendaient de la montagne, vêtus de leur costume pittoresque, la tête couverte d'une toque ornée de plumes, leurs plaids aux diverses couleurs attachés sur les épaules, et

---

[1] Déjà, à cette époque, les événements de 1832 avaient eu lieu, et la prise d'armes avait échoué.

portant à leur ceinture la claymore. A leur tête marchait un vieillard vénérable, Mac-Grégor, dont la figure mâle et majestueuse rappelait les vieux bardes qui chantaient dans le palais de Fingal. Il se passa alors une scène touchante, dont voici l'explication telle que nous la trouvons dans le récit d'un des voyageurs [1], et dans une Revue des plus accréditées de l'Écosse [2]. Le vieux Mac-Grégor avait rencontré le prince, qui admirait les cascades qui tombent dans les environs de Dunkeld avec un poétique mugissement, et que tous les étrangers vont visiter; sa physionomie l'avait frappé, et il avait demandé son nom à une personne de sa suite. Aussitôt qu'il avait su qu'il avait devant les yeux l'héritier de cette grande race des Bourbons dont le nom a retenti dans tous les coins de l'univers, et ce nouvel hôte de l'Écosse dont le séjour à Édimbourg était déjà connu dans les hautes terres, il s'était empressé de courir à une assemblée de Highlanders qui se tenait près de là en vertu d'anciens usages. Il leur avait alors fait part de sa rencontre, en leur proposant d'honorer, en la personne de Henri de France, la race du plus ancien et du plus fidèle allié de l'Écosse. Cette proposition avait été accueillie avec un applaudissement universel. En songeant à la conformité de la destinée du jeune voyageur qui visitait leurs montagnes, avec celle des princes pour lesquels les Highlanders avaient tiré leur redoutable claymore et versé les dernières gouttes de

[1] M. d'Hardivilliers a écrit le *Voyage aux Highlands*.

[2] *La Revue d'Édimbourg*.

sang qui ont protesté, en Angleterre, devant Dieu et devant les hommes, contre l'usurpation du trône des Stuarts, ces montagnards éprouvèrent une émotion involontaire, et ils se décidèrent à envoyer immédiatement une députation au jeune et illustre étranger, pour l'inviter à honorer leur réunion de sa présence; c'était cette députation qu'il avait rencontrée. Henri de France se rendit à leur désir, et bientôt il entra dans la salle, introduit par Mac-Grégor. Alors ce fut un cri général d'enthousiasme et d'allégresse. Sur plus d'un de ces mâles visages on vit paraître une larme furtive. A l'aspect de cet éclatant exemple des vicissitudes humaines, les petits-neveux des compagnons du prétendant s'étaient rappelé leurs Stuarts. Celui qui présidait à la réunion prit un pot rempli de whisky, et en versa dans un gobelet; chacun y but à son tour, suivant l'usage antique de l'hospitalité écossaise, et quand le jeune exilé l'approcha de ses lèvres, un tonnerre d'applaudissements et un concert de vœux pour le succès de toutes ses entreprises s'éleva jusqu'au ciel. Ensuite le jeune prince assista aux jeux homériques des Highlanders, qui se disputèrent le prix de la course, celui du jet, qui consistait à lancer le plus loin possible de lourdes pierres, et celui de la cornemuse. Quand ces jeux furent terminés, on le reconduisit avec des acclamations, et le prince leur disait, en pressant leurs fortes mains étendues vers lui: « Adieu! Je ne pourrai plus, désormais, « oublier l'Écosse. Les marques d'affection que vous « m'avez données ont gravé son souvenir au plus « profond de mon cœur. »

Peu de temps après, le jeune prince visitait la grotte de Fingal, situé dans l'île de Staffa, une des Hébrides, qui regarde le comté d'Inverness, et il admirait les colonnes basaltiques et les merveilleuses cascades de cette grotte célèbre, où la réalité surpasse tout ce que l'imagination la plus riche a pu rêver sur le palais d'Amphitrite et les mystérieuses retraites des Ondines, et dans laquelle le visiteur, entouré partout de nappes d'eaux qui scintillent à la lumière des torches des guides, et bercé par le bruit lointain des torrents qui précipitent leur cours souterrain en suivant la route qu'une invisible main leur a tracée, se croit sans cesse au moment de voir apparaître le Génie des eaux, dont il a violé le sanctuaire.

Mais le lendemain, le souvenir de toutes ces beautés de la nature s'effaçait dans le cœur de Henri de France, devant de plus puissantes émotions. Le comté d'Inverness, où il se trouvait, renferme le champ de bataille de Culloden; Culloden, un de ces lieux sinistres où les dynasties trouvent leur tombeau; Culloden, où la fortune des Stuarts jeta une vive et dernière lueur avant de s'éteindre pour jamais ! Ce fut là que ce brave et généreux prince Édouard, après avoir gagné les batailles de Preston-Pans et de Falkirk, après s'être avancé jusqu'à Derby, à trente lieues seulement de Londres, vit périr toutes ses espérances et toutes celles de sa maison devant le duc de Cumberland. Chose remarquable : deux victoires n'avaient pu affermir la domination du prétendant en Écosse, une seule rencontre malheureuse, dans laquelle les montagnards combattirent à peine, perdit sa cause sans retour dans les trois royaumes. Après cela, il fallut fuir, errer de retraite en retraite devant un ennemi implacable qui avait soif de son sang, qui mettait sa tête à prix, qui érigeait en crime l'hospitalité donnée à cette tête proscrite, le morceau de pain accordé à sa faim, le verre d'eau qui désaltérait sa soif, le baume qui coulait sur ses blessures. Il fallut prendre tous les déguisements, souffrir toutes les privations et toutes les fatigues, s'ensevelir au fond des cavernes les plus profondes, se cacher dans les marais, errer d'île en île, invoquer la pitié de ses adversaires, et, quelque chose de plus cruel encore, compromettre le dévouement de ses amis ; apprendre un jour, dans une de ses cachettes, que le brave colonel du régiment de Manchester, Townley, avait été traîné sur la claie avec huit officiers, dans la plaine de Kingsinton près de Londres, et que ces fidèles royalistes avaient été pendus, puis, que le bourreau leur avait arraché le cœur et leur en avait battu les joues, après quoi leurs corps avaient été coupés par quartiers; apprendre le lendemain que trois pairs écossais, lord Balmerino, lord Kilmarnock, et lord Cromarty, avaient été condamnés à mort et que les deux premiers avaient été exécutés ; qu'à York, dix partisans des Stuarts, dix à Carlisle et quarante-sept à Londres, étaient montés sur l'échafaud. Encore n'était-ce là que le prélude des vengeances implacables de la dynastie hanovrienne. Les soldats et les sous-officiers furent décimés, et ceux qui n'amenèrent pas le billet de mort furent déportés aux colonies. Cent personnes furent livrées à la main du bourreau dans la même année; lord Derventwater, le frère de celui qui, condamné en 1715, avait eu la tête tranchée à Londres pour la même cause, voulut que son fils, encore enfant, montât sur son échafaud et lui dit : *Soyez couvert de mon sang, et apprenez à mourir pour vos rois;* lord Derventwater mourut avec autant de fermeté que son aîné ; et lord Lovat, âgé de quatre-vingts ans, fermant cette longue liste de victimes, montra, en plaçant sa tête sur le billot avec une inaltérable fermeté, que la source des morts héroïques n'est pas dans la chaleur du sang, mais dans la tranquillité de l'âme et dans la force du cœur.

Quel sujet de réflexions, non pas pour le prince trop jeune encore, mais pour ceux qui l'accompagnaient dans cette visite rendue aux champs funèbres de Culloden ! Et lorsque, plus tard, Henri de France, un peu plus avancé dans la vie, revint sur ces souvenirs, avec quelle éloquence le dénoûment funeste de l'entreprise du prince Édouard ne l'avertit-il pas que le courage personnel d'un prince et le dévouement héroïque d'une ou deux provinces fidèles ne suffisent pas pour faire les restaurations ! Certes, il est difficile de supposer dans un prétendant un courage plus admirable et des talents militaires plus brillants que dans le prince Édouard, et d'imaginer dans ses partisans plus de vaillance et de dévouement que dans les intrépides Highlanders qui vainquirent à Preston-Pans et à Falkirk ; cependant ce courage, cette habileté militaire, cette vaillance et ce dévouement ne purent changer la fortune. Les victoires mêmes demeurèrent impuissantes et stériles.

C'est que le prince Édouard pouvait vaincre avec

ses Highlanders, mais qu'il ne pouvait pas triompher, parce que, par malheur, la cause des Stuarts ne ralliait par la majorité des intérêts dans les trois royaumes. Or, il n'y a de possibles que les restaurations nationales qui donnent satisfaction aux intérêts généraux, et qui, par suite, sont accomplies ou acceptées par eux. Une restauration écossaise, et une restauration de parti ne pouvait prévaloir en Angleterre ; il aurait fallu que les jacobites, par une habile transformation, se fondissent peu à peu dans un parti national, et que leur politique eût pu suivre des voies assez larges pour que personne n'eût à redouter le retour des Stuarts.

Ce sera là le sens éternel de la bataille de Culloden dans l'histoire. Elle apparaîtra sombre et plaintive à tous les princes qui voudront reconquérir leur trône perdu sans avoir réussi à résoudre d'avance, dans les esprits, les difficultés soulevées par le retour de l'ancien gouvernement, et qui viendraient brusquer dans les faits une restauration qui n'est opérée ni dans les intérêts ni dans les idées ; elle leur apparaîtra et leur dira d'avance leurs destinées. Les restaurations durables sont quelquefois déclarées sur le champ de bataille, mais toujours elles s'opèrent dans la politique ; voilà pourquoi tant de courage et de dévouement demeurèrent inutiles à Culloden, pourquoi le beau caractère du prince et l'héroïsme de ses partisans ne le conduisirent à rien, pourquoi deux batailles gagnées ne purent sauver sa cause et qu'un seul échec la perdit. Rien n'avait été fait en politique pour que les victoires du prince Édouard devinssent fécondes, elles demeurèrent stériles [1].

La voiture de M. le duc de Bordeaux roulait lentement sur ces champs funèbres marqués par ce grand et triste souvenir. On apercevait à peu de distance la ville d'Inverness, vers les murs de laquelle l'armée du prince Édouard s'enfuit avec une précipitation qui serait incompréhensible, s'il n'y avait pas dans les armées comme dans les masses un instinct secret qui les avertit quand une cause est perdue, et qui leur ôte le courage avec l'espérance. La Ness, que le prince Édouard passa à la nage pour échapper à la poursuite

---

[1] Pour se convaincre que la situation des esprits (et c'était la faute des circonstances autant que celle des hommes) rendait à cette époque la restauration impossible, il suffit de se reporter aux articles que publiaient les journaux du temps, et qui obtenaient créance dans presque toute l'Angleterre.

« A présent, disait-on, nos gazettes nous apprennent, tantôt qu'on « a porté à la banque les trésors enlevés aux vaisseaux français et es- « pagnols, tantôt que nous avons rasé Porto-Bello, tantôt que nous « avons pris Louisbourg, et que nous sommes maîtres du commerce. « Voici ce que nos gazettes diront sous la domination du prétendant: « Aujourd'hui il a été proclamé dans les marchés de Londres par des « montagnards et par des moines. Plusieurs maisons ont été brûlées, « et plusieurs citoyens massacrés.

« Le 4, la maison du Sud et la maison des Indes ont été changées en « couvents.

« Le 20, on a mis en prison six membres du parlement.

« Le 26, on a cédé trois ports d'Angleterre aux Français.

« Le 28, la loi *habeas corpus* a été abolie, et on a passé un nouvel « acte pour brûler les hérétiques.

« Le 29, le P. Poignardini, jésuite italien, a été nommé garde du « sceau privé. »

de ses ennemis, roulait près de là ses eaux, en réfléchissant les rayons d'un soleil de juillet. Henri de France descendit de voiture pour contempler de plus près ces lieux où se décida l'avenir de deux dynasties. Un jeune montagnard lui offrit deux balles qui avaient été trouvées à une assez grande profondeur dans la terre; le prince les emporta comme une relique du champ de bataille de Culloden, et, en donnant une larme à l'homme de cœur qu'elles avaient frappé peut-être, il songea que peu de mois auparavant on mourait ailleurs qu'en Écosse pour la cause d'un autre exilé, et il se dit que le dévouement d'un Montrose ou d'un Lescure, qui se creuse un tombeau au pied du malheur, a droit aux sympathies des nobles âmes comme les services d'un Monk, qui change le bâton de pèlerin en sceptre, et rend la patrie au banni, la couronne au dépossédé.

En quittant le champ de bataille de Culloden, Henri de France s'arrêta un moment au château de Balladrum, résidence des Stewart, où il fut reçu avec une noble courtoisie. Quand il quitta cette demeure hospitalière, les misses Stewart lui présentèrent avec beaucoup de grâce un bouquet emblématique où le lis de France, le chardon d'Écosse et la rose d'Angleterre étaient réunis; beau et doux rêve de jeune fille que la poésie tolère, mais que la politique ne saurait accepter; la rose d'Angleterre fleurit seule, et toute fleur périt dans son voisinage, car elle prend tous les sucs de la terre, tous les rayons du soleil et toutes les rosées du ciel.

Bientôt après, les voyageurs, quittant le comté d'Inverness, qui avait été comme le sanctuaire de la fidélité écossaise à l'époque de l'entreprise du prince Édouard, et le centre des forces stuartistes, entrèrent dans le comté d'Argyle. Dans une des premières hôtelleries qu'il rencontra sur sa route, et qu'on appelait *Tynderun,* Henri de France fut frappé, en entrant dans le salon, de l'aspect de trois gravures. La première représentait une jeune fille prodiguant ses soins, dans une prison, à deux femmes majestueuses et encore dans l'éclat de la beauté. Henri de France reconnut aussitôt la prison du Temple, et put dire : « C'est ma tante. » La seconde représentait les adieux d'un prisonnier, qu'une troupe d'hommes en carmagnoles et en bonnets rouges arrachait à sa famille, et qui avait déjà sur le front le sceau de son martyre. Une nouvelle exclamation s'échappa des lèvres de Henri : « C'est mon grand-oncle. » Une troisième gravure se trouvait encore dans cette hôtellerie; elle représentait un mourant entouré de sa famille éplorée, et dont le sang s'échappait par une large blessure. Cette fois, Henri ne put retenir ses larmes : c'étaient les derniers moments du duc de Berry. Singulier hasard, qui plaçait ainsi, dans une hôtellerie écossaise, trois souvenirs de famille pour le jeune voyageur, trois scènes d'un deuil domestique, ou plutôt résultat naturel de la grandeur de cette race, dont les adversités comme les gloires remplissent l'univers.

Dans le reste du voyage, ce furent surtout les beautés naturelles des lieux qu'on parcourait qui attirèrent l'attention des voyageurs, qui se dirigeaient vers le lac Asve, en traversant les belles vallées de Glenorch, et en côtoyant les rives verdoyantes de l'Orchy. Dans une promenade sur ce lac, le prince rencontra une de ces bonnes fortunes de charité qui ne manquent guère à ceux qui les cherchent; la barque avançait lentement sur les eaux, en laissant derrière elle un sillon qui s'effaçait bientôt pour jamais, comme les traces que nous laissons derrière nous en marchant dans la vie. Le paysage était beau mais mort; c'était une de ces majestueuses scènes de la nature endormie dans le calme et dans la paix, qui ont jeté sur les méditations de Lamartine un de leurs immortels reflets. La barque, qui glissait sur les eaux, en portant des voyageurs que le silence de la nature avait gagnés, et un filet de fumée qui, comme une faible haleine, s'échappait d'une chétive chaumière assise sur un rocher, voilà les seules images qui, dans toute l'étendue d'une vaste perspective, rappelassent la vie. La barque se dirigea naturellement vers cette habitation, et Henri, qui courait d'un pas agile devant les autres voyageurs, y entra le premier. Il trouva un montagnard étendu depuis dix ans sur un lit de douleur, et qui paraissait toucher à la fin de sa vie. Son histoire était courte, simple et triste : il se nommait Mac-Antyre; un jour qu'il revenait fatigué et couvert de sueur, un orage l'avait surpris sur le Ben-Cruacham; le frisson avait fait trembler ses membres glacés, et, depuis, il avait souffert d'intolérables douleurs, sans retrouver la santé ni le mouvement. Tout ému de la triste situation du montagnard, chez qui la misère était entrée en même temps que la maladie, Henri demanda à M. de Damas sa bourse; il avait envoyé lui-même, quelques jours auparavant, le peu d'argent qu'il avait à des Français. Pendant qu'il remettait à la femme du moribond quelques pièces d'or, un montagnard qui s'était trouvé à la réunion des Highlanders, le jour où le prince y avait été reçu, survint, le reconnut, avertit Mac-Antyre et sa femme qu'ils avaient sous leur humble toit un hôte que les plus fiers lords de l'Écosse tiendraient à honneur de recevoir dans leurs châteaux, et leur nomma le prince français. La cabane était si sombre qu'on y voyait à peine; le Highlander dit à la pauvre Écossaise d'allumer la lampe et de l'approcher du lit, afin que le mourant pût voir le fils des rois qui était venu visiter sa dernière heure. Mac-Antyre tira du lit sa main décharnée, et la tendit au jeune enfant, qui la serra dans les siennes, comme s'il eût voulu lui communiquer la vie qui courait dans ses veines. Ensuite on apporta un peu de whisky et le seul gobelet qu'il y eût dans la chaumière; tout le monde y but à la ronde, et le vase passa des lèvres fraîches et pures de l'enfant royal à celles du Highlander mourant. Que manque-t-il à cette scène pour émouvoir le cœur et frapper l'esprit? Un Walter-Scott pour la peindre, ou un Ossian pour la chanter.

Henri sortit de cette chaumière suivi des bénédictions de ceux qui l'habitaient. Bientôt après il termina son voyage. Inverary, le chef-lieu du comté d'Argyle, le golfe de Fine, qui creuse aux eaux dans les terres une carrière de près de 60 milles de profondeur sur 5 de largeur, ce qui l'a fait quelquefois confondre avec les lacs; le Lomond, qui est le plus vaste des lacs de l'Écosse; les ruines du château de Botsweld, furent les derniers points que visitèrent les voyageurs. On proposa à Henri de France d'écrire son nom sur ces ruines avec la pointe d'un couteau ; il l'y écrivit en effet. Que de révolutions et de naufrages politiques n'avait-il pas fallu pour que le petit-fils de Louis XIV, exilé et proscrit, vînt écrire son nom sur les ruines du château de Botsweld !

C'est au retour de ce voyage dans les Highlands que le gouverneur de Henri de France [1] consignait (août 1832), dans une lettre confidentielle, les détails suivants :

« Son corps se développe de la manière la plus satisfaisante ; il a grandi et s'est fortifié : ce n'est plus (août 1832), un enfant maigre comme autrefois ; ses épaules sont bien ouvertes ; ses traits, qui se sont développés, sont fort distingués ; son regard est toujours arrêté, sa tête est droite, et il n'y a plus de trace de cette timidité que je n'aimais pas. L'expression de sa physionomie marque les mouvements extérieurs de son âme. Il est toujours mis à merveille ; son ton et ses manières le feraient distinguer parmi des milliers d'enfants, même plus grands, plus forts et plus jolis que lui, comme par exemple les enfants du duc de Guiche, qui sont certainement charmants. Comme il a onze ans et demi, et qu'il est très-avancé, il faut bien que je lui parle de beaucoup de choses dont il n'était pas question autrefois ; mais pour ces sortes d'entretiens, je suis seul avec lui, je ne finis que lorsqu'il m'a bien compris et qu'il peut se former une opinion

---

[1] M. le baron de Damas.

propre. Vous sentez que je ne juge que les choses, que je ne détermine que les devoirs; j'évite tout jugement contre les personnes et même sur les personnes: je manquerais tout à fait mon but s'il se formait en lui des préventions contre qui que ce soit. Je veux des jugements solides sur les choses, le reste viendra de lui-même. Lorsqu'il me parle de faits qui ne sont pas encore accomplis, je renvoie la conversation à une époque où il me sera possible de les lui exposer dans leur ensemble, et je lui explique la cause de ce retard. Lorsqu'il y a une nécessité absolue d'exprimer une pensée sur quelqu'un, j'ajoute qu'à son âge il ne faut regarder ce que l'on dit des personnes que comme des renseignements particuliers qu'il devra vérifier un jour; que jusque-là il doit s'abstenir d'exprimer aucun jugement personnel. Les leçons d'histoire viennent à l'appui, et même toutes les autres; car Barrande est un homme précieux, et l'abbé de Moligny remplit ses devoirs à ravir. »

Peu de temps après le retour du duc de Bordeaux, la famille royale quitta Holy-Rood et les trois royaumes; les événements qui venaient de se passer en France, les suites qu'il pouvaient avoir, faisaient regarder aux Bourbons de la branche aînée la prolongation de leur séjour en Angleterre comme peu politique. Ils acceptèrent donc l'asile que l'empereur d'Autriche leur offrit dans ses États. Quand la nouvelle du départ de la famille royale se répandit, les regrets furent universels à Édimbourg. L'exil des Bourbons avait été généreux et aumônier, et les pauvres avaient appris à bénir leur séjour dans la capitale de l'Écosse.

On aurait pu croire, depuis qu'ils habitaient le palais d'Holy-Rood, que cette race, dont Bossuet a dit qu'elle croyait perdre tout ce qu'elle ne donnait pas, y était revenue. On s'était habitué à saluer le vieux roi, la fille de Louis XVI, MADEMOISELLE, charmant printemps qui brillait dans sa fleur, et Henri de France surtout, pour qui les Écossais éprouvaient une sympathie naturelle qui éclatait dans toutes les occasions; dont ils avaient vu, avec un sentiment de fierté, la constitution se fortifier sous l'influence de leur climat, et l'intelligence et le corps se développer parmi eux, comme ces plantes qui, rencontrant loin des lieux où elles sont nées un terrain qui leur est favorable, prennent de rapides accroissements. Il semblait que l'exil des Bourbons avait pris possession du palais des Stuarts, et l'on croyait qu'Édimbourg avait pris possession de leur exil. Le vieux palais d'Holy-Rood allait redevenir désert, et il ne serait plus hanté désormais que par des souvenirs. On ne verrait plus par les rues ce beau et noble enfant, dont la bonté si franche, l'esprit si vif et si naturel [1], charmaient tous ceux qui le voyaient, et *qui savait déjà donner en Bourbon;* c'était l'expression dont les journaux du pays se servaient. Les magistrats municipaux, le lord-maire en tête, vinrent présenter à Charles X, le 20 septembre 1832, une adresse au nom de tous les habitants. Après avoir témoigné au vieux roi les vifs regrets qu'éprouvait toute la ville d'Édimbourg en voyant la famille royale

---

[1] *The Scotchman*, journal publié à Édimbourg.

s'éloigner de ces murs où les adversités des Bourbons n'avaient rencontré que des cœurs sympathiques, les Écossais le remerciaient de la charité inépuisable grâce à laquelle les pauvres d'Édimbourg avaient été secourus et consolés au milieu d'une saison rigoureuse et des atteintes d'un fléau destructeur[1]. Ils ajoutaient qu'ils rendaient grâce au roi d'avoir choisi, pour premier asile, l'Écosse, cette ancienne et naturelle alliée de la France. « Ce qui double le prix de cette préférence », continuaient les députés de la ville d'Édimbourg, « c'est qu'elle nous a été accordée par un prince dont les vertus privées sont plus éminentes que le rang, et dont les hautes qualités, faites pour honorer un sceptre, répandent autour de l'adversité cette dignité calme et cette patience magnanime qui inspirent l'admiration et commandent le respect ». L'adresse se terminait par des paroles plus vives et plus douces encore à l'oreille de Charles X : « Sire, disaient les magistrats municipaux d'Édimbourg, nos vœux les plus tendres et les plus sincères accompagneront Votre Majesté et sa famille, au bonheur de laquelle nous ne cesserons de porter le plus vif intérêt. Nous espérons, nous sommes sûrs que des jours plus heureux luiront dans l'avenir pour ce jeune prince, en qui se développent déjà les germes de qualités et de vertus dignes d'un descendant de saint Louis et d'une dynastie qui remonte à quatorze siècles. »

Le vieux roi fut profondément touché de ces hommages, et son émotion devint plus vive encore, lors-

---

[1] Le choléra avait fait en 1832 de grands ravages à Édimbourg.

qu'au sortir du château d'Holy-Rood, il trouva toute la population d'Édimbourg et des environs, qui était accourue de vingt lieues à la ronde, s'empressant sur son passage et le saluant de ses acclamations. Au port de Leith, où il s'embarqua avec M. le duc de Bordeaux et M. le Dauphin, l'affluence était immense, et cent mille voix firent monter jusqu'au ciel le cri de *God save the king,* tandis que l'aïeul et le petit-fils quittaient le rivage pour monter sur l'*United-Kingdom.* Ce bâtiment avait été frété par le roi, fatigué d'attendre la réponse du cabinet anglais, auquel il avait demandé un vaisseau de l'État pour se rendre en Allemagne, et qui, sans refuser d'une manière positive d'accéder au désir de Charles X, avait mis une lenteur calculée à donner les ordres, de sorte que lorsque le vaisseau anglais *the Lightening,* capitaine Ellen, arriva, l'*United-Kingdom* était déjà dans l'Elbe. Le mauvais vouloir de l'Angleterre contre les Bourbons de la branche aînée perçait jusqu'au bout, et les accompagnait sur la côte de Leith, où s'effectuait leur départ, comme il les avait accueillis le jour de leur arrivée sur la côte d'Angleterre.

Madame la Dauphine et MADEMOISELLE prenant une autre route que le roi Charles X, M. le duc d'Angoulême et M. le duc de Bordeaux visitèrent Londres avant de se rendre sur le continent.

La fille de Louis XVI trouva là de vénérables débris de la première émigration, qui avaient vu ses premiers exils et qui semblaient être demeurés sur la terre étrangère pour qu'elle rencontrât des visages français à son entrée dans la capitale des trois royaumes.

Quelques-unes des nobles dames qui la visitèrent alors avaient été présentées à son auguste mère Marie-Antoinette dans les splendeurs de Versailles. Comme ces plantes voyageuses que le courant des eaux apporte, et qui prennent racine sur les rivages étrangers vers lesquels elles ont été poussées, elles n'avaient point abandonné la terre où elles avaient trouvé un asile pendant les premières tourmentes de la Révolution, et, pleines de défiance dans la solidité de l'établissement monarchique de 1814, elles avaient continué leur exil, de peur d'avoir à le recommencer bientôt.

Ainsi les dates de deuil s'accumulaient, et les débris des naufrages politiques venaient se confondre sur les mêmes rivages. Hartweld, Lulworth, Holy-Rood, 1808, 1814, 1830, que de souvenirs ! et quels tristes souvenirs dans la pensée de la fille de Louis XVI ! Elle alla s'agenouiller et prier avec MADEMOISELLE dans la chapelle que les Français émigrés avaient bâtie, à l'époque de la première Révolution, en économisant sur leur misère, et dans laquelle le roi Louis XVIII, tous les princes de la branche aînée, tous ceux de la branche cadette et la plupart des évêques de France, s'étaient trouvés réunis[1]. Madame la Dauphine initiait sa nièce à la douleur, comme elle y avait été initiée elle-même par sa tante Madame Élisabeth. La jeune princesse put se souvenir, en se recueillant devant l'autel de la chapelle de King-Street, que ce même autel avait reçu les

---

[1] La chapelle de King-Street, Little-George-Street, est située en face d'étables et d'écuries.

vœux et les prières de M. le duc de Berry, ce père si tendre qu'elle avait si peu connu, et dont les lèvres mourantes déposèrent sur son front enfantin, avec les caresses qu'il lui destinait, celles qu'y devait venir chercher un jour l'enfant du 29 septembre encore caché dans le sein de sa mère, et qui sentit plus tard les baisers paternels se réchauffer sous la bouche qui pressait le front de sa sœur. Pendant que la Dauphine assistait à l'office divin, le directeur de la chapelle se tenait debout derrière elle en qualité de chapelain ; c'était M. de la Porte, un de ces saints prêtres de la première émigration, qui avait assisté au premier naufrage de la monarchie, et qui venait, récemment encore, de défendre contre les empiètements du nouveau pouvoir la maison de prière que l'émigration avait fondée, et de maintenir au-dessus de la chaire d'où descendait la parole de vie, cette fleur de lis qui s'élevait à la fois comme un souvenir et comme une espérance.

LA DUCHESSE DE BERRY APRÈS 1830

ANGLETERRE. — ÉCOSSE. — ITALIE.

DÉBARQUEMENT A MARSEILLE. — VENDÉE.

I

LA DUCHESSE DE BERRY APRÈS 1830.

Le nom de la duchesse de Berry n'a presque pas été prononcé jusqu'ici dans cette histoire ; c'est que la destinée de cette princesse se trouva, après les journées de 1830, profondément séparée de celle du reste de la branche aînée. Trois situations différentes se dessinaient dans la famille royale exilée. Charles X, c'était le passé avec ses souvenirs et ses regrets ; Henri de France, l'avenir avec ses espérances ; Madame la duchesse de Berry, le présent avec ses préoccupations, ses sollicitudes et son action immédiate sur les faits.

Il ne s'agit pas ici de considérer les choses au point de vue légal, mais au point de vue politique. Une dynastie de tant de siècles ne tombe pas sans espoir de retour. On peut déclarer qu'elle a cessé de régner et qu'elle est à jamais déchue, mais il arrive presque inévitablement qu'elle essaye, à l'aide de ses partisans, d'en appeler de cet arrêt à la victoire. On discuterait longtemps et sans utilité aucune sur la moralité des actes de ce genre, parce que la solution dépend du principe d'après lequel on les juge, et qu'il faudrait d'abord se mettre d'accord sur ce principe. Charles Édouard, aux yeux des Highlanders qui tiraient à sa voix leurs redoutables claymores, était le prince légitime qui venait rétablir la royauté véritable détruite en Angleterre par l'usurpation de Guillaume. Aux yeux des partisans de la maison hanovrienne, il était un perturbateur et un factieux qui venait compromettre l'existence des intérêts créés ou garantis par la révolution de 1688. Qu'est-il aux yeux de l'histoire? Un homme de cœur, représentant d'un principe antique, qui venait offrir la bataille à une dynastie nouvelle, et qui n'admettait point comme irrévocablement perdue une cause qui comptait encore de vaillants défenseurs et qui s'appuyait sur son épée. Quel est, nous ne dirons pas le jacobite, mais le partisan héréditaire de la dynastie de 1688, qui jugerait autrement aujourd'hui le prétendant?

C'est là la différence de l'histoire et de la politique: celle-ci se passionne parce qu'elle a des intérêts et des haines; l'autre juge. Il ne faut pas perdre de vue ces considérations au moment d'entrer dans l'exposition des événements auxquels Madame la duchesse de Berry prit une si grande part après la révolution de 1830, et qui vont nous entraîner loin des tristes et mornes solitudes où le passé de la maison de Bourbon s'achevait dans l'exercice de toutes les vertus de résignation, et où grandissait lentement son avenir, pour nous jeter, avec la princesse qui représentait son présent, au milieu du choc des intérêts, sur l'arène brûlante des passions politiques, et dans cette sanglante mêlée des hommes et des faits où se font et se défont les dynasties, et où quelquefois les couronnes tombées se relèvent.

Pendant les trois journées mêmes, la duchesse de Berry avait laissé apercevoir une vive tendance à se jeter au milieu des événements. Le roi Charles X, en envoyant les abdications de Rambouillet au duc d'Orléans, avait chargé la personne qui devait les lui remettre d'avertir son cousin « qu'on lui conduirait bientôt Henri, pour qu'il avisât à le faire proclamer et reconnaître ». MADAME, qui venait de descendre de chez le roi, lui déclara, sans hésiter, qu'elle voulait suivre son fils. Bientôt un courrier vint en toute hâte du Palais-Royal, avec la nouvelle du refus positif que faisait M. le duc d'Orléans de recevoir le jeune prince. On ajoutait à Rambouillet que la proposition du roi avait jeté le lieutenant général dans une grande perplexité, et que la duchesse sa femme l'en avait fait sortir en lui disant : « Ne recevez pas cet enfant ; s'il meurt de maladie, on dira que c'est vous qui l'avez tué. »

Quand arriva le courrier du Palais-Royal, la Dauphine prit le jeune Henri entre ses bras et s'écria : « Nous le gardons donc, ce cher enfant ! » La sœur du Dauphin du Temple se souvenait de son frère ; elle savait ce que font les révolutions des enfants-rois qu'on leur confie. Quant à Madame la duchesse de Berry, qui, malgré le refus de M. le duc d'Orléans, voulait aller se jeter dans Paris avec son fils, et dont la calèche, attelée de six chevaux de poste, resta attelée depuis midi jusqu'à six heures dans la cour du palais, elle pleura en contre-mandant, sur l'injonction formelle du roi, l'ordre du départ. Dès lors les deux nuances de l'exil se dessinaient : Madame la duchesse de Berry pleurait en renonçant à l'idée d'aller à Paris avec son fils ; Madame la Dauphine pleurait à la pensée de l'y laisser.

Ce contraste devait se retrouver sur la terre étrangère. Entre le règne du roi Charles X qui finissait, et celui de M. le duc de Bordeaux qui, dans l'espoir secret des partisans de la légitimité, devait dominer l'avenir, il y avait place pour une régence. Un grand rôle politique s'offrait donc de lui-même à la duchesse de Berry : les anciennes lois du royaume ne l'instituaient pas régente d'une manière absolue, car d'après ces lois, ce n'est pas le droit de naissance qui fait les régents ou régentes ; mais si elles ne l'imposaient pas, du moins elles l'indiquaient. Elle crut donc avoir, comme mère, une mission à remplir, comme princesse un grand rôle à jouer. Quoi d'étonnant qu'elle mit de l'empressement à accepter l'un et de l'activité à se préparer à l'autre ? Jeune, ardente, d'un caractère vif et qui ne craignait point de regarder le péril en face, elle se trouvait encore excitée par des circonstances particulières qui achèvent d'expliquer sa conduite.

Si la royauté avait été renversée en 1830 après avoir épuisé tous ses moyens de résistance, la duchesse de Berry aurait été plus disposée à regarder sa cause comme dépourvue de toute chance, du moins pour longtemps. Mais la Restauration avait abandonné la partie plutôt qu'elle ne l'avait perdue. Sa chute s'était composée d'une suite d'évacuations arrachées à la surprise d'un pouvoir que tout étonnait parce qu'il n'avait rien su prévoir, et ce n'était pas à la force qu'elle avait cédé. L'évacuation du Louvre et des Tuileries l'avait conduite à Saint-Cloud; l'évacuation de Saint-Cloud à Rambouillet, celle de Rambouillet à Cherbourg. Elle avait péri les mains pleines encore de ressources dont elle ne s'était pas servie. On pouvait attribuer les événements de Paris à l'absence de troupes assez nombreuses, et, parmi les combattants de Juillet, ceux qui ont jugé les choses de sang-froid avouent que, devant une armée de cinquante mille hommes, les trois journées eussent été militairement impossibles; ce qui, du reste, n'implique point le succès définitif des ordonnances. A Saint-Cloud et à Rambouillet. on avait une artillerie formidable, et une cavalerie qui aurait dispersé, presque sans coup férir, les bandes audacieuses mais mal organisées qu'on avait envoyées de Paris, peut-être avec l'espoir qu'un bien petit nombre de ceux qui les composaient rentreraient dans la ville. Plus loin, on avait encore la ressource de se jeter dans la Vendée. Rien de tout cela n'avait été tenté. Il en résultait que la duchesse de Berry et les royalistes les plus ardents, persuadés que la monarchie n'était tombée que sous la fatalité des fautes de ceux qui auraient dû la défendre, demeuraient convaincus qu'elle pourrait être rétablie avec de la résolution et de l'habileté, et l'abandon de la politique qui avait conduit le roi Charles X à sa chute.

La jeunesse de la duchesse de Berry, son caractère

français, la conformité de ses goûts avec les goûts de la nation, tout donnait un motif d'espoir. Elle appartenait, par la date de sa naissance, à la génération nouvelle; elle était généralement aimée; la régence d'une femme promettait aux ambitions pressées de se produire un champ libre où elles pourraient développer leur essor : que de raisons pour croire que les obstacles s'aplaniraient sous les pas de la mère du duc de Bordeaux !

Des considérations plus pressantes encore concouraient à entraîner Madame la duchesse de Berry sur le territoire français. Dans l'année qui précéda la révolution de Juillet, elle avait fait un voyage dans l'Ouest et le Midi de la France, et elle avait rapporté de ces provinces la conviction profonde que, si jamais la mauvaise fortune de la monarchie l'obligeait à faire un appel au dévouement vendéen et méridional, cet appel serait entendu. Quelque chose de plus : les Vendéens lui avaient fait prendre l'engagement d'honneur de recourir à leur antique fidélité, si la révolution levait encore une fois son drapeau; et, dans les scènes toutes brûlantes d'enthousiasme du voyage de 1828, où les vieux mousquets de la grande guerre de 93 avaient reparu, et où le drapeau blanc avait été planté jusque sur les cimetières, afin que les morts fussent à l'honneur comme ils avaient été à la peine, des serments mutuels avaient été échangés en présence de ces tombeaux héroïques, et l'on s'était donné solennellement rendez-vous sur les champs de bataille de la Vendée, illustrés par les grands noms de Cathelineau,

Lescure, Charette et la Rochejaquelein [1]. MADAME était fermement résolue à tenir sa parole. Elle savait combien on avait reproché à ceux de sa maison leur absence pendant les guerres de la Vendée ; peut-être

---

[1] Les adversaires politiques de la duchesse de Berry eux-mêmes ont reconnu l'influence du voyage de 1828 sur l'expédition de 1832, témoin ce passage de la biographie de la duchesse par MM. Sarrut et Saint-Edme, écrivains républicains :

« A la Grange, elle fut reçue par le marquis de Goulaine, qui lui fit « passer en revue une division de plusieurs milliers d'hommes, et eut la « galanterie de faire placer sur la table de nuit une lampe avec cette de« vise, aussi délicate que chevaleresque : *Reposez-vous, la Vendée veille.* « Au château presque royal de Serrant, elle fut reçue par M. de Walsh« Serrant, qui lui fit passer deux mille hommes en revue ; à Toubou« reau, par le marquis de la Bretesche, qui lui fit passer en revue une « division de quatre mille soldats, commandée par les officiers de l'an« cienne division de Montfaucon ; à Vezin, par la baronne de Vezin et « le baron son fils. Les paroisses de l'ancienne division de Séger vin« rent défiler devant elle, et le comte Louis de Bourmont chanta une « chanson militaire qui finissait ainsi :

Ah ! si jamais une secte abhorrée
Renverse encor le sceptre de nos rois ;
Ah ! pense à nous, reviens dans la Vendée,
Amène Henri, nous défendrons ses droits !

« A Saint-Aubin, elle fut reçue par le comte et la comtesse de la « Rochejaquelein ; elle passa en revue une division de cinq mille hom« mes. Ces détails expliquent l'expédition de 1832.

« La princesse avait trouvé près de quarante mille hommes sous lés « armes dans ces provinces ; et elle avait donné formellement sa pa« role aux Vendéens de venir, en cas de malheur, leur rappeler la pro« messe qu'ils lui faisaient de mourir pour défendre la cause de son « fils. »

même ces lignes de l'histoire de M. Thiers sur Charles X attendant à l'Ile-Dieu un moment favorable pour débarquer sur les côtes des provinces de l'Ouest, lui étaient-elles tombées sous les yeux : « Il est vrai, « disait l'historien de la Révolution, que les nouveaux « débarqués auraient eu ensuite de rudes combats à « livrer, qu'il leur aurait fallu courir les chances que « Stofflet, Charette, couraient depuis trois ans, qu'il « eût fallu se disperser peut-être devant l'ennemi, fuir « comme des partisans, se cacher dans les bois, se « cacher encore et courir enfin le danger d'être pris « ou fusillé ! Les trônes sont à ce prix. Il n'y a rien « d'indigne à chouaner dans les bois de la Bretagne, « dans les marais et les bruyères de la Vendée. Un « prince sorti de cette retraite pour remonter sur le « trône de ses pères n'eût pas été moins glorieux que « Gustave Wasa sorti des mines de la Dalécarlie [1]. » Tous les périls décrits par M. Thiers, MADAME allait les accepter. Elle trouvait, comme l'historien de la Révolution française, « qu'il n'y a rien d'indigne à « chouaner dans les bois de la Bretagne et dans les « marais et les bruyères de la Vendée », pour faire remonter son fils au trône de ses pères.

Tels étaient les motifs généraux qui, dès le lendemain de la révolution de 1830, donnaient un grand caractère de probabilité à l'intervention de la duchesse de Berry dans les affaires de France. Aussi ne séjourna-t-elle que peu de temps, et à des intervalles éloignés, dans les résidences habitées par le reste de la

---

[1] *Histoire de la Révolution*, par M. Thiers.

famille royale. Elle ne fit que paraître à Lulworth, et passa seulement une partie de l'hiver de 1831 à Édimbourg. La vie lourde et monotone de l'exil pesait à son activité naturelle, qui redoublait encore au contact des pensées qui remplissaient son esprit. Elle ne pouvait se résigner au bannissement, et elle était préparée à tous les dangers, plutôt que de souscrire à la déchéance éternelle de sa race, et à la ruine des espérances qui reposaient sur la tête de son fils. Elle habita donc successivement, après Édimbourg, Bath, puis Londres même, afin de se rapprocher du centre des nombreuses correspondances qu'elle entretenait, et qui se rattachaient à l'entreprise qu'elle méditait.

Pendant son séjour en Angleterre, MADAME mena la vie tout à la fois la plus simple et la plus active. Trois personnes formaient toute sa maison à Bath et à Londres; c'étaient Mme de Podenas et MM. de Mesnard et de Brissac. Son temps était exclusivement consacré à suivre ses correspondances, et à recevoir les royalistes qui préparaient le mouvement et qui venaient se mettre en rapport avec elle, lui communiquer des renseignements sur la situation des provinces, et recevoir ses ordres. Tout s'organisait, en effet, dans le Midi et dans l'Ouest pour une prise d'armes ; des hommes dévoués parcouraient la France, des chefs étaient nommés, on faisait des amas de poudre, on réunissait des ressources de tout genre pour être prêt au premier signal.

La duchesse de Berry hésita longtemps entre les propositions diverses qui lui furent faites. Les uns l'excitaient à débarquer sur la côte du Morbihan, où elle trouverait une population robuste et forte animée par le souvenir du brave Cadoudal, dont la famille, héritière des traditions de courage et d'énergique fidélité, exerçait une influence considérable sur l'esprit de tous les paysans; une députation composée des hommes les plus influents du Morbihan vint formellement inviter la duchesse de Berry à se rendre dans cette province, en la lui représentant comme organisée. La mère de Henri de France avait déjà frété un navire pour se rendre à cet appel, lorsque de nouvelles propositions la déterminèrent à changer de plan. D'autres personnes, en effet, lui désignèrent les provinces méridionales, où la présence de la duchesse deviendrait, disait-on, l'étincelle qui met le feu au baril de poudre. On comptait sur l'enthousiasme de ces populations, dans le caractère desquelles le soleil brûlant qui les éclaire semble avoir mis quelque chose de la chaleur de ses rayons. En outre, dans le Midi on aurait les villes, dans l'Ouest on n'aurait que la campagne; et, pour l'effet moral, qui exerce une si grande influence au début de ces sortes d'entreprises, Marseille et Toulon, qu'on espérait enlever par un coup de main, pesaient d'un tout autre poids que les bruyères de la Bretagne et les bocages de la Vendée. Enfin on comptait, et on avait, disait-on, de fortes raisons de compter, que la mémoire de la conquête d'Alger et que la présence du général qui avait conquis cette ville, auraient non-seulement une action morale sur l'opinion publique dans ces provinces appelées surtout à profiter de cette victoire, mais une action directe sur l'armée. Pourquoi l'histoire ne le dirait-elle pas? des intelligences nombreuses avaient été nouées : tant d'officiers qui avaient brisé leur épée en 1830 servaient naturellement d'intermédiaires. Les promesses arrivaient de tous côtés ; des régiments devaient, disait-on, se rallier au drapeau blanc, et le succès paraissait infaillible. Le soulèvement, venant à réussir dans deux ou trois grandes villes, s'étendait en un instant comme l'étincelle électrique à toutes les provinces méridionales ; en même temps, on allumait la traînée de poudre de l'Ouest, et les gouvernements européens, dont Madame la duchesse de Berry n'avait pas voulu accepter l'appui matériel, mais qui l'avaient presque tous fait assurer que l'appui moral que peut donner la reconnaissance des cabinets ne lui manquerait pas, dès qu'elle aurait frappé un grand coup sur un des points du territoire français, devaient être plus disposés à prendre une détermination de cette importance, quand ils verraient Madame déjà maîtresse de points aussi importants que Toulon et Marseille [1].

Ces considérations déterminèrent la duchesse de

---

[1] M. Gisquet, qui, préfet de police à cette époque, était à portée de connaître bien des secrets, dit dans ses *Mémoires* (tome II, page 128) : « On ne peut mettre en doute l'assistance que l'Espagne, la Sardaigne, « la Hollande, le Portugal et quelques autres princes d'Italie donnaient « à la mère de Henri de France, avant l'insurrection. Si Madame eût « eu des succès dans l'Ouest ou le Midi, nul doute que l'Europe ne l'eût « secondée. » Cela est parfaitement exact, si M. Gisquet entend parler d'une assistance morale, la seule que la princesse voulût accepter ; et, à la tête des puissances qui étaient le mieux disposées pour Madame, il faut placer la Russie.

Berry à choisir pour point de débarquement le littoral du Midi, et cette détermination la décida à quitter l'Angleterre le 17 juin 1831, pour se rendre en Italie sur le rivage qui regarde la côte où elle avait l'intention de débarquer. Elle passa en Hollande, remonta le Rhin depuis Rotterdam jusqu'à Mayence, traversa une partie de l'Allemagne, le Tyrol, la Lombardie, et vint à Gênes, d'où elle se rendit à Sestri, petite ville située à deux lieues de Gênes et dans les Etats du roi de Sardaigne. Dans le cours de ce voyage, elle travera Cologne, et eut la curiosité d'aller visiter la maison où mourut Marie de Médicis, exilée par son fils Louis XIII: au moment de risquer sa tête pour rendre la couronne au sien, elle pouvait, sans avoir à redouter un triste retour vers sa propre situation, contempler les lieux où la veuve de Henri IV mourut presque abandonnée, après avoir si longtemps troublé le règne de son ancien pupille, devenu, depuis qu'il était émancipé, le pupille plus obéissant encore de ce tuteur de génie qu'on appelait Richelieu.

La duchesse, qui voyageait sous le nom de comtesse de Sagana ne fut reconnue qu'à Gênes, quoiqu'elle eût une suite assez nombreuse et qu'elle prît peu de soin pour se déguiser ; encore ce ne fut point la police italienne qui la découvrit. M. Decazes, consul de France à Gênes, et qui avait reçu de son gouvernement des ordres pressants de surveillance, avec les moyens d'organiser une police consulaire, eut l'honneur de cette découverte. La présence d'un grand nombre de Français de distinction qui voyageaient en Italie sous des noms supposés, avec des passe-ports pris à des ambassades étrangères, lui donna l'éveil; et comme il apprit bientôt qu'il y avait à l'hôtel de Malte un grand nombre de personnes qui, toutes sous des noms espagnols, anglais, russes et allemands, ne parlaient que français, il poussa plus loin les investigations, découvrit le véritable nom de la comtesse de Sagana, et en référa à son gouvernement. Aussitôt la diplomatie du Palais-Royal fit les représentations les plus pressantes au cabinet de Turin, et Madame la duchesse de Berry fut obligée de quitter la Sardaigne; elle résolut alors de consacrer les derniers beaux jours de l'automne, qui s'avançait, à faire le voyage de Naples, qu'elle n'avait pas revu depuis le jour où elle l'avait quitté pour aller débarquer sur la côte de France, où l'attendait, à cette époque, un glorieux hyménée, et où elle allait chercher, quinze ans plus tard, des dangers, des fatigues et des épreuves de toute espèce, et peut-être la mort même. En se rendant auprès de son frère, elle traversa Rome, où elle séjourna pendant trois semaines; mais elle garda le plus strict incognito. Quoiqu'elle reçût quelques grands seigneurs napolitains et siciliens qui étaient dans l'intimité de la famille royale[1], elle refusa les honneurs que le pape voulait lui faire rendre, et consentit seulement à être reçue par lui dans une petite chapelle.

---

[1] Voici ce qu'on lit dans la biographie de Madame la duchesse de Berry par MM. Sarrut et Saint-Edme :

« Nous devons signaler sa rencontre avec le comte de Luchesi-Palli, « qui la vit assidûment, et dîna plusieurs fois à sa table, soit à l'aller, « soit au retour. C'était le fils du vice-roi de Sicile, l'héritier d'une

Ce fut pendant ce séjour à Rome que le pape lui recommanda un juif allemand, nouvellement converti, qui portait le nom de Simon Deutz, et auquel le pape accordait quelque intérêt à cause de son beau-frère, M. Drack, qui jouissait à juste titre de l'estime de Sa Sainteté. C'est ainsi que les événements se rattachent les uns aux autres par des liens invisibles, et que les causes en apparence les plus indifférentes produisent quelquefois des catastrophes. Qui peut lire dans le grand livre de l'enchaînement des causes et des conséquences, sinon celui qui l'écrit pour des raisons de lui seul connues ? Il faut toujours en revenir à cet aveu de l'impuissance humaine : « Pendant que l'homme s'agite, Dieu conduit. »

La duchesse de Berry ne demeura guère que quinze jours à Naples. Les royalistes français qui l'entouraient à Gênes avaient fait les plus grands efforts pour la décider à renoncer à ce voyage, dans la crainte que la tendresse et les soins dont allait l'entourer sa famille n'ébranlassent sa résolution. Mais la duchesse de Berry, qui était sûre de sa fermeté, avait résisté à cet esprit de tyrannie qui prétendait la mettre en surveillance. Elle était partie pour Naples, sans céder aux appréhensions politiques qui voulaient la retenir loin de sa famille ; elle revint de Naples sans avoir cédé aux tendres obsessions de sa famille, qui aurait

---

« des plus grandes maisons du royaume de Naples. Dans son « enfance, il avait joué souvent avec Marie-Caroline, et le sou- « venir de ces relations du premier âge, toujours si puissant, ne « s'était pas perdu. »

voulu la retenir loin des amis politiques qui allaient la jeter et se jeter avec elle dans une de ces entreprises hasardeuses dont on n'aperçoit guère les difficultés que lorsqu'on y est engagé, parce que la nécessité du secret oblige à ne rien approfondir et à juger les hommes sur l'apparence, les choses à la surface.

En quittant Naples, MADAME se rendit directement à Massa, petite ville située à une lieue de la mer, et appartenant au duc de Modène, qui, n'ayant pas reconnu le gouvernement d'août, n'avait aucun agent diplomatique du Palais-Royal accrédité auprès de sa personne, ce qui mettait la duchesse de Berry et les Français accourus en Italie pour se concerter avec elle, à l'abri de cette surveillance de police qui les avait gênés ailleurs. La duchesse de Berry qui, en arrivant à Massa, était descendue dans la petite auberge de cette ville, dut bientôt, sur la pressante invitation du duc de Modène, aller habiter le palais ducal, jolie miniature du château de Versailles, encadrée dans une allée de beaux orangers plantés en pleine terre. La princesse désignait sous le nom de *la Caserne*, l'auberge où elle était d'abord descendue; c'était là, en effet, que se trouvaient rassemblés d'anciens officiers de cette belle garde royale, l'exemple et l'honneur de l'armée, et des Vendéens accourus pour rappeler à la duchesse de Berry ses promesses de 1828. Quelques femmes, appartenant aux classes élevées de la société, ajoutaient par cette chaleur d'âme naturelle à leur sexe à l'élan de cette réunion de cœurs ardents et de têtes enflammées, et jetaient sur les conversations auxquelles tous prenaient part l'éclat de leur esprit et les grâces de leurs personnes. L'impatience et la vivacité françaises étaient en majorité à la table de M. François : c'était l'hôtellier de Massa ; et, avec cette singulière puissance de perspective qui est propre aux émigrés et aux exilés de tous les pays, on voyait la situation à travers des verres qui grossissaient les moyens de succès et amoindrissaient les obstacles. La duchesse de Berry, dont le caractère n'avait point passé jusqu'à ce moment pour manquer de résolution et de vivacité, s'étonnait quelquefois d'avoir à réprimer les vives saillies du dévouement un peu trop empressé de plusieurs de ses amis, qui l'accusaient d'une circonspection et d'une lenteur qui n'étaient pas cependant les traits les plus saillants de son caractère. Je ne sais quelle humeur légère et critique emportait quelquefois quelques-uns de ces hommes, assez sincèrement dévoués pour risquer leur vie ; c'était l'esprit de la Fronde mis au service de la monarchie. Tous les moyens étaient employés pour décider MADAME à hâter le moment de l'expédition. Les uns lui peignaient la triste situation de ses amis, qui, arrêtés pendant qu'ils remplissaient les missions que la princesse leur avait confiées, languissaient dans les prisons du juste-milieu ; et, à chaque arrestation nouvelle, il se trouvait quelqu'un pour répéter : « MADAME doit s'attendre à voir tous les royalistes ainsi arrêtés, tant qu'elle ne voudra pas partager les dangers auxquels ils s'exposent pour elle. » D'autres, qui étaient assez intrépides pour braver cent fois la mort, ne pouvaient cacher à la princesse qu'ils étaient sans force contre les ennuis de l'exil. Dans une circonstance où MADAME disait, en se rappelant une date : « Depuis que nous sommes en émigration... » quelqu'un, qui s'était trop compromis pour pouvoir rentrer en France, interrompit avec brusquerie : « Nous ne sommes pas en émigration, car l'émigra-« tion est un éloignement volontaire, tandis que nous, « nous sommes chassés de notre pays. » MADAME reprit avec un mélange de dignité et de douceur : « Vous avez raison, je me suis trompée. Je n'aurais jamais volontairement quitté la France, je suis en exil. »

Mais ces appels continuels au courage de la duchesse de Berry produisaient une vive impression sur elle, d'autant plus qu'ils étaient motivés par la plupart des lettres qui arrivaient de France, et qu'ils trouvaient un écho dans son propre cœur, naturellement tourné vers les entreprises périlleuses et hardies.

Ce serait ici le moment d'exposer les motifs qui excitaient une fraction du parti royaliste en France à tenter l'œuvre difficile d'une restauration accomplie par la force des armes ; mais comme ce sujet ne se rattache que d'une manière indirecte à l'histoire de la branche aînée pendant les quarante ans d'exil, nous ne dirons que ce qu'il est absolument nécessaire de dire pour l'intelligence de ce récit.

Quelques-unes des considérations qui avaient agi sur l'esprit de la duchesse de Berry agissaient sur l'esprit des partisans d'une prise d'armes. Eux aussi avaient été frappés de la manière dont la monarchie était tombée, des chances qui lui restaient et qu'elle n'avait pas jouées à Saint Cloud, à Rambouillet, derrière la Loire, où elle avait trouvé la Vendée. Ce regret contenait en germe une espérance. En outre, il ne faut point oublier que tous ces valeureux officiers qui avaient brisé leur épée, tous ces hommes dans la force de l'âge qui avaient renoncé à leur carrière, se trouvaient relativement dans la même position que Madame la duchesse de Berry; c'était la génération du présent, qui ne voulait pas accepter une révolution qui lui fermait toutes les issues et la réduisait à des regrets dont la stérilité ne convient pas à la force, ou à des espérances lointaines, aliment faible et incertain dédaigné par l'âge de l'activité. Entre les regrets et les espérances, il y avait place pour l'action, et une fraction assez nombreuse du parti royaliste aspirait à s'y jeter, parce que là seulement elle trouvait l'emploi de son activité ; tandis qu'une autre fraction, qui était restée écrasée sous le coup de foudre des trois journées, se consacrait avec une loyale mais inutile fidélité, au culte des regrets et des souvenirs, et qu'une troisième fraction, qui trouvait un aliment suffisant à son activité au parlement ou dans la presse, ajournait ses espérances et préférait arriver au but qu'elle s'était marqué par le progrès pacifique et légal de l'opinion ou la revendication des droits de tous.

Peut-être ces trois nuances n'étaient-elles pas, à l'origine, aussi tranchées que nous les représentons, mais elles existaient au moins en germe, et elles achevèrent de se dessiner en présence des événements. Quoi qu'il en fût, la fraction qui inclinait à une prise d'armes immédiate était sur le premier plan du tableau, dans les temps qui suivirent la révolution de Juillet. D'abord elle se composait, en général, des hommes les plus actifs et les plus jeunes de l'opinion royaliste. A cette époque, la droite n'était que tolérée à la tribune, et il y avait un grand éloignement pour ses journaux, qu'on rendait responsables des fautes de la Restauration, parce que tous s'étaient trouvés mêlés aux luttes qui avaient abouti à la révolution de 1830. Les chances de succès que pouvaient donner la tribune et la presse paraissaient donc tellement éloignées, que les esprits vifs et les caractères impatients se trouvaient naturellement disposés à choisir une voie plus directe et plus courte. Ajoutez à cela que les railleries dont la révolution avait été si prodigue sur le courage royaliste chaque jour révoqué en doute, à cause de la rapidité des événements, qui précisément avait empêché ce courage de se déployer, poussaient à bout de fiers et jeunes dévouements, affamés de périls et déterminés à réhabiliter leur cause dans leur sang.

La situation intérieure et extérieure de la France achevait de les engager à précipiter la prise d'armes. Débordés au dedans par les passions démocratiques, le nouveau pouvoir était humilié au dehors par les gouvernements étrangers, et semblait pris entre deux périls : l'anarchie républicaine et l'invasion européenne. Il paraissait à la fois patriotique et habile aux hommes du mouvement royaliste de prévenir l'une et d'épargner l'autre à la France. Ils ne désiraient point, mais ils prévoyaient la guerre étrangère, et ils croyaient à la guerre intérieure, et si l'on se reporte à la situation de la France en 1831, on avouera que l'ensemble des faits au dedans et au dehors n'était pas de nature à modifier leur jugement.

Dans ce temps-là, le problème de la guerre générale, enfermé peut-être dans la question hollando-belge, n'était pas résolu ; et il y avait au-dessus de la citadelle d'Anvers un nuage noir qui pouvait contenir le germe d'une conflagration universelle.

Ancône[1] montrait le drapeau tricolore en Italie en face du drapeau autrichien, et Varsovie, qui palpitait encore dans les serres de l'aigle moscovite, excitait, par le souvenir de la propagande révolutionnaire qu'avait exercé le cabinet du Palais-Royal, le cabinet de Saint-Pétersbourg à prendre sa revanche. A côté de cette situation extérieure, un des partisans du régime nouveau exposait en ces termes[2] l'ensemble de la situation intérieure, qui faisait naître les espérances des royalistes du mouvement, et qui encourageait celles de la duchesse de Berry.

« Cette femme, cette mère, disait M. de Salvandy, a « entendu les mécontentements de la France royaliste, de la France religieuse, de la France propriétaire, comme, sur le rocher de l'île d'Elbe, Napoléon « entendait les soupirs de ses vétérans. Elle a compté « les intérêts froissés, les principes méconnus, les « alarmes excitées jusqu'au sein de l'opinion constitutionnelle. Elle a vu tous les mécomptes de cette « foule de serviteurs et d'amis de la monarchie antique, qui ont été frappés les uns après les autres : « le grand seigneur dans ses charges, le pair du

---

[1] Ancône fut occupé en 1831.

[2] M. de Salvandy, dans la brochure intitulée : *Paris, Nantes et la Session.*

« royaume dans sa dignité, le fonctionnaire dans ses « emplois, l'officier dans la croix de Saint-Louis, dont « la Restauration avait payé son sang versé à Aus- « terlitz. Dans l'exil, l'oreille est frappée de toutes les « plaintes, l'âme est saisie de tous les griefs, l'espé- « rance s'éveille à tous les désespoirs ! Un autre spec- « tacle la frappe en même temps. Elle voit, pendant « deux années consécutives, la sédition, les désordres, « l'anarchie, sous tous les prétextes, sous toutes les « formes, épouvanter de leur audace toutes les cités « de la France, ces fléaux renaître sans cesse d'eux- « mêmes, braver le pouvoir et les lois, désoler le com- « merce et l'industrie, insulter enfin de toutes parts « à la raison, à la paix, à la fortune, à la gloire d'un « grand peuple ; *et comme elle porte dans son giron « un principe d'ordre,* elle se croit dès lors armée de « l'ordre tout entier. Si elle juge le moment venu « d'offrir sa panacée réparatrice à la France fatiguée, « qui accuserons-nous le plus haut avec justice, sa « méprise et sa confiance, ou bien nos misères et le « parti qui les a faites ? »

En présence d'une situation ainsi caractérisée par un adversaire politique, il est facile de se faire une idée de la vivacité des lettres que recevait MADAME, et de la chaleur des instances de ses partisans. On n'omettait rien pour la convaincre. L'esprit de l'armée était, lui disait-on, incertain et chancelant. Un premier succès déterminerait des défections, et une fois qu'un régiment aurait passé au drapeau blanc, tout serait dit : or, on croyait être assuré de plusieurs régiments. La chance était bonne, il fallait la jouer. La duchesse de Berry ne devait pas perdre une considération de vue : c'est que plus la crise se prolongerait, plus la situation de la France deviendrait mauvaise. N'était-il pas plus national de prévenir ce malheur par un coup hardi, avant qu'épuisé de sacrifices et désorganisé par la prolongation de cette crise fatale à ses finances et à sa grandeur, le royaume se trouvât dans un état de faiblesse et d'infériorité politique d'où il serait long à sortir ?

Telle était la substance de presque toutes les lettres qui arrivaient à Massa, et l'insistance des royalistes qui pressaient la princesse de venir prendre la direction du mouvement armé allait quelquefois jusqu'à l'insulte. « Vous n'avez pas lu », s'écriait un des hommes qui prit la part la plus active au soulèvement de l'Ouest et obtint la haute confiance de la duchesse de Berry [1], « les mille protestations qui furent prodiguées « à la mère de Henri de France. Vous n'avez pas lu « les reproches sanglants qu'on lui adressa avant « qu'elle se décidât à poser le pied sur le sol de la « France. *Chaque jour,* lui disait-on, *que vous dé- « robez à la patrie, est un vol que vous faites à « l'héritage de votre fils.* »

C'est à la même époque que M. de Sesmaisons, à qui son titre de pair de France, sa position comme habitant le pays, et son âge qui devait le mettre plus à l'abri des illusions, donnaient une autorité particulière, écrivait à MADAME : « Que votre Altesse Royale vienne

---

[1] M. le baron de Charette, dans la brochure intitulée : *Quelques mots sur les événements de* 1832.

« dans la Vendée, et elle verra que mon ventre, quoi-
« que européen par la grosseur, ne m'empêchera pas
« de sauter les haies et les fossés. »

Ainsi, tout se réunissait pour accroître l'empire des mobiles qui entraînaient la duchesse de Berry à mener à fin l'entreprise qu'elle méditait. Les excitations de ses amis, le jugement que portaient ses adversaires sur la situation, l'honneur et la fidélité royalistes blessés du soupçon jeté sur le courage des défenseurs de la royauté, la position de la France au dedans et au dehors, les fautes du gouvernement, les violences du parti républicain, tout conspirait, avec la hardiesse naturelle de son caractère, à l'entraîner sur ce rivage de France où elle était attendue par des hommes de courage et de dévouement.

La duchesse de Berry désirait mettre dans cet acte de hardiesse autant de prudence qu'il pouvait en comporter, et surtout choisir avec maturité entre les plans innombrables et les conseils incohérents et contradictoires qui lui arrivaient chaque jour de France; car, par un résultat malheureux de la position des princes exilés, faute d'avoir un ministère régulièrement institué, il arrive qu'ils ont autant de ministres que de partisans, et que tout le monde veut conduire, sous prétexte d'être prêt à les suivre. Terrible maladie à guérir que celle où l'on a affaire à tant de médecins! Elle avait donc appelé à Massa quelques personnes dont les lumières pouvaient la guider dans ce dédale, et qui, sans titre officiel, formaient auprès d'elle une espèce de conseil. C'est ainsi qu'on vit à Massa M. le marquis de Pastoret, le dernier chancelier de la Restauration, et qui devait mourir sénateur sous le second Empire; M. le comte de Kergorlay, dont la fermeté bretonne venait de jeter un si vif éclat; M. le vicomte de Saint-Priest, ancien ambassadeur à Madrid, qui, par un rare assemblage, surtout dans ce siècle, avait dans l'esprit tous les tempéraments d'un diplomate fin et habile, et, dans le cœur, la résolution d'un homme d'épée[1]; le comte de Bourmont, que la conquête d'Alger avait fait maréchal, et le duc des Cars, qui parut un moment à Massa, mais qui bientôt rentra en France, où il pensait pouvoir rendre plus de services à la cause commune. Le roi Charles X était représenté auprès de Madame la duchesse de Berry par le duc de Blacas, et ce dernier avait fait entrer dans le conseil de MADAME M. Billaud, ancien procureur du roi, qui, à l'époque de la révolution de Juillet, s'était montré hostile au nouveau gouvernement.

Il importe d'indiquer ici la position de la duchesse de Berry vis-à-vis du roi Charles X. Le roi, on a déjà pu le voir dans cette histoire, croyait peu à la possibilité d'un succès tenté par la force des armes, et sa conduite l'avait prouvé dans l'itinéraire de Saint-Cloud à Cherbourg. Il est donc indiqué que, dans son for intérieur, il eût préféré que MADAME renonçât à son entreprise. Cependant un sentiment d'équité qu'il poussait très-loin et qui était la règle de ses actions, ne lui avait pas permis de méconnaître le droit qu'avait MADAME

[1] Le vicomte de Saint-Priest avait commandé avec distinction une brigade en Espagne lors de l'expédition de 1823.

comme mère, comme princesse de la maison de Bourbon, et comme représentant, par suite de la double abdication de Rambouillet, le présent de la branche aînée, de juger elle-même sa position, et de tenter en France, à ses risques et périls, le rétablissement du trône de son fils, pendant sa minorité. Nous parlons au point de vue monarchique, et l'on comprend que Charles X, dont nous analysons ici les sentiments, ne pouvait considérer les choses au point de vue révolutionnaire. Le duc de Blacas représentait donc tout à la fois auprès de MADAME l'acquiescement du roi à l'entreprise de 1832, et ses répugnances intimes, et, il faut le dire, naturelles contre cette entreprise, puisqu'il ne croyait pas au succès. C'était le duc de Blacas qui était le dépositaire des pouvoirs du roi et des actes qui nommaient la duchesse de Berry régente de France, pour le cas où elle parviendrait à entrer dans le royaume ; le roi avait signé ces actes et ces pouvoirs avant de quitter Édimbourg, et les avait remis alors au duc de Blacas, venu pour prendre ses derniers ordres. Ils ne devaient avoir de valeur qu'une fois que l'on serait sur le sol français, le roi Charles X ayant le désir de demeurer le chef de sa famille dans l'exil.

Comme cela arrive inévitablement, la préoccupation qui animait l'esprit du roi s'était reflétée jusque dans les actes qui instituaient la duchesse de Berry régente de France, et dans les prescriptions dont ces actes étaient accompagnés. A cette préoccupation s'était mêlé un peu de défiance, qu'expliquaient la jeunesse de la duchesse de Berry rapprochée de l'âge avancé du roi, et la nouveauté du rôle qu'elle allait jouer, rôle en désaccord avec une vie consacrée jusque-là aux plaisirs, aux arts, à l'exercice d'un patronage généreux envers les artistes, et d'une généreuse charité, mais qui avait dû nécessairement demeurer étrangère aux affaires. Cette nuance de défiance et d'appréhension s'était révélée dans les pouvoirs dont M. de Blacas était porteur. Le roi avait entouré la régence de la duchesse de Berry d'un grand luxe de précautions destinées à lui faire éviter les fautes, mais qui, comme toutes les barrières, dans les entreprises difficiles et aléatoires, devenaient des obstacles de plus. Ainsi, il avait indiqué à l'avance le cercle dans lequel devait se choisir le conseil de régence appelé à entourer la duchesse de Berry, et il avait désigné le duc de Blacas pour être à la fois le président du conseil de régence et le ministre des affaires étrangères, président du conseil des ministres.

Quand les pouvoirs donnés par le roi eurent été produits, et ils ne le furent pas sans difficulté par le duc de Blacas, qui alléguait l'ordre qu'il avait reçu de ne faire usage de ses pouvoirs qu'en France, les personnes qui formaient le conseil de Madame furent unanimes sur l'impossibilité où l'on serait de rien tenter si l'on se présentait les mains liées d'avance, et en ajoutant aux difficultés naturelles de l'entreprise les difficultés qui naîtraient de dispositions mal combinées. Or, si le dévouement du duc de Blacas à la maison de Bourbon était incontestable, il n'était pas moins évident qu'il était peu politique, au moment où la plus grande partie des espérances de succès reposaient sur la popularité de Madame la duchesse de Berry, et sur l'absence de tout précédent politique dont les opinions adverses pussent se faire une arme contre elle, de mettre, à côté de son nom, le nom impopulaire du duc de Blacas, qui, à l'époque de la première Restauration, avait été mêlé d'une manière irritante aux affaires. Si le nom du prince de Polignac, malgré ses vertus personnelles, avait été, pour les Bourbons, comme l'avant-coureur du départ, le nom du duc de Blacas n'était pas un nom de retour. En outre, par l'accumulation des fonctions qu'on réunissait en ses mains, on paralysait l'action de la duchesse de Berry, qui devait être pleine et entière dans une entreprise où l'imprévu tiendrait nécessairement une si grande place. Par le même motif, ces désignations faites à l'avance de certains noms parmi lesquels la duchesse de Berry devait choisir les membres du conseil de régence, avec l'assentiment du duc de Blacas, avaient le grave inconvénient de circonscrire l'action de la régente, et de lui ôter l'une de ses plus grandes ressources, c'est-à-dire la libre disposition des honneurs et des emplois, à l'aide de laquelle elle pouvait provoquer, puis récompenser les services.

Telles furent en substance les observations présentées par les membres du conseil de MADAME ; et si le sentiment qui avait dicté les précautions de Charles X était naturel, si l'on conçoit facilement qu'il attachait beaucoup de prix à placer auprès de la duchesse de Berry l'homme en qui il avait le plus de confiance, il faut reconnaître aussi que les observations des conseillers de la duchesse de Berry étaient pleines de justesse. Ils disaient avec raison qu'en nommant la mère de Henri V régente, le roi lui avait reconnu tous les pouvoirs nécessaires pour accomplir sa mission ; qu'elle devait agir et qu'elle agissait dans la plénitude de sa liberté, et que, pour eux, jamais ils ne consentiraient à s'embarquer dans une entreprise déjà semée de tant d'obstacles, s'il n'était pas admis en principe que la duchesse de Berry pourrait agir selon les circonstances, sans être arrêtée par aucune barrière.

Ce conflit s'envenima comme tous les conflits : des paroles assez vives furent échangées. On en vint à poser un ultimatum qui rendait la retraite de M. le duc de Blacas nécessaire ; car tous les conseillers de la princesse déclaraient qu'ils se retireraient s'il demeurait auprès d'elle. Le duc de Blacas comprit qu'il devait partir pour ne pas ajouter, par sa présence, une difficulté de plus aux difficultés déjà si nombreuses et si grandes qu'allait rencontrer la duchesse de Berry, et il accepta une mission qu'elle lui donna auprès du roi Charles X, pour motiver son départ. La princesse avait montré dans toute cette affaire une présence d'esprit remarquable, et une de ces fermetés tempérées, rares surtout chez les personnes de son sexe. Tout en évitant de blesser le roi son beau-père, qui avait une haute confiance dans le duc de Blacas, elle avait refusé d'accepter une régence sans liberté, dominée par un personnage politique qui n'avait pas la confiance de la France, et dont le nom seul était un obstacle au succès de son entreprise.

Le moment marqué pour l'accomplissement de cette œuvre si périlleuse approchait, lorsqu'un homme dont le passage fut à peine remarqué arriva à Massa ; il se nommait Simon Deutz. Il avait été, comme on l'a vu, recommandé à la duchesse de Berry par le pape ; en outre, la maréchale de Bourmont, qu'il avait accompagnée de Londres en Suisse, où elle se rendait avec ses filles, avait été satisfaite de ses soins pendant le voyage. Il arrivait donc à Massa sous des auspices favorables, et il affichait pour la cause de Madame la duchesse de Berry un zèle qui acheva de disposer les esprits en sa faveur. Il dîna à la table de la princesse, et comme il se rendait à Lisbonne et de là à Madrid, il se chargea des lettres de la duchesse de Berry pour sa famille.

A cette époque, l'expédition était déjà résolue. Depuis le départ du duc de Blacas, les tiraillements avaient cessé, et le conseil de la duchesse de Berry marchait comme un seul homme. Dans les premiers jours du mois d'avril 1832, on arrêta les dernières mesures à prendre pour rentrer en France.

Ce fut sur ces entrefaites que la nouvelle effrayante de l'arrivée du choléra-morbus à Paris vint surprendre la duchesse de Berry à Massa. Quels que fussent les nouveaux périls que le fléau pût ajouter aux périls qui attendaient MADAME, elle ne songea pas un moment à retarder son départ. On était au 5 avril 1832 ; elle écrivit immédiatement à M. de Châteaubriand et lui envoya douze mille francs, qu'elle le chargeait d'offrir en son nom aux pauvres de la capitale. Le préfet de la Seine, à qui l'illustre fondé de pouvoir de la duchesse de Berry fit part de sa mission, répondit, après deux jours de silence, par une lettre délibérée en conseil des ministres, et qui se bornait à ce petit nombre de mots : « Je regrette de ne pouvoir accepter, au nom de la ville

« de Paris, les douze mille francs que vous m'avez fait « l'honneur de m'adresser. Dans l'origine des fonds « que vous offrez, on verrait, sous une bienfaisance « apparente, une combinaison politique contre la- « quelle la population parisienne protesterait tout « entière par son refus. »

Sur les douze maires auprès desquels M. de Châteaubriand fit la même démarche, huit obéirent aux ordres qu'ils avaient reçus, en n'acceptant pas l'offrande de la princesse exilée; quatre d'entre eux seulement l'acceptèrent. L'argent n'en alla pas moins aux misères que la petite-fille de Saint-Louis avait voulu secourir, et l'on eut de plus à subir ces amères paroles tombées de la plume indignée de M. de Châteaubriand: « Le gouvernement tremble devant l'aumône d'une « femme; qu'a-t-on fait à cette femme qui s'avise de « penser à nos douleurs? On ne l'a que bannie, dé- « pouillée, proscrite, bien qu'innocente des ordon- « nances; on n'a enlevé que la couronne à son fils, « en le condamnant à l'âge de dix ans, à errer orphe- « lin sur la terre étrangère. Et cette ingrate veuve, « si bien traitée par le poignard de Louvel et la « quasi-légitimité, a l'audace d'envoyer, du fond de son « exil, 12,000 francs à des Français attaqués d'une « maladie cruelle; elle ose se proposer de donner un « peu de pain et des couvertures de laine à de pauvres « mères affamées et nues! Qui ne se sentirait saisi « d'indignation à un tel crime? Toute la population de « Paris ne va-t-elle pas se lever dans le mouvement « d'un noble dédain, mêlé d'une vertueuse colère, et se « barricader de nouveau contre une lettre de change

« payable à vue aux pauvres?—*Mais l'acte de bienfai-*
« *sance de Madame la duchesse de Berry ne devait-il*
« *pas être secret? L'ostentation du bienfait n'en tra-*
« *hit-elle pas le but caché?* Si l'acte eût été secret on
« eût dit à l'instant que la mère du duc de Bordeaux
« faisait répandre de l'argent parmi les cholériques
« pour exciter dans les hôpitaux une insurrection d'a-
« gonisants, pour marcher à l'assaut des Tuileries, lin-
« ceul déployé, sous le drapeau de la mort. Les 12,000
« francs se seraient métamorphosés en douze millions.
« Ce qu'a fait Madame la duchesse de Berry est fran-
« çais; la première fois que la mère du duc de Bor-
« deaux fait entendre sa voix depuis qu'elle est banni
« c'est pour offrir quelques secours à des infortunés.—
« *Néanmoins, n'est-il pas évident que sous une com-*
« *misération apparente, se cache une pensée poli-*
« *tique?* Non, cette pensée n'est pas entrée dans le
« cœur de la duchesse de Berry, ce ne sont pas douze
« mille francs pris sur sa propre indigence et destinés
« à secourir d'autres indigents, qui ajouteraient un
« droit de plus à ses droits. Si c'est à moi que l'accu-
« sation s'adresse, je l'accepte. Sous le rapport poli-
« tique, le don serait encore de très-bonne guerre, et
« deviendrait une réponse convenable à l'ordonnance
« signée dernièrement aux Tuileries[1]. »

---

[1] C'était la loi du bannissement de la branche aînée, signée peu de jours auparavant aux Tuileries. Le duc de Fitz-James écrivait au *Rénovateur*, au sujet de cette sanction : « Ah! lorsqu'à Londres, « en 1801, présent, ainsi que plusieurs autres Français appelés à « cette solennelle entrevue, je vis le prince (le duc d'Orléans)

La vive et poignante brochure de M. de Châteaubriand se répandait dans la France entière et produisait une impression profonde. Les précautions du nouveau pouvoir tournaient ainsi contre lui. On appréciait sévèrement cette fin de non-recevoir opposée à l'humanité, et cette prudence cruelle d'un gouvernement qui, au lieu de considérer ce que les douze mille francs de la duchesse de Berry auraient fait de bien aux malades, calculaient le mal qu'ils ne lui auraient pas fait. Les rapprochements les plus malveillants se présentaient à la mémoire des partis opposés au gouvernement établi, et c'est ainsi qu'il se rencontrait des éruditions malicieuses pour rappeler que ce genre de politique n'était pas nouveau dans la famille d'Orléans. Pendant la peste de Marseille, en effet, le pape Clément XI, après avoir épuisé toutes les aumônes spirituelles en faveur des victimes du fléau, voulut y joindre le secours effectif de trois mille charges de blé ; mais quelque mésintelligence régnait à cette époque entre le Palais-Royal et le Saint-Siége, et Laffiteau (c'était le chargé d'affaires du régent d'Orléans à Rome), *soupçonnant,* ce sont ses termes, qui avaient une merveilleuse analogie avec ceux de la lettre écrite par le préfet de la Seine à M. de Châteaubriand, *que cette*

« à demi agenouillé devant son royal cousin, implorer son pardon, « en lui redemandant ce beau nom de Bourbon naguère abjuré, et « celui-ci tendre une main affectueuse, gage d'une réconciliation « sincère, du moins de sa part, qui m'eût dit alors que c'était de « là que devait partir l'arrêt d'une proscription nouvelle, et que le « Bourbon réhabilité trouverait en lui le courage de signer un tel « acte ! »

offrande fastueusement annoncée n'avait d'autre but que d'accuser le gouvernement du régent, d'humilier la France et de décréditer l'abbé Dubois, employa tous ses efforts à retenir dans les ports d'Italie les bâtiments frétés par le pape.

Tous les esprits étaient sous l'impression de cette vive polémique à laquelle le pouvoir dirigé par la peur, cette mauvaise conseillère, avait maladroitement donné naissance par son refus, lorsque Madame la duchesse de Berry, qui avait déjà marqué le jour de son départ, écrivit, à la date du 13 avril 1832, aux chefs du mouvement pour leur annoncer son arrivée [1]. Le 21 du même mois, elle partait sur le bateau à vapeur le *Carlo-Alberto*, qu'elle avait frété pour cet objet; peu de jours après elle relâchait à Nice, mais pour se remettre en mer, et le lendemain, 28 avril, elle était dans les eaux de Marseille.

---

[1] Voici la teneur de cette lettre, écrite en chiffres et avec de l'encre sympathique :

« Je ferai savoir à Nantes, à Angers, à Rennes et à Lyon, que je suis « en France. Préparez-vous à prendre les armes aussitôt que vous aurez « reçu cet avis, et comptez que vous le recevrez probablement du 2 au « 3 mai prochain ; si les courriers ne pouvaient passer, le bruit public « vous instruirait de mon arrivée, et vous feriez prendre les armes sans « retard. »

II

LA DUCHESSE DE BERRY DANS LE MIDI

A quarante années de distance, les survivants de la génération royaliste de 1830 se rappellent encore avec une vive émotion l'effet que produisit à Paris cette merveilleuse nouvelle : « MADAME est arrivée à Marseille ! » suivie de cette autre nouvelle qui contrista tous les cœurs : « MADAME est arrêtée ! » et à laquelle succéda bientôt cette troisième nouvelle qui produisit en eux une joie aussi vive qu'avait été la tristesse : « Ce n'est pas MADAME qui est arrêtée, elle a passé entre les doigts du ministère juste-milieu ! »

Il existait alors une jeune génération dont l'enfance s'était écoulée sous la Restauration, et qui entrait dans les plus belles années de la jeunesse, à l'ombre de la conquête d'Alger : les rangs de cette pléiade d'hommes à la parole enthousiaste comme l'espérance, au cœur généreux comme l'amour, ont été depuis bien éclaircis par la main de la mort, et cependant c'est encore vers cette génération si pleine d'intelligence et de séve, c'est vers ces hommes que la France s'est tournée, lorsqu'en 1871 elle a cherché des représentants pour travailler à la réorganisation du pays et guider la nouvelle génération politique. L'enthousiasme de la jeunesse avait fait place dans leur esprit à l'expérience, cette compagne de la vie qui éclaire sans éblouir et dont la lumière va en grandissant à mesure que l'homme approche du terme marqué par Dieu. En 1832, quarante années d'opposition n'avaient pas encore passé sur leurs têtes et remplacé, chez plusieurs, l'ardeur des sentiments par la gravité de la raison politique. Ils n'avaient pas laissé à toutes les ronces du chemin leurs belles illusions et ces espérances dorées des rayons de la poésie, qui habitent toujours les cœurs de vingt ans. Quand la nouvelle de l'entrée de la duchesse de Berry sur le sol français, arrivée de Marseille sur les ailes du télégraphe, se répandit dans Paris, quel est le cœur qui ne battît plus vite, la main qui ne tremblât d'émotion en serrant la poignée d'une épée, ou la plume, qui devenait, elle aussi, une arme, et conduisait, en ce temps-là, devant les conseils de guerre comme l'épée ?

Tout ce qu'on racontait de la duchesse de Berry redoublait cette émotion, et plus l'entreprise semblait hardie et téméraire, plus elle plaisait aux jeunes imaginations qui ont soif de l'imprévu et de l'héroïque, et à qui l'invraisemblable plaît toujours un peu plus que le vraisemblable, un peu moins que l'impossible. Elle avait donc osé, la jeune femme, mettre son pied d'enfant dans la large trace qu'avait laissée le pied de l'empereur à son retour de l'île d'Elbe. Elle n'avait craint ni les obstacles, ni les périls ; elle avait mesuré d'un œil intrépide la distance qui sépare la côte de Provence des murs de Paris, et elle répondait à l'acte qui venait de la proscrire, elle et toute sa race, en disant : « Me voici ! »

Il y avait du courage dans l'action de Marie-Caroline, et c'était ce courage qui séduisait et subjuguait nos âmes. Les amis du pouvoir, qui énuméraient à loisir toutes les difficultés de l'entreprise, l'impuissance des moyens, la témérité de l'attaque, ne s'apercevaient pas qu'ils révélaient ce qu'il aurait fallu taire. Marseille nous consolait de Rambouillet ; Marseille jetait un peu de poésie dans le prosaïsme de cette histoire, dont les pages ternes et monotones se succédaient en nous jetant de si tristes impressions. Depuis deux ans qu'on nous étouffait, qu'on nous assassinait de prudence, comment ne pas être ravi de voir une saillie de courage, et d'admirer à son aise un acte d'audace et de témérité, ne fût-ce que pour se rafraîchir le cœur, et pour ne pas oublier complètement que l'on était Français ? Aussi quelles ironies poignantes, quelles vives apostrophes, dans les conversations, dans les feuilles périodiques, dans les brochures ! — Oui, disait-on, Madame la duchesse de Berry est téméraire, elle est Française, jusqu'à avoir les défauts de la France. Beau défaut que la témérité ! défaut héroïque et plus national cent fois que la prudence, qualité dont la perfectibilité descend chez vous, gens du milieu, jusqu'à la peur. Et alors les interpellations redoublaient, les apostrophes devenaient plus vives et plus dures, et comme les hommes du pouvoir parlaient de donner une leçon à Madame la duchesse de Berry : « Par pitié pour vous-mêmes, leur criait-on, hommes à la politique efféminée, un peu plus de respect pour cette femme d'une audace si virile ! Si vous ne voulez pas exciter la risée, ne parlez plus de lui donner des leçons, parlez d'en recevoir ; elle a montré qu'elle était capable de vous donner des leçons de courage ; vous ne pourriez lui en donner que de couardise, et celles-là seraient stériles : les docteurs ès-peur ne feraient rien d'une pareille écolière. »

Puis, des pensées d'un ordre plus grave se présentaient aux esprits. Que n'aurait pas fait MADAME avec ce grand courage, si elle avait été à la tête de nos affaires, comme cela pouvait arriver, si, au lieu de changer l'insurrection de juillet en révolution, on eût accepté, en 1830, le règne de Henri V avec la régence de sa mère ? — « Hommes du milieu, disait-on, mettez un moment à votre place cette femme que vous insultez, et livrez les ressources que vous avez et qui lui manquent, au courage qui ne lui manque pas. Croyez-vous que ce fier caractère qui seul, sans autre appui que son énergie, sans autre allié que quelques épées, sans autre patrimoine que sa royale indigence, vient vous défier, vous qui avez tout, tandis que lui n'a rien ; croyez-vous que si ce fier caractère disposait de ces finances immenses que vous dilapidez, de cette belle et glorieuse armée que vous tenez l'arme au bras, croyez-vous que si la royale *aventurière* du *Carlo-Alberto* était où vous êtes, nous serions, comme aujourd'hui, la fable et la risée de l'Europe, qu'on osât parler de nous chasser d'Ancône, et que les Popilius de la diplomatie se permissent de tracer, sur la carte, ces lignes insolentes de frontières qui ne font autorité que là où, pour les biffer, il ne se trouve point une épée? Il s'agit de savoir ce que ferait la duchesse de Berry avec la France, ses armées, ses trésors, sa fortune, sa gloire, toutes choses dont vous disposez et dont vous ne faites rien. Laissez-lui le même courage, ce courage aventurier, comme vous le nommez, et dites-nous si, en lui donnant la France pour second dans ses aventures, nous ne retrouverions point, sur la carte d'Europe, notre place si grande naguère, et qui, grâce à vous, s'amoindrit chaque jour? »

Ainsi disait-on, et telle était la vivacité des émotions et la chaleur des sentiments qui animaient les cœurs. On s'enthousiasmait, on s'irritait, on admirait, on s'indignait; les passions les plus vives de notre nature étaient en jeu; on vivait enfin. Il n'y avait pas jusqu'à la disparition de la duchesse de Berry, si surprenante, si merveilleuse, si inexplicable, après l'arrestation du *Carlo-Alberto,* sans qu'on sût où elle était et comment elle avait échappé, légère et rapide, à tant de mains ouvertes pour la saisir, qui n'augmentât l'étonnement de tous et l'enthousiasme de ses partisans. Il y avait quelque chose de vif, de spirituel, d'imprévu dans toutes ces allures, qui offrait ce tour qui plaît aux imaginations françaises. Où était-elle? qu'allait-elle faire? où allait-elle apparaître? C'était ici, c'était là; comme on ne savait rien de précis, c'était partout.

Il importe de retracer, au moins d'une manière sommaire, les événements qui excitaient des émotions si vives; et pour cela, il faut aller retrouver le *Carlo-Alberto* dans les eaux de Marseille, où nous l'avons laissé.

Le 28 avril 1832, un peu avant minuit, Marie-Caroline quittait le navire qui l'avait amenée sur la côte de France, avec six personnes qui s'étaient associées à sa périlleuse entreprise, et descendait sur un bateau de pêcheur qui, depuis plusieurs nuits, se rendait à un point convenu. La mer était grosse et la nuit sombre ; le transbordement ne s'opéra point sans péril. Il fallut, sur cette barque ouverte et ballotée en tout sens par les vagues agitées qui couvraient à chaque instant les passagers d'une poussière humide et glacée, se diriger vers le rivage de France. Encore dut-on prendre un long détour, parce qu'un feu allumé sur la côte la plus prochaine et la plus facile, et qu'on distingua de loin à la teinte rougeâtre qu'il donnait aux nuages, fit craindre la présence d'un poste de douaniers. La côte sur laquelle on aborda après une navigation de près de trois heures, était hérissée de rochers, et d'un abord si difficile, qu'elle aurait fait hésiter les plus hardis contrebandiers. Marie-Caroline, qui n'avait laissé échapper ni un mouvement d'inquiétude, ni une plainte[1], quoiqu'elle souffrît beaucoup du mal de mer, que les secousses de la frêle embarcation, qui dansait comme une coquille de noix sur les vagues houleuses, augmentaient encore, escalada, avec une vigueur et une hardiesse peu communes, cette pente rocailleuse et presque à pic qu'elle trouvait à son arrivée, comme une image de ce que son entreprise avait de laborieux et de difficile.

---

[1] Voir le récit du général Dermoncourt, dans *La Vendée et Madame*.

A peine eut-on touché la terre de France, qu'il fallut se mettre en route et supporter de nouvelles fatigues, car on était à trois lieues de l'endroit où Marie-Caroline devait attendre la nouvelle du mouvement de Marseille, trois lieues qu'il fallut faire par des sentiers à peine indiqués, à travers des bois et des rochers. Un ancien officier de la garde royale, M. de Bonrecueil, qui attendait MADAME depuis plusieurs nuits, lui servit de guide et la conduisit à la petite maison d'un garde-chasse, située à plusieurs lieues de Marseille, dans un endroit solitaire et sauvage. On était parti au crépuscule, il faisait grand jour quand on arriva ; la duchesse et ses compagnons étaient brisés par la fatigue. Elle envoya aussitôt un exprès au chef des royalistes de Marseille, et reçut la réponse dans la soirée ; cette réponse était courte mais satisfaisante : *Félicitations sur l'heureuse arrivée ; Marseille fera son mouvement demain à la pointe du jour.*

En lisant ce billet dont le laconisme promettait tant, Marie-Caroline sentit son cœur s'ouvrir à l'espérance. Il fallait, pensa-t-elle, que toutes les mesures eussent été bien prises, pour que, aussitôt son arrivée connue, tout se trouvât prêt. Elle ajouta que, « sans doute, on s'était assuré de l'esprit des troupes, et qu'ainsi il n'y aurait pas de sang répandu. » Puis, comme dans les correspondances qui arrivaient régulièrement du Midi à Massa, les principales villes méridionales étaient représentées comme devant faire presque simultanément leur mouvement, Marie-Caroline songea aux divisions si profondes des populations catholiques et protestantes de Nîmes, et, craignant un massacre : « Je me rendrai sans tarder à Nîmes, s'écria-t-elle en marchant à grands pas; j'ordonnerai à l'évêque de sortir avec tout son clergé. Nous irons nous jeter entre les protestants et les catholiques, car je veux protection à tous et non massacre. »

Malgré ses fatigues, la princesse dormit peu; elle était dans la fièvre de l'attente, et son impatience dévorait les heures. Entre elle et cet avenir si laborieusement préparé, qu'y avait-il? L'espace d'une nuit. Cette nuit, qui lui semblait si lente à courir, une fois terminée, elle allait savoir le secret de cette destinée qu'elle était venue chercher de si loin. Il y avait peut-être un trône pour son fils au bout de cette aiguille que son œil suivait sur le cadran. La nuit se termina. Comme le mouvement devait éclater au point du jour, la duchesse devait connaître son sort à dix heures, et plus elle repassait dans son esprit le nombre de personnes qui coopéraient à l'entreprise, l'enthousiasme royaliste de Marseille, échauffé encore par la conquête d'Alger, dont cette ville tirait de si grands avantages, les intelligences si nombreuses et si importantes que l'on avait nouées, plus elle croyait au succès. Chaque bruit qu'elle entendait lui semblait le bruit des pas des chevaux qu'on lui amenait pour entrer dans Marseille. Dix heures sonnèrent, puis onze heures, puis midi, puis une heure; rien n'avait encore paru. L'impatience de Marie-Caroline croissait à chaque minute, et cette attente prolongée devenait un supplice horrible. Enfin deux messagers se présentèrent avec ce laconique billet: *Le mouvement a manqué; il faut sortir de France.*

Marie-Caroline tombait du haut de ses espérances,

comme dans ces rêves où, le sol manquant tout à coup sous les pieds, on est précipité au fond d'un abîme; son courage ne lui faillit cependant pas. « Sortir de France, « dit-elle, c'est ce qui ne m'est pas prouvé. Je vais y « penser; mais ce qui est urgent, c'est de sortir d'ici, « tant pour notre sûreté que pour ne pas compromettre « ces braves gens. On peut avoir suivi les messagers « à leur départ de Marseille. » Elle fit aussitôt donner vingt-cinq louis au garde-chasse dans la maisonnette duquel elle avait passé la nuit et qui les refusait en pleurant, et elle se mit en route pour s'éloigner de demeure où elle avait fait de si beaux rêves, si cruellement dissipés par l'événement.

Le récit détaillé des causes qui firent avorter le mouvement de Marseille n'entre pas dans le plan de cet ouvrage. Nous nous contenterons d'indiquer une raison générale qui rend le succès de ces sortes d'entreprises très-difficile, et une raison particulière qui contribua singulièrement à faire échouer celle-ci.

La raison générale, c'est la difficulté de concerter secrètement un mouvement de cette nature, devant un gouvernement qui a l'immense avantage de pouvoir agir publiquement. En effet, de deux choses l'une : ou l'on ne cache pas assez le secret, et l'on est découvert; ou on le cache trop, et alors on est mal organisé, parce qu'en échange de demi-confidences, on s'est contenté de demi-promesses, et qu'on grossit de bonne foi sa liste d'une foule de conspirateurs imaginaires qui manquent au signal lorsque vient l'heure du péril. Ce n'est pas tout, en outre, d'avoir pour soi les masses dans une ville, il faut qu'un de ces événements qui sont à la multitude ce que le vent est aux vagues, les mette en mouvement; car on ne peut faire confidence d'une entreprise de ce genre à toute la population, et, d'un autre côté, on ne peut emporter la difficulté au pas de course qu'avec le concours de la population. La raison particulière qui semble avoir achevé d'étouffer le mouvement de Marseille dans son germe, c'est la singulière heure qui fut choisie par les directeurs de l'insurrection. La remarque en a été faite : les insurrections ne sont pas si matinales, et c'est chose bizarre que de tenter un mouvement de place publique à l'heure où les places publiques sont vides, et où l'on n'y rencontre que la police et la troupe qu'il faut vaincre ou étonner, au lieu de la population sur laquelle on peut compter. Le reste s'explique de soi-même. Quelles que fussent les intelligences qu'on pût avoir dans les troupes, c'est un fait reconnu qu'à moins de circonstances particulières, telles que l'ascendant extraordinaire d'un homme, comme cela était arrivé au retour de Napoléon, jamais une troupe armée, quelles que soient ses dispositions, ne passe à un drapeau qui ne se présente point entouré de forces imposantes.

Tous les revers s'enchaînèrent donc les uns aux autres. Comme on avait agi avec un grand secret, on s'était mal compté; comme on s'était mal compté, ceux qui coopérèrent au mouvement furent en trop petit nombre; comme l'on commença à agir de trop bonne heure, leur faiblesse numérique parut, et la population qui ne savait rien ne leur vint pas en aide ; comme la manifestation ne fut pas assez importante, ceux même qui dans la troupe, s'étaient engagés, hésitèrent, puis furent emportés dans le mouvement de ceux qui défendirent leur poste et leurs armes. Les royalistes qui essayèrent d'agir se trouvèrent pris comme dans un filet, et Marseille apprit, en se réveillant, qu'il y avait eu une restauration essayée et manquée pendant son sommeil.

Cependant Marie-Caroline s'était éloignée, dans la soirée même, de la maison hospitalière où elle avait passé sa première nuit. Tous les partis qu'elle pouvait prendre offraient des difficultés et des périls. Demeurer dans le Midi, après l'alerte donnée, c'était courir des dangers inutiles; car, après l'échec des royalistes à Marseille, il était indiqué qu'aucune des villes secondaires des provinces méridionales ne bougerait. Dans ces sortes d'entreprises, l'influence d'un premier succès ou d'un premier revers est presque décisif par l'élan qu'elle donne ou le découragement où elle jette. Quitter la France, ce n'était point chose aisée, car toute la côte était gardée à vue, et il fallait gagner la frontière en traversant une étendue considérable de pays. Marie-Caroline s'arrêta au parti le plus hardi et le plus fier, et résolut de ne point sortir de France et d'aller se jeter dans la Vendée. Soutenue par le sentiment d'une grande résolution prise, elle marchait avec courage, suivie de ses compagnons de voyage, et guidée au milieu des ténèbres d'une nuit sombre, par un royaliste de la province, M. de Bonrecueil. Après cinq heures de marche forcée, on se trouva dans une espèce de désert semé de roches granitiques, au milieu desquelles s'élevaient çà et là quelques oliviers rabougris, et où toute trace de sentiers avait disparu. M. de Bonrecueil avoua qu'il s'était égaré au milieu de cette nuit, si noire qu'à peine voyait-on où l'on mettait le pied. Pendant qu'il allait à la découverte pour se procurer une voiture, Marie-Caroline, excédée de fatigues, s'enveloppa d'un manteau et se coucha à terre; elle y dormit d'un profond sommeil, mais elle se réveilla glacée; heureusement on découvrit, à quelques pas de là, une cabane où les bergers se retirent quelquefois pendant l'orage; on y alluma un feu de bruyère, et Marie-Caroline, un peu réchauffée, monta dans le cabriolet à trois places que M. de Bonrecueil s'était procuré, et donna rendez-vous à ses compagnons de voyage au château de ce dernier, où elle devait trouver plusieurs royalistes influents du pays.

Dans ce trajet, elle devait s'arrêter chez un homme dévoué, qui pouvait lui donner des renseignements précieux; il était absent. M. de Bonrecueil dit à MADAME que le frère de ce légitimiste demeurait à peu de distance, mais qu'il professait des opinions tout à fait opposées, bien qu'homme d'honneur et incapable de commettre une lâcheté. Alors Marie-Caroline déclara qu'elle voulait être conduite chez lui à l'instant. « Monsieur, lui dit-elle en l'abordant, vous être républicain? Mais pour une proscrite il n'y a pas d'opinion; je suis la duchesse de Berry. » On trouve une démarche à peu près semblable dans la vie de Charles-Édouard, se dérobant à la poursuite des soldats du duc de Cumberland, après la bataille de Culloden: Stuarts et Bourbons eurent la même confiance dans la loyauté d'un adversaire politique, et, disons-le à l'honneur de la nature humaine, cette confiance ne fut pas trompée. Le républicain à qui MADAME confiait ainsi son secret et sa vie la reçut avec autant d'empressement que de respect, et, durant les quelques heures qu'elle demeura sous son toit, elle put se croire chez un ami. Marie-Caroline repartit bientôt en se dirigeant vers le château de M. de Bonrecueil; elle y arriva au milieu de la nuit dans une voiture à quatre places que son guide s'était procurée, et après avoir couru un assez grand danger à une descente rapide, par suite de l'impétuosité d'un cheval qu'il était devenu impossible de maîtriser.

Ce fut sous le toit hospitalier de M. de Bonrecueil, où elle resta quelques jours pour donner à ses compagnons de voyage le temps de la rejoindre, que Marie-Caroline déclara la résolution qu'elle avait prise de se rendre en Vendée. « Si je sortais de France sans aller « dans la Vendée, dit-elle, ces braves populations qui « ont donné tant de preuves de dévouement à ma fa- « mille ne me le pardonneraient pas, et je mériterais, « plus que mes parents, les reproches qui leur ont été « faits tant de fois. J'ai promis aux Vendéens, il y a « quatre ans, de venir au milieu d'eux en cas de mal- « heur; je suis en France, je n'en sortirai pas sans « tenir ma promesse. » Les personnes qui assistaient à cette réunion ne cachèrent point à la duchesse de Berry les dangers de l'entreprise. « Dieu et sainte Anne[1] m'aideront, répondit-elle; j'ai passé une bonne nuit, je suis reposée, et je veux partir ce soir. »

Alors commença le voyage hardi qui jeta un ridicule

---

[1] Saint Anne d'Auray, à la chapelle de laquelle les Vendéens vont en pèlerinage.

ineffaçable sur cette police, dont les yeux clignotants ne voient que dans les ténèbres et semblent incapables d'apercevoir ceux qui se montrent au grand jour. MADAME entreprit de traverser la France dans une calèche, avec des chevaux de poste, accompagnée de trois amis dévoués, MM. de Mesnard, de Lorges et de Villeneuve. Un passe-port que ce dernier avait pris pour lui et sa femme servit à la princesse, qui se sépara du reste de ses amis, qui la suivaient depuis Massa ; elle leur laissait ce mot pour adieu : « Messieurs, en Vendée ! »

On courut jour et nuit, et l'on traversa Nîmes, Montpellier, Narbonne et Carcassonne ; c'était le même itinéraire qu'avait suivi, quatre ans auparavant, la duchesse de Berry, lorsqu'elle visitait les provinces méridionales, au milieu du concours empressé des populations qui saluaient sa présence de leurs acclamations. A Toulouse, la princesse fut reconnue par un royaliste qui faisait partie d'un groupe assez nombreux de curieux qui entourèrent la voiture au moment où elle relaya. Ce royaliste suivit M. de Lorges dans un magasin de modes, où celui-ci était entré pour acheter à MADAME un chapeau qui lui couvrît un peu plus la figure ; il le reconnut à l'éclat des lumières, malgré son déguisement, et lui demanda où allait la duchesse. « — En Vendée. — Mais la Vendée est pleine de troupes. — Parlez à MADAME. » Au moment où la voiture partait, le royaliste toulousain monta sur le siége avec M. de Lorges. Une fois sorti de la ville, il se pencha vers la princesse, fort étonnée de le voir, et insista de la manière la plus vive pour qu'elle acceptât un asile chez lui, à Toulouse, au lieu d'aller se jeter dans la

Vendée, qui était pleine de soldats. — « La Vendée « est pleine de soldats! interrompit Marie-Caroline; « eh bien! tant mieux. Je connais beaucoup de ceux « qui étaient dans la garde, ils me connaissent aussi, « ils ne tireront pas sur moi. Je suis venue en France « pour préserver le pays de la honte d'une invasion « étrangère; les Vendéens ont ma promesse, je la « tiendrai. Maintenant que je suis en France, j'ai « brûlé mes vaisseaux, et l'on aura de la peine à m'en « faire sortir. »

Moissac, Agen, sur la route de Bordeaux, puis Bergerac, Sainte-Foy, Libourne et Blaye, à partir de l'endroit où elle quitta cette route, tel fut l'itinéraire de Marie-Caroline, qui traversa la Saintonge de château en château, en excitant l'enthousiasme de ses partisans et en échappant au danger à force de le braver. Arrivée au château de M. de Dampière, situé à Plassac, en Saintonge, à trente lieues de marche des provinces de l'Ouest, Marie-Caroline, prenant le titre de régente, envoya trois billets aux principaux chefs pour les avertir de sa présence.

Voici le premier : « Malgré l'échec que nous venons « d'éprouver, je suis loin de regarder notre cause « comme perdue. J'ai toujours la même confiance dans « notre bon droit. Mon intention est qu'on plaide in- « cessamment; j'engage donc mes avocats à se tenir « prêts à plaider au premier jour. » Le second billet appelait un autre chef auprès de Marie-Caroline; le troisième demandait pour elle un asile où elle pût attendre le jour où le mouvement éclaterait.

Elle écrivait, à la même époque, à M. de Charette les

lignes suivantes : *Je pense que vous êtes très-inquiet. ayant dû apprendre mon accident. J'ai été endommagée, contusionnée, mais non brisée. Cela ne m'empêchera pas de faire route. Bientôt, je l'espère, je serai au milieu de vous. Préparez toutes choses* [1].

Marie-Caroline apprit du chef vendéen qu'elle avait mandé auprès d'elle et qui accourut à sa voix, que le maréchal de Bourmont n'avait point encore paru dans l'Ouest. Ainsi l'âme de l'expédition était absente. La duchesse de Berry, quoique vivement contrariée de ce contre-temps, crut, d'après les renseignements que lui avait donnés le chef vendéen qu'elle avait appelé, et la correspondance de plusieurs capitaines de paroisses, que l'échec de Marseille ne serait pas un obstacle insurmontable à une levée générale; et comme tous les rapports lui annonçaient que les troupes étaient dispersées en petits cantonnements, elle pensa qu'il fallait saisir cette occasion favorable qu'on ne retrouverait plus; il était indiqué que, par un mouvement rapide, on pourrait enlever tous ces cantonnements et les rallier ou les désarmer. Elle donna donc l'ordre de la prise d'armes pour le 24 mai.

Des proclamations qui indiquaient les vues du gouvernement de Marie-Caroline étaient en même temps distribuées ; le passage suivant, emprunté au plus étendu et au plus complet de ces documents politiques, indiquera suffisamment quelles étaient ces vues : « Il « est temps de replacer sur leurs antiques bases ces « sages libertés dont vous avez hérité de vos pères.

[1] Journal militaire d'un chef de l'Ouest.

« Réformer les abus de la centralisation, reconstituer « les communes qui durent leur premier affranchisse- « ment à Louis le Gros, rétablir avec les modifications « que le temps a rendues nécessaires, des assemblées « provinciales, plus aptes à juger des besoins des loca- « lités, diminuer ou supprimer les impôts les plus vexa- « toires, accorder à l'enseignement toute la liberté « compatible avec l'ordre et les bonnes mœurs, faire « respecter dans la religion catholique, la religion de « l'État, tout en maintenant scrupuleusement la li- « berté de conscience ; consacrer de nouveau les bases « fondamentales de notre ancien droit public, le libre « vote de l'impôt et le concours de la nation aux actes « législatifs : c'est le but que se propose le gouverne- « ment de notre jeune roi, et pour lequel nous recher- « cherons les lumières de tous les hommes éclairés et « consciencieux. »

Précédée de ces manifestes, Marie-Caroline quitta, dans la nuit du 15 au 16 mai, le château de Plassac, et partit dans la voiture du marquis et de la marquise de Dampierre, qui l'accompagnaient ainsi que le comte de Mesnard et le comte de Lorges, qui était assis sur le siége. Elle traversa en courant la poste la plus grande partie de la Vendée, occupée cependant par de nombreux détachements qui stationnaient sur la route : on ne demanda à MADAME son passe-port qu'à Bourbon-Vendée ; elle montra celui de la comtesse Alban de Villeneuve-Bargemont et passa sans difficultés. Ce fut au château de la Preuille, appartenant au colonel de Nacquart, et situé sur la route de Nantes à Bourbon, à un tiers de lieue à peu près dans les terres, entre

Montaigu et Aigrefeuille, qu'elle trouva le baron de Charette. MADAME devait arriver de nuit ; on ne l'attendait plus, quand le fouet des postillons annonça sa voiture. M. de Nacquart, chef de la division de Montaigu, avait à sa table plusieurs de ses officiers ; il courut au perron avec sa fille pour recevoir MADAME ; mais, dans sa préoccupation, il la fit entrer dans la salle à manger, où elle fut reconnue par tous les convives : l'inconvénient n'était pas grave, car on était en Vendée. La princesse voulut même que son hôte allât dire à tous ces Vendéens qu'elle n'avait pas d'incognito pour eux, et qu'elle serait allée leur dire elle-même la joie qu'elle éprouvait de se trouver au milieu de ses amis, si l'on n'avait pas pensé qu'elle devait prendre quelques précautions à cause des gens de service. Au bout d'une heure, la voiture qui avait amené MADAME repartait pour Nantes, en emportant à sa place Mme de Nacquart, revêtue de ses habits ; M. Guibourg avait remplacé M. de Mésnard, qui demeurait aussi à la Preuille.

III

MARIE-CAROLINE EN VENDÉE

Marie-Caroline allait s'engager dans l'intérieur des terres ; elle allait prouver qu'elle trouvait, comme M. Thiers, qu'il n'y a rien d'indigne à chouaner dans les bois de la Bretagne, dans les marais et les bruyères de la Vendée ; que la vie de partisans, avec ses fatigues, ses dangers de tous les instants, ses nuits sans sommeil, ses jours sans sécurité, n'avait rien qui fût au-dessus de son courage et de sa résolution. Elle quitta ses habits de femme, revêtit le costume d'un demi-paysan, se donna elle-même le nom de Petit-Pierre, et se montra prête à partager les périls de ses amis.

Ne croyez-vous pas lire la chronique de Boscobel sur le roi Charles II ? « Aussitôt on coupa les cheveux « du roi, on lui noircit les mains, on mit ses habits en « terre ; il en prit un de paysan en échange. On mena « le roi dans le bois, et il se trouva seul dans un lieu « inconnu. »

La première course de Marie-Caroline fut heureuse; elle arriva sans accident au Mortier, résidence de M. Emmanuel Guignard, qui lui avait servi de guide ; sa seconde course faillit être la dernière. Le Mortier, situé sur la route de la Rochelle à Nantes, étant trop en vue, il fut décidé que Marie-Caroline se rendrait à Bellecourt, situé dans la commune de Montbert. La prudence ne permettait de faire ces courses que de nuit; la nuit était fort noire, et il fallait passer une petite rivière qu'on nomme dans le pays *la Moine*, et qui n'est pas navigable. On ne pouvait la traverser que sur les ruines d'un petit pont de pierre, dont les piliers seuls étaient demeurés debout. Comme presque tous les cours d'eau du Bocage, celui-ci est fort encaissé, et dans cet endroit les approches de l'ancienne chaussée sont hérissées de ronces et d'épines. Marie-Caroline, conduite par Le Normand, ancien soldat vendéen, et soutenue par le baron de Charette, arriva jusqu'à la première pierre. Le baron de Charette, un pied sur cette pierre et l'autre sur la seconde, enleva la princesse avec l'aide du guide, et c'est ainsi qu'elle sauta de pilier en pilier. On était aux deux tiers de ce périlleux passage, quand le pied du guide vint à glisser ; il entraîna Marie-Caroline, qui tomba la tête la première dans l'eau et disparut. Le baron de Charette, qui avait été renversé de l'autre côté, s'élança à la nage dans la direction où l'on entendait l'eau s'agiter, et fut assez heureux pour saisir un des pieds de la princesse, et, aidé de M. Guignard et du guide, il la ramena au bord. Le premier mot de Marie-Caroline en revenant à elle, fut celui-ci : « Les chouans en ont bien vu d'autres,

« n'est-ce pas? Aujourd'hui je vois l'eau; demain, il « faut l'espérer, ce sera le feu [1]. »

Il n'y a rien de nouveau sous le soleil, et il y a surtout longtemps qu'il a éclairé tous les genres de malheur. Ici, l'histoire de Marie-Caroline en Vendée coudoie encore celle de Charles II en Écosse, et la chronique écossaise, réveillée par la chronique vendéenne, reprend d'elle-même la parole. « C'était Pendrill, paysan catholique et métayer de la ferme des *White Ladies* (des Dames-Blanches), qui s'était chargé de conduire le roi. La nuit était si noire qu'à deux pas de Richard, il ne pouvait l'apercevoir; il le suivait guidé par le bruit de son haut-de-chausses, qui était de cuir. »

C'est ainsi que MADAME, prouvant qu'il y a dans le cœur d'une princesse de la maison de Bourbon autant de courage que dans celui d'un Stuart, fit l'apprentissage de la vie qu'elle allait mener en Vendée. Elle trouva à Bellecourt des serviteurs dévoués, MM. Le Romain, de Monti de Rezé et Prévost de Saint-Marc; leur émotion fut grande, et l'étonnement des deux derniers, qui ignoraient la présence de MADAME dans la Vendée, fut aussi profond que leur émotion. On prépara à la hâte un lit à la princesse, fatiguée de sa course et de sa chute; c'était celui où, dix-sept ans auparavant, le brave et chevaleresque comte de Suzannet fut transporté mourant, après l'affaire de Rocheservière.

Pour se rendre compte des marches et des contremarches qu'on faisait faire à Marie-Caroline dans les

---

[1] Journal d'un chef militaire.

communes qui avoisinent Nantes, il importe de ne pas oublier que la princesse était, à toutes les heures du jour et de la nuit, en péril, et qu'au premier avis, à la moindre alerte, il fallait se hâter de lui chercher un nouvel asile pour dérouter l'autorité, dont l'attention pouvait avoir été éveillée par un indice. Voilà comment s'expliquent les allées et les venues de MADAME. Aujourd'hui à Bellecourt ; le lendemain, pendant que le fidèle Corniet, ce Pendrill vendéen, déroute la gendarmerie, elle frappera, au milieu de la nuit, à la porte du Vendéen Deniaud, ancien soldat de Charette, fermier de la Chaimare, dans la paroisse de Geneston. A ce seul mot : « Ce sont des chouans », la porte s'ouvre, l'hôte se lève, il veut faire lever ses enfants pour donner leurs lits. Marie-Caroline refuse et ne veut accepter qu'un peu de paille dans l'étable, malgré les instances du Vendéen, qui lui disait en serrant ses mains délicates dans des poignets de fer : « Mon petit monsieur, vous êtes chez moi, il faut m'obéir, il faut accepter mon lit. » Au bruit de cette contestation amicale, des têtes s'avancèrent entre les rideaux mal joints, et l'on voyait sur ces figures à demi éveillées, la curiosité et l'inquiétude se peindre à la lueur vacillante que jetait un feu de racines qui commençait à s'éteindre. Mais ce mot : « Ce sont des chouans », suffisait à tous, et le lendemain, quand la princesse, qui avait passé la nuit dans l'étable, mangea avec appétit des œufs durs, du pain noir, et une gamelle de soupe aux choux verts, nourriture particulière au pays, que l'on servit, faute de table, sur une barrique, les enfants venaient jouer avec elle comme avec un ami. Cette scène d'intérieur d'une chaumière vendéenne, se retrouvait dans toutes les chaumières à la porte desquelles frappait MADAME. Rarement savait-on qui elle était ; on ne demandait pas même à le savoir, on la recevait comme un chouan : chouan, dans le Bocage, veut dire proscrit. Nous lisons dans les relations de la tentative que fit le prince Édouard en Écosse, « qu'après la bataille de Culloden, il trouva un asile dans la tribu de Morar, qui lui était affectionnée » ; la tribu de Morar, pour Marie-Caroline, ce fut toute la Vendée.

La duchesse de Berry apprit à la Chaimare, par M. Le Romain, l'arrivée du maréchal de Bourmont à Angers ; il y était entré le 17, et le lendemain il devait être à Nantes. Aussitôt Marie-Caroline lui manda de se rendre auprès d'elle. Elle-même quitta la Chaimare pour se diriger vers la Lauvardière, métairie appartenant aux la Roberie. M. Hyacinthe de la Roberie lui servit de guide, et, dans la nuit du 18 au 19, la princesse, après avoir traversé les endroits les plus marécageux, tantôt appuyée sur M. de la Roberie, tantôt portée par lui, arriva dans cette résidence qu'elle quitta bientôt pour se rendre au Meslier, chez M. de la Roche-Saint-André, après être demeurée vingt-quatre heures au Magasin, chez M. et Mme Gouësel, près de Saint-Étienne-de-Corcoué. Elle avait traversé des localités occupées par des cantonnements militaires, en échappant à des périls sans cesse renaissants.

Le Meslier était une petite maison isolée, située à une heure de la commune de Legé, à laquelle il se rattache, et à la même distance de Rocheservière et des Lucs, et, par conséquent, en dehors des routes frayées. Comme son propriétaire ne l'habitait qu'à l'époque des vendanges, les cantonnements militaires de ces trois villages n'étendaient point leur surveillance sur cette masure perdue dans les terres. Deux étages en tout, au premier, une chambre à alcôve et deux greniers, la même distribution au rez-de-chaussée, habité par deux paysans, Charlot et Ploquin, et une fille de basse-cour, Rosette ; pour monter au premier étage, un escalier non couvert, construit en dehors de la maison, et donnant sur une cour fermée ; de l'autre côté un jardin non clos de murs, plus loin une vigne : voilà le Meslier.

Ce fut dans cette petite masure, devenue sa royale résidence, que Marie-Caroline éprouva une des plus grandes douleurs qu'elle eût encore ressenties. Pour expliquer l'obstacle contre lequel Madame vint se heurter, à la veille de la prise d'armes (on était arrivé au 22 mai), il est nécessaire de prendre les choses d'un peu plus haut.

Depuis que la princesse s'était arrêtée à la pensée d'entrer en France par le côté du Midi, l'insurrection de l'Ouest n'avait été traitée que comme une question subsidiaire ; naturellement le signal devait partir de Marseille, où se trouvait Marie-Caroline. C'est donc dans ces termes que le baron de Charette avait dû présenter la question devant les chefs vendéens, réunis au nombre de douze à la Fételliere ; et la dépêche de Massa, qu'il leur communiqua, indiquait trois cas qui motiveraient une prise d'armes en Vendée : un succès à Marseille, la proclamation de la république à Paris, ou une guerre d'invasion, à l'annonce de laquelle il faudrait se hâter d'arborer le drapeau blanc dans l'Ouest, pour l'opposer à une coalition disposée à entamer le royaume de Louis XIV. Comme le succès du mouvement de Marseille paraissait infaillible, on n'avait pas hésité à présenter ainsi la question; et, présentée dans ces termes, elle avait été unanimement résolue dans le même sens, et la prise d'armes avait été arrêtée.

Il advenait un fait en dehors de ces prévisions: l'insurrection du Midi avait échoué, et Marie-Caroline était dans la Vendée. Il s'ensuivit qu'au lieu de rencontrer cette unanimité de résolution si nécessaire au succès de l'entreprise, elle rencontra chez plusieurs chefs une tendance à délibérer de nouveau sur une question qui leur paraissait nouvelle, puisqu'elle sortait des trois éventualités posées par les dépêches de Massa. En d'autres termes, on faisait en présence de MADAME ce qu'on aurait fait en son absence, si elle avait choisi pour point de débarquement le littoral de la Bretagne, au lieu de prendre celui du Midi; on délibérait sur l'opportunité de la prise d'armes, et, tandis que les uns disaient que la présence de MADAME en Vendée ôtait toute incertitude et qu'il ne restait plus qu'à vaincre ou à mourir à sa voix, d'autres pensaient que cette opportunité n'existait pas. Ainsi la délibération se mêlait à l'action et l'arrêtait.

C'était un coup terrible pour les espérances de Marie-Caroline. La Vendée unie était capable de grandes choses; la Vendée divisée perdait toute sa force, d'autant plus qu'on allait consumer un temps précieux en délibérations, et que si la présence de la duchesse de Berry venait à être connue pendant tous ces pourparlers, la meilleure chance qu'on avait, celle de surprendre le gouvernement avant qu'il fût sur ses gardes, s'évanouissait aussitôt. Marie-Caroline combattit avec beaucoup de vivacité les raisons qui lui furent données pour la décider à contremander la prise d'armes, soit dans une lettre où le marquis de Coislin, d'ailleurs décidé à obéir à ses ordres, développait les considérations qui militaient en faveur de ce parti, soit dans une conférence qu'elle eut au Meslier, chez M. de la Roche-Saint-André, avec MM. de Goulaine, de Tinguy et Benjamin de Goyon, qui représentaient le troisième corps.

Ce qu'il y avait de pis dans la situation, c'est qu'on pouvait alléguer des raisons plausibles pour appuyer l'une et l'autre des opinions qui étaient en présence, ce qui faisait qu'aucun des deux partis n'entraînait l'autre. Or, mieux eût valu pour Marie-Caroline que la Vendée eût été tout entière contre le mouvement, ou tout entière pour le mouvement : dans le premier cas, elle n'aurait plus eu qu'à songer à sa sûreté personnelle; dans le second, elle aurait eu du moins toutes les chances qu'elle pouvait avoir dans la périlleuse et difficile partie qu'elle était venue jouer.

Les chefs contraires à la prise d'armes faisaient des observations vraies, quand ils disaient qu'aucune des trois éventualités prévues dans la dépêche de Massa, le succès à Marseille, la république à Paris ou l'invasion aux frontières, ne s'était réalisée. Il était également exact que l'absence de ces trois éventualités rendait l'entreprise de la duchesse de Berry plus hasardeuse, et qu'on devait rencontrer moins de dispositions à un soulèvement, que si l'on s'était trouvé dans les circonstances prévues et indiquées. Les partisans de cette opinion n'avaient pas non plus beaucoup de peine à montrer les difficultés ; elles étaient grandes, en effet. L'infériorité de la Vendée en face d'un gouvernement qui disposait des ressources de toute la France, la rareté des munitions qu'on avait été obligé de se procurer avec des précautions infinies, les défauts inévitables d'une organisation ébauchée clandestinement devant un pouvoir qui pouvait agir au grand jour, une armée de cinquante mille hommes dans l'Ouest qui pouvait être grossie, le refroidissement qu'avait dû jeter dans les esprits l'échec de Marseille, les conséquences d'une levée de boucliers inutile, le prestige moral et militaire de la Vendée anéanti, et, si la guerre générale sortait de la question hollando-belge, comme cela paraissait indiqué, nulle force dans l'Ouest qui pût se lever et se présenter, le drapeau blanc à la main, derrière Marie-Caroline pour arrêter la coalition victorieuse et lui fermer le chemin de la France : voilà en substance les motifs qu'on faisait valoir pour décider la duchesse de Berry à abandonner son projet.

Mais si ces raisons avaient de la valeur, les chefs de l'Ouest qui demandaient que la prise d'armes eût lieu apportaient à l'appui de leur opinion des motifs puissants qui étaient de nature à produire une plus vive impression sur Marie-Caroline. Il n'y avait pas lieu à délibérer sous les armes ; la mère de Henri V une fois dans l'Ouest, c'était à elle de commander comme régente, et il ne restait plus qu'une chose à faire, obéir.

D'ailleurs on calomniait le pays quand on le représentait comme n'étant pas prêt à se lever; les chances de succès étaient grandes, si tout le monde faisait son devoir : il suffisait de ne pas paralyser l'élan des paysans, qui n'aurait pas besoin d'être excité. Les cinquante mille hommes dont on parlait n'appartenaient qu'à demi au pouvoir. On avait de nombreuses intelligences parmi eux; qu'on obtînt un succès, et on aurait pour soi un grand nombre de ces soldats : or, l'éparpillement des forces militaires dans l'Ouest rendait ce succès non-seulement possible, mais facile. En se levant avec rapidité, on désarmerait et on rallierait au drapeau blanc tous ces cantonnements dispersés; au lieu d'un péril insurmontable, il y avait donc là des armes, des munitions, des soldats. En outre, c'était mal raisonner que de représenter la Vendée comme devant se trouver isolée devant toutes les forces du gouvernement. La prise d'armes des provinces de l'Ouest deviendrait le signal d'une insurrection dans le Midi; les lettres que MADAME recevait des villes méridionales ne permettaient pas d'en douter; l'échauffourée de Marseille n'avait pas détruit l'organisation royaliste, et les partisans de Henri V dans ces provinces étaient impatients de prendre leur revanche. Il n'y avait donc qu'une chose de changée : c'est la Vendée qui allait donner le signal au lieu de le recevoir. Quant à la guerre étrangère, si on l'attendait, on serait encore accusé d'avoir spéculé sur les malheurs et les revers de la France. Il serait plus généreux et plus habile de la prévenir et de l'empêcher. Enfin, si des obstacles, des difficultés, des périls, devaient se présenter devant les royalistes, le gouvernement qu'ils attaquaient n'était-il donc pas aussi dans une position difficile ? Il y avait dans l'air des signes qui annonçaient un mouvement républicain à Paris ; il était indiqué que, dans l'état où étaient les esprits, un mouvement royaliste dans l'Ouest ferait éclater le mouvement républicain qu'on prévoyait dans la capitale, tout aussi certainement qu'un mouvement républicain à Paris amènerait un soulèvement dans l'Ouest. Il fallait donc se hâter et profiter de l'imprévoyance du pouvoir, qui n'était pas sur ses gardes, et saisir une occasion qu'on ne retrouverait plus. Quant à l'anéantissement du prestige militaire et moral de la Vendée, qu'on faisait appréhender comme devant être le résultat naturel d'un échec, quelle idée aurait-on de la Vendée, quelle idée aurait-elle d'elle-même, si on venait à savoir que Marie-Caroline de France, fidèle à la promesse qu'elle avait faite en 1828, était venue, à travers tant d'obstacles et de périls, se jeter dans les provinces de l'Ouest, sans trouver personne qui s'armât pour sa cause, et que la Vendée, oublieuse des serments de 1828, avait manqué à une princesse de la maison de Bourbon qui ne lui manquait pas ?

Ces considérations l'emportèrent dans l'esprit de Marie-Caroline sur les considérations opposées. Elle écrivait dans sa réponse au marquis de Coislin, à la date du 18 mai : « Je regarderais ma cause comme à « jamais perdue si j'étais obligée de fuir de ce pays, et « j'y serais naturellement amenée si une prise d'armes « n'avait lieu immédiatement. Je n'aurais donc d'autre « ressource que d'aller gémir loin de la France pour

« avoir trop compté sur les promesses de ceux envers « lesquels j'ai tout bravé pour tenir les miennes. »

A cette lettre était annexé l'ordre de prendre les armes, daté de la Saintonge, 15 mai 1832 : « D'après « les rapports qui m'ont été adressés sur les provinces « de l'Ouest et du Midi, mes intentions sont qu'on « prenne les armes le 24 de ce mois. J'ai fait partout « connaître mes intentions à cet égard, et les trans- « mets aujourd'hui à mes provinces de l'Ouest. »

Dans la conférence qui eut lieu au Meslier, le 18 mai, car les chefs opposés au mouvement croyaient être trop sûrs de l'impossibilité du succès pour céder aux injonctions de MADAME, elle répondit avec une force et une vivacité remarquables à leurs objections. M. le baron de Charette a publié le récit qui lui fut fait de cette conférence par Marie-Caroline elle-même. Voici ce récit :

« Ils sont venus au nombre de quatre, me dit S.A.R., « me représenter le pays sous des couleurs bien som- « bres ; à les entendre, je l'aurais vu en voie de répu- « blicanisme. Je n'en ai rien cru, et j'ai parlé des dis- « positions si différentes, des ressources en armes, en « munitions, dont on m'avait entretenu peu de jours « avant que je quittasse Massa. J'ai cité les personnes « qui m'avaient écrit ; j'en avais mille à citer. Ma mé- « moire ne s'était pas trouvée en défaut, ils ont aban- « donné ce thème, et ils m'ont dit : *M. de Charette « est le seul qui désire la guerre civile ; la Vendée « et la Bretagne la repoussent.* J'ai répondu qu'ils « étaient dans l'erreur, que les généraux en chef de la « rive gauche et de la rive droite faisaient leur devoir,

« que je venais de recevoir une lettre de M. de la « Roche-Macé, qu'il lèverait sa division comme un « régiment; que cette division avait une très-grande « importance à cause de ses rapports avec Nantes, « dont un des faubourgs se trouvait sous son com- « mandement, et où il comptait bon nombre de parti- « sans. Alors M. de Goulaine prit la parole et me « donna l'assurance que plusieurs officiers généraux « avaient pris l'engagement de ne pas communiquer « l'ordre; qu'il était personnellement convaincu que le « général en chef de la rive gauche, comte Charles « d'Autichamp, ne donnerait pas l'ordre du soulève- « ment. Je demandai sur-le-champ à ces messieurs « s'ils pourraient l'affirmer. Ils me répondirent tous « qu'ils en étaient sûrs; que M. d'Autichamp compre- « nait trop bien les intérêts de son pays pour qu'il en « fût autrement. J'avais pris soin, ajoute toujours « MADAME, de les laisser s'engager. Alors, tirant de « ma poche l'ordre du soulèvement qui vous était « adressé par M. d'Autichamp, je le lus à haute voix, « après quoi ils purent se convaincre par eux-mêmes « de l'authenticité de l'ordre.

« Un démenti si formel donné à leurs assertions les « découragea un instant; cependant il persistèrent à « dire que la Vendée ne se lèverait pas. M. de Gou- « laine ajouta que quelques chefs de division étaient « réunis à la Grange dans le but de protester contre « tout mouvement armé. Alors je leur dis qu'il était « trop tard pour donner un contre-ordre; que ce serait « vouloir porter le coup le plus funeste à l'intérêt de « la cause; qu'il était de toute impossibilité de faire

« parvenir à temps, sur toute la surface de l'Ouest, « l'avis de surseoir ; que cet avis trouverait en armes « les divisions qui étaient les plus éloignées; que ce « serait les sacrifier. »

Marie-Caroline persistait donc dans la résolution de faire prendre les armes aux royalistes de l'Ouest, et une considération puissante venait la confirmer dans cette décision. C'était la crainte qu'un contre-ordre arrivant trop tard aux divisions éloignées, elles se levassent seules et fussent écrasées. Mais on ne peut dissimuler que la duchesse de Berry se trouvait déçue dans l'Ouest comme dans le Midi. Au lieu de rencontrer l'unanimité de 1828, elle rencontrerait la division. On discutait ses ordres au lieu de les suivre; cinq chefs de division déclaraient qu'ils n'ordonneraient point la prise d'armes, quoiqu'elle en eût donné le signal. Il n'y avait donc plus d'unité dans la direction, d'ensemble dans les démarches, de certitude dans une autorité contestée. Outre les périls qu'on avait en face de soi, l'anarchie se répandait dans les rangs. Sans doute on mettait en avant des motifs graves, des raisons respectables, on alléguait des périls réels ; mais Marie-Caroline n'avait-elle pas eu aussi des périls à courir pour venir du Midi se jeter dans l'Ouest, et ces périls l'avaient-ils arrêtée ? Où étaient les promesses de 1828 ? Il y avait eu un rendez-vous pris entre MADAME et la Vendée. MADAME se trouvait au rendez-vous ; la Vendée y manquerait-elle ? La princesse eût compris l'hésitation si elle avait été encore à Édimbourg ou à Massa ; mais par sa présence dans l'Ouest, l'action avait commencé ; comment délibérait-on lorsqu'il fallait agir ?

C'était là le fond des sentiments qui se remuaient dans le cœur de Marie-Caroline. Malgré ces obstacles nouveaux et imprévus, elle ne désespéra pas cependant. Après tout, ceux qui lui faisaient ces objections étaient dévoués à sa cause. Par quelle considération étaient-ils arrêtés? Par la conviction que le succès était impossible. Que fallait-il pour rallier la Vendée entière à son drapeau? Un succès. Elle trouverait donc tout dans le succès : l'unité de son parti, l'ascendant de son autorité, et l'accession d'une grande partie des forces militaires répandues dans l'Ouest à son drapeau. Or, même avec les moyens d'action qui lui restaient, un succès était possible. Il fallait donc se hâter de réussir. Quelqu'un l'a dit avec une brièveté spirituelle et pleine de sens : Rien ne réussit comme le succès.

La prise d'armes demeura donc marquée au 24 mai; mais, entre le 18 et le 24, des événements intervinrent qui portèrent un dernier coup aux chances déjà si amoindries de l'entreprise de la duchesse de Berry. La première condition du succès dans de semblables tentatives, c'est de trouver les forces du parti sur lequel on s'appuie compactes et unies; car il y a une illusion d'optique presque inévitable dans l'exil, qui fait qu'on s'exagère déjà un peu ses moyens d'action et qu'on atténue ceux du gouvernement que l'on veut attaquer. La duchesse de Berry, en venant en France, y avait apporté la confiance qu'elle y entrait comme le chef du parti royaliste, et que tout le monde la suivrait; cette confiance, qui venait de rencontrer un si grave mécompte au sein de la Vendée même, devait achever de se dissiper au contact des faits, et MADAME allait se heurter contre un obstacle qu'elle n'avait pas fait entrer dans ses calculs, le défaut complet d'unité du parti royaliste, obstacle qui, ajouté aux difficultés inhérentes à son entreprise, la rendait non plus seulement ardue et périlleuse, mais impossible.

On a vu, au commencement de ce livre, qu'au moment du départ de la branche aînée, les royalistes se trouvèrent divisés à peu près en trois classes : ceux qui, accablés par la catastrophe de Juillet, n'avaient pour le principe monarchique que des regrets sans espérances, et qui se consacraient au culte du passé et à une sorte de dévotion purement contemplative pour ce qui n'était plus, jointe à un éloignement prononcé pour la révolution, sentiments sincères mais sans action dans la politique ; ceux qui étaient décidés à en appeler à leur épée de l'arrêt que Charles X leur paraissait avoir trop facilement accepté à Rambouillet, et sur la route de Rambouillet à Cherbourg ; ceux enfin qui pensaient que la restauration de la branche aînée était une question d'assemblée générale, et que la tribune et la presse étaient les moyens véritables de préparer cette restauration. Marie-Caroline se trouvait en présence de ces trois nuances, en mettant le pied sur le sol français. Les royalistes qui n'avaient que des souvenirs sans espérances ne pouvaient lui être d'un grand secours ; retirés de la scène, ils contemplaient l'action sans s'y mêler. Les royalistes de l'action armée venaient de se diviser sur la question d'opportunité, lorsqu'elle avait ordonné la prise d'armes, ce qui avait mis la discorde et la confusion dans le noyau même sur lequel elle comptait le plus. Restaient les royalistes qui croyaient les moyens moraux plus puissants que les moyens matériels ; ceux-là, venant aussi à la traverse des projets de Marie-Caroline, allaient achever de ruiner ses espérances.

C'était là un écueil presque inévitable de la situation. Quand on est entré dans une voie, c'est qu'on la croit bonne ; on est donc disposé à entraîner le mouvement général dans sa sphère, et à arrêter tout mouvement qui diffère de celui qu'on a adopté, et par conséquent lui crée des obstacles. Or, il est impossible de le nier, l'entreprise armée de Marie-Caroline dans l'Ouest devenait un obstacle sérieux à la ligue de ceux qui voulaient faire prévaloir les principes royalistes en suivant une voie pacifique et légale, et en employant seulement la tribune et la presse. Parmi ces personnes, dont quelques-unes appartenaient aux deux Chambres, il y en avait aussi qui étaient effrayées des difficultés qu'offrirait le lendemain d'une restauration, et qui pensaient que le travail des idées n'était pas assez avancé pour qu'on pût tenter quelque chose dans les faits. Dans l'état d'éparpillement où étaient les esprits, après une épreuve si courte qu'elle n'avait pu suffire ni à l'éducation du parti royaliste ni à celle de la France, comment gouverner quand on n'était d'accord sur rien, et que les préventions d'une grande portion du pays contre les royalistes étaient entières? Ne se retrouverait-on pas dans la fausse position où la Restauration avait péri ? N'aurait-on pas devant soi la fatalité des mêmes fautes ? Que deviendrait la royauté rentrée aux Tuileries par un retour de l'île d'Elbe, quand le pays serait revenu de sa surprise ?

Ces considérations étaient graves ; mais pour la duchesse de Berry, engagée dans son entreprise, elles venaient bien tard. C'était plus encore le tort de la situation que celui des hommes ; il eût été nécessaire qu'avant que l'expédition de 1832 fût tentée, il y eût eu une grande et solennelle délibération dans le parti qui empêchât un commencement d'exécution si l'entreprise était jugée impraticable ou plus nuisible qu'utile ; et l'on ne pouvait, d'un autre côté, sans folie, songer à provoquer un délibération de ce genre dans le parti royaliste, car c'eût été livrer le secret de l'expédition. La délibération, qui n'avait pas précédé l'action, coïncidait donc avec elle et allait l'entraver.

Cette nuance importante de l'opinion royaliste opposée à l'action armée envoya en effet M. Berryer en Vendée, avec la mission de décider la duchesse de Berry à quitter les provinces de l'Ouest. A peine la princesse sortait-elle de la conférence pénible qu'elle avait eue au Meslier avec plusieurs des chefs militaires de la Vendée, qu'elle eut à soutenir une lutte plus difficile, car elle se trouva en face d'un des plus grands orateurs de nos assemblées délibérantes. Mais, avant même d'arriver au Meslier, le parti qui envoyait M. Berryer dans l'Ouest avait porté le dernier coup aux chances que conservait l'entreprise à main armée de Marie-Caroline. M. Berryer, qui ne put la rencontrer que le 22 mai, avait trouvé à Nantes le maréchal de Bourmont, qui, après avoir surmonté les plus grandes difficultés, était enfin parvenu à pénétrer dans la Vendée : il lui avait exposé sa mission, l'espérance fondée qu'il avait de déterminer MADAME à renoncer à ses projets, et, en insistant sur les conséquences irréparables qui résulteraient de la prise d'armes, dont MADAME ne pourrait plus révoquer l'ordre quand bien même elle sortirait convaincue de la conférence qui allait avoir lieu, il obtint du maréchal de Bourmont un contre-ordre qui fut signé le 22 mai à midi, et dont voici la teneur : « Retardez de quel-« ques jours l'exécution des ordres que vous avez reçus « pour le 24 de ce mois, et que rien d'ostensible ne « soit fait avant de nouveaux avis ; mais continuez à « vous préparer. »

Rien de plus naturel que le désir exprimé par M. Berryer, que la prise d'armes fût suspendue jusqu'au moment où il aurait exposé à MADAME les graves objections que des hommes éminents du parti royaliste avaient contre son entreprise : rien de plus facile à comprendre que la déférence de M. de Bourmont à ce désir, car il croyait mettre seulement la duchesse de Berry à portée d'apprécier ces objections et de prendre un parti définitif en connaissance de cause. Cependant, comme on le verra, ce contre-ordre décidait tout. C'est là la fatalité des situations, où tout dépend d'un instant, et où on ne peut réussir que par surprise. La fuite de l'à-propos est irréparable, et l'on perd souvent tout avec un moment perdu.

Ce fut une scène remplie d'un intérêt peu commun et pleine de vives et dramatiques émotions, que celle qui se passa au Meslier, quand M. Berryer s'y présenta. Il était parti de Paris le 20 mai et était arrivé à Nantes le 22 ; aussitôt après avoir vu le maréchal de Bourmont et l'avoir décidé à expédier le contre-ordre, il monta dans un cabriolet rustique et se mit en route, sans savoir le nom du lieu où il allait, certain seulement que le guide silencieux dont le cheval trottait à une certaine distance en avant de sa voiture, le conduisait vers la duchesse de Berry. La marche fut longue, et par trois fois M. Berryer changea de guide. Parti en voiture, il dut cheminer à pied, puis monter à cheval, et chaque fois montrer ses papiers et déclarer son nom. Le dernier de ces guides était un chef vendéen. On cheminait avec précaution, en se gardant militairement, et les deux voyageurs étaient précédés et suivis par deux éclaireurs à cheval, qui, se tenant à cent pas de distance, empêchaient qu'ils pussent être surpris, ni en tête ni en queue.

De temps à autre, on entendait un cri perçant qui avait quelque rapport avec celui des oiseaux de nuit; alors un cri parfaitement semblable, mais dont le son arrivait aux voyageurs plus faible, parce qu'il était plus éloigné, semblait répondre, et lorsqu'ils tournaient les yeux, ils apercevaient à la lucarne de quelqu'une des chaumières qui bordaient la route, une tête immobile ; c'était celle d'un paysan qui, après avoir répondu à la question de leurs guides, les regardait passer. C'est ainsi que la police royaliste était organisée dans l'Ouest, police plus clairvoyante et mieux avisée que celle du gouvernement, et dont le dévouement faisait seul les frais. Quand c'étaient des amis qui passaient, on les avertissait, par ce cri particulier, que la route était libre ; si elle ne l'était pas, le silence devenait un avertissement muet. C'est ainsi que M. Berryer et ses guides, prévenus à temps, arrêtèrent leurs chevaux dans le chemin creux et couvert d'ombrage où ils cheminaient, et attendirent en silence, tandis qu'une patrouille, dont les baïonnettes s'apercevaient encore à la tombée du jour, passait sur le talus qui dominait ce chemin. Étaient-ce des soldats ? les paysans sortaient par une porte de derrière, couraient avertir, par des chemins de traverse, les rassemblements de la présence des troupes ; de sorte qu'un quart d'heure avant leur arrivée tout avait disparu.

Il était plus de dix heures et demie quand M. Berryer arriva au Meslier, dans la métairie de M. de la Roche-Saint-André. Quatre jours seulement s'étaient écoulés depuis la conférence que la duchesse de Berry avait eue avec M. de Goulaine et ses amis.

Elle était couchée et endormie. M. Berryer eut à déclarer son nom à une vieille femme qui lui ouvrit la porte ; elle était accompagnée d'un jeune et robuste gars, armé d'un bâton : c'était la garnison de la place qu'occupait la régente de France. Dix minutes après son arrivée dans la métairie, M. Berryer, qui était resté à se chauffer dans une salle basse éclairée par une chandelle de résine, fut introduit. MADAME était couchée sur un lit de bois blanc grossièrement équarri ; sa tête était couverte d'une de ces coiffes que portent les femmes du pays ; sur elle un tartan écossais à carreaux verts et rouges ; pour tous meubles, une table couverte de papiers, sur ces papiers deux paires de pistolets; sur une chaise un costume de paysan et une perruque brune, déguisement ordinaire de la princesse.

La conversation s'engagea aussitôt. M. Berryer mit sous les yeux de Marie-Caroline la note du comité de Paris; elle se résumait dans une double prière adressée à la princesse : quitter la France, donner l'ordre aux chefs vendéens de remettre l'épée dans le fourreau. Cette pièce ne portait point de signatures. La lecture qu'en fit Marie-Caroline produisit sur elle une douloureuse impression, et, après quelques paroles où la vivacité de cette impression se refléta : « Monsieur, dit-« elle à M. Berryer, retournez à ceux qui vous ont « envoyé, et dites-leur que la régente de France ne « peut faire droit à une demande qui n'a reçu aucune « signature. » Le silence que garda M. Berryer lui avait donné le temps de se remettre, elle reprit la parole en énumérant les motifs qui l'avaient décidée à tenter son entreprise, en invoquant les lettres de tant de royalistes influents qui l'avaient appelée, elle parla des intelligences qu'elle avait nouées, des chances de succès qui lui restaient encore; puis elle ajouta : « Mes « amis de Paris ne peuvent connaître l'état de ce pays; « ils ne le savent que par des personnes opposées au « mouvement. Croyez-moi, Monsieur Berryer, ce n'est « pas à cent lieues que l'on peut juger de l'opportunité « d'un soulèvement. Les choses se fussent mieux pas-« sées dans les premières guerres, si Paris n'eût pas « voulu donner une direction aux provinces de l'Ouest. « Voyez-vous, Monsieur Berryer, l'exemple du duc de

« Bourbon est toujours devant mes yeux. Si, en 1815, « il n'eût consulté que son grand cœur et celui de la « majeure partie de ses amis; si, en un mot, il se fût « mis à la tête de la Vendée, au lieu de prêter l'oreille « à cette politique menteuse dont on entoure sans « cesse les princes, bien des malheurs eussent été évi- « tés, de funestes divisions ne se fussent pas mises « parmi les chefs, et la France n'eût pas vu une se- « conde invasion. Savez-vous ce qu'il en coûterait à « cette France, si les alliés y rentraient une troisième « fois ? Son partage sans doute. A cette pensée, tout « mon sang de Française et de mère se révolte, et je « vous donne ma parole que jamais mon fils ne ré- « gnera, s'il devait acheter le trône de France par la « cession d'une province, d'une forteresse, d'une mai- « son, d'une chaumière comme celle où la régente de « France vous reçoit en ce moment [1]. »

La conférence se prolongea pendant la plus grande partie de la nuit; c'était comme un duel dans lequel aucun des deux adversaires ne laissait échapper le plus petit de ses avantages : les témoins demeuraient silencieux et ne prenaient aucune part à la conférence; mais la duchesse de Berry suffisait à tout. Quand M. Berryer avait fait ressortir toutes les raisons qui devaient la décider à partir, elle déduisait avec la plus grande force les raisons qui l'encourageaient à demeurer en Vendée, et parmi ses raisons, il y en avait une qui paraissait exercer une grande influence sur son esprit,

[1] Ces paroles ont été conservées par le baron de Charette, qui assistait à la conférence.

c'était le souvenir des reproches adressés aux princes de sa maison. Le duc de Bourbon n'arrivant dans les Cent-Jours que pour partir, et, à l'époque de la première révolution, M. le comte d'Artois, retenu à l'Ile-Dieu, lui revenaient sans cesse à l'esprit ; elle était pénétrée de la pensée qu'elle avait la revanche de la maison de Bourbon à prendre. En outre, elle avait le sentiment du préjugé défavorable sous le coup duquel le parti royaliste était resté depuis Rambouillet, et quelque chose lui disait, répétait-elle, qu'il fallait que les épées fussent tirées, afin qu'on vît que le sang de Henri IV ne s'était pas refroidi dans les veines de ses descendants, et que les royalistes étaient des hommes de cœur. Du reste, elle exposait avec une grande netteté les éléments de succès qui lui restaient, même après le contre-ordre qui avait dû nuire à sa cause, et se montrait décidée à en appeler à Dieu et à l'épée de ses amis.

M. Berryer revint une dernière fois à la charge, et la princesse, épuisée plutôt que vaincue, finit par admettre l'idée de quitter la Vendée, mais sans s'engager cependant d'une manière formelle, car lorsque M. Berryer la quitta, il dit : « Si MADAME se décide à « partir, je lui offre toujours mes services, je serai « à Nantes jusqu'à tel jour, et jusqu'à tel autre à la « Rochelle. » Il était quatre heures du matin, il y avait cinq heures que la conférence durait. MADAME dit à M. de Mesnard : « Je vais ruminer tout cela, dormir « si je puis, et demain je serai décidée. » M. Berryer, frappé des ressources d'intelligence et de caractère que la duchesse de Berry avait déployées dans cette nuit où de si grands intérêts avaient été discutés, disait au baron de Charette avec lequel il avait quitté le Meslier pour se rendre au château de la Grange, chez le marquis de Goulaine : « Il y a dans la tête et le cœur de cette princesse de quoi faire vingt rois. »

Le lendemain, en effet, Marie-Caroline était décidée, et le meunier Sorin, qui devait la conduire au Magasin, chez M. Gouësel, si elle se résignait à partir, portait le 23 mai à M. de Charette une lettre qui lui annonçait la résolution de MADAME : « Mon cher Charette, je reste parmi vous, j'écris à Berryer ma détermination ; l'autre lettre est pour le maréchal, je « lui donne l'ordre de se rendre immédiatement auprès de moi. Je reste, attendu que ma présence a « compromis un grand nombre de mes fidèles serviteurs ; il y aurait de la lâcheté à les abandonner. « D'ailleurs, j'espère que, malgré ce malheureux « contre-ordre, Dieu nous donnera la victoire. »

Le sort en était donc jeté, on allait prendre les armes. Le maréchal de Bourmont, conduit par M. de Puyseux, arriva au Meslier dans la soirée du 23 mai ; le baron de Charette y vint de son côté ; on arrêta que le soulèvement aurait lieu dans la nuit du 3 au 4 juin, et des ordres furent expédiés à toutes les divisions. Mais dans cet intervalle du 24 mai au 4 juin, les conséquences du contre-ordre se produisirent ; plusieurs divisions auxquelles il n'était point parvenu en temps utile dans la Bretagne, le Maine et le Poitou, se levèrent le 24 mai, et furent écrasées. M. de Courson de la Belle-Issue, le comte de Pontfarcy, MM. de Tilly, Bouteloup, de Bordigné et Gaullier, virent ainsi leurs corps dissous; c'étaient autant d'auxiliaires qui allaient manquer à la prise d'armes générale du 4 juin. Dans le haut Poitou, il y eut un commencement de soulèvement aussitôt réprimé. Des arrestations eurent lieu dans le troisième corps ; mais ce n'était encore que le prélude de désastres plus irréparables.

Tant d'allées et venues avaient donné l'éveil à l'autorité. Le 26 mai, surlendemain du jour indiqué primitivement par la duchesse pour la prise d'armes, le général Dermoncourt écrivait au lieutenant-colonel Panis que « le disséminement des troupes faisant l'objet de la convoitise des royalistes, il fallait avoir les yeux tournés vers les cantonnements. » A la date du 27 mai, trois jours après le 24, le maréchal Soult écrivait au commandant militaire du département des Deux-Sèvres : « Je compte que le général Solignac « aura ordonné la réunion des détachements assez « faibles pour que leur morcellement les exposât « aux attaques des bandes qui se sont renforcées. » Dans cette même journée du 27 mai, trois jours après celle où l'insurrection aurait éclaté si le contre-ordre n'avait pas été expédié, Cathelineau était assassiné par suite d'une visite domiciliaire faite au château de la Chaperonnière. Le fils du saint de l'Anjou était avec le marquis de Civrac et M. Moricet dans une cachette ; il entendit le lieutenant Regnier ordonner à ses soldats de fusiller le fermier Guinehut, qui avait refusé de livrer ses hôtes ; alors Cathelineau, ne pouvant voir de sang-froid la mort de ce noble paysan qui demeurait inébranlable et muet, leva la trappe, et se présentant le premier : « Ne tirez pas, dit-il, nous sommes sans armes. » Le lieutenant Regnier, pour toute réponse, saisit le fusil d'un de ses soldats, ajusta Cathelineau et l'étendit roide mort. MM. de Civrac et Moricet furent couverts de son sang. La mort de Cathelineau était une perte irréparable dans l'Anjou, où l'influence de son nom, de sa vertu et de son courage était immense. Enfin, le 28 mai, quatre jours après le 24, le général Dermoncourt partait de Nantes, dans la soirée, à la tête d'un détachement, chargé d'un mandat d'amener contre le sous-intendant militaire de l'Aubépin et le lieutenant-colonel son frère, qui résidaient à la Charlière. Trois grenadiers, qui étaient entrés dans le cellier du château, en rapportèrent trois bouteilles remplies de papiers. C'étaient le plan de campagne des royalistes de l'Ouest, de Paris et du Midi, la correspondance de MADAME avec les principaux chefs de l'insurrection, sans parler de plusieurs ordres imprimés qui marquaient la prise d'armes pour la nuit du 3 au 4 juin. La visite domiciliaire qu'on fit, le 30 mai, au château de Carheil, appartenant au marquis de Coislin, amena des découvertes qui confirmèrent et complétèrent celles qu'on avait faites à la Charlière.

Ainsi, tous les événements qui devaient détruire les dernières chances de Marie-Caroline en Vendée, eurent lieu du 24 au 30 mai, c'est-à-dire pendant le délai qui résulta du contre-ordre. La Bretagne, le Poitou, le Maine, ne l'ayant pas reçu à temps, firent sur plusieurs points leur mouvement, et se trouvèrent mis hors de combat avant le jour marqué. L'ordre de concentrer les cantonnements, la découverte du plan des insurgés et de l'organisation vendéenne, la certitude de la présence de la duchesse de Berry dans l'Ouest, la connaissance exacte du jour où le soulèvement éclaterait, la mort de Cathelineau, la compression des soulèvements partiels du Maine, de l'Anjou et de la Bretagne, toutes ces complications qui modifièrent d'une manière si grave la situation de MADAME et celle des royalistes, intervinrent postérieurement au jour où l'on devait d'abord prendre les armes. Le Gouvernement avait dès lors, outre la supériorité numérique, tous les avantages de son côté. Au lieu d'être surpris, il allait surprendre ; au lieu d'être attaqué, c'était lui qui attaquerait; il connaissait tous les détails de l'organisation vendéenne et royaliste, et la présence de la duchesse ; il possédait le secret du complot comme s'il y était entré, et agissait à coup sûr, car il savait le jour et l'heure où l'on se lèverait. Pour comble de malheur, Marie-Caroline ne devait apprendre que le 2 juin au soir que tous ses secrets étaient dans les mains du Gouvernement, qui, après les visites domiciliaires de la Charlière et de Carheil, avait observé le plus profond silence, et avait attendu presqu'au 2 juin pour opérer la concentration des cantonnements. Marie-Caroline eut un instant la pensée d'envoyer un nouveau contre-ordre, mais il n'était plus temps; sur le plus grand nombre de points il serait arrivé trop tard, et ceux qui ne l'auraient pas reçu auraient eu le droit de se regarder comme sacrifiés. Elle crut qu'il ne lui restait plus, comme à ses amis, qu'à braver ensemble les périls de la situation que l'on avait acceptée, et, s'abandonnant à la volonté du ciel, avec la confiance qu'au moins elle pourrait mourir sur cette terre de Vendée, où l'espoir de rétablir la fortune de son fils l'avait amenée, elle déclara formellement au baron de Charette que, s'il parvenait à rassembler quinze cents hommes sur un point quelconque, sans l'en avertir pour qu'elle vînt se mettre à leur tête, elle ne lui pardonnerait de sa vie.

Dès qu'on avait été à la veille de la prise d'armes, c'est-à-dire le 31 mai, la duchesse de Berry avait quitté le Meslier sans espoir de retour, et pour se rapprocher du centre des premières opérations. On vient de le voir, elle voulait, si les rassemblements étaient assez nombreux, se mettre à leur tête et courir les mêmes chances que ses amis. Elle était accompagnée de mademoiselle Eulalie de Kersabiec, qui, depuis deux jours, était venue la rejoindre au Meslier. Marie-Caroline, portant comme on l'a dit le déguisement d'un demi-paysan, s'était donné le nom de Petit-Pierre ; elle donna à mademoiselle Eulalie de Kersabiec, revêtue d'un costume analogue, le nom de Petit-Paul. Il était onze heures du soir quand la caravane, que dirigeait le baron de Charette, quitta le Meslier. MADAME était à cheval en croupe derrière le Vendéen Simaillot, mademoiselle de Kersabiec derrière M. de Mesnard. Quand on fut au moment de s'engager dans la forêt de Rocheservière, le cheval de M. de Mesnard et de mademoiselle de Kersabiec, conduit par son maître le meunier Sorin, prit la tête de la petite caravane ; à quelque distance, le cheval de MADAME, guidé par le baron de Charette ; un domestique des Mesliers, nommé Charlot, formait l'arrière-garde. En avant et en arrière, des éclaireurs devaient avertir, par un signal convenu, de l'approche du danger.

La nuit était devenue si profonde, qu'on ne voyait pas à un pas devant soi. Le cheval de Marie-Caroline s'écarta insensiblement du sentier que suivait l'autre cheval, et se trouva devant un de ces ruisseaux si communs dans le Bocage, Avant que Simaillot eût le temps de l'arrêter, il prit son élan pour franchir l'obstacle ; mais, avec son double fardeau, il ne put arriver à l'autre bord. Le bruit de la chute d'un corps dans l'eau, retentissant au milieu du silence de la forêt, remplit d'effroi la petite caravane. On apprit bientôt par Marie-Caroline, qui, ébranlée sans être effrayée, flattait de la main sa monture, que le cheval ne s'était point abattu dans cette espèce de saut périlleux. Cependant, comme on faisait une halte de quelques instants, Madame descendit de cheval pour voir, disait-elle en souriant, si elle ne s'était rien cassé. A peine sortait-on de la forêt de Rocheservière, que le cheval de mademoiselle de Kersabiec eut aussi un accident ; il s'abattit, et, en se relevant, il atteignit la jeune Vendéenne d'un coup de pied dans la poitrine. La marche se trouva ralentie, car le cheval s'était donné un effort, et Petit-Paul fut contraint de continuer la route à pied. En même temps, M. de Choulot, que la duchesse de Berry avait envoyé dans les cours du Nord, et qui la poursuivait depuis longtemps de métairie en métairie, étant parvenu, par un singulier hasard, à rejoindre la petite caravane, leur faisait perdre encore un peu de temps. C'était un étrange spectacle que cette audience diplomatique donnée au milieu des ténèbres de la nuit, à quelques pas des grands arbres de la forêt de Rocheservière. L'ambassadeur marchait en rendant compte de sa mission à la princesse, qui l'écoutait en poursuivant sa route, car il était nécessaire de se hâter. Par un malentendu, on était parti un peu plus tard qu'on ne l'aurait dû, et MM. de la Roberie, qui attendaient MADAME au moulin Guérin pour la conduire à Louvardière, pouvaient s'être éloignés en ne la voyant pas venir le jour indiqué.

C'était en effet ce qui était arrivé. Quand on donna le signal convenu, personne ne répondit. La situation était critique, car le canton où l'on se trouvait était sillonné par des détachements de troupes de ligne. Après une courte délibération, on se réfugia au Magasin, qui appartenait au beau-frère de M. de la Roberie, et le baron de Charette envoya un exprès à ce dernier pour l'avertir du lieu où se trouvait MADAME, et le prier d'envoyer deux de ses filles au Magasin, afin que la princesse, accompagnée de l'une et portant les vêtements de l'autre, pût se rendre, à l'aide de ce déguisement, soit à Louvardière, soit à la Mouchetière, résidence de la famille de la Roberie. C'est en effet ce qui eut lieu. Avant la tombée du jour, MADAME et Mlle Pauline de la Roberie, montées sur le même cheval, passèrent sans accident au milieu de plusieurs détachements ; il y eut même un officier qui, croyant reconnaître Mlle Luce de la Roberie, salua MADAME. A peine commençait-elle à prendre un peu de repos dans cette maison hospitalière où ses compagnons étaient parvenus à se rendre à la faveur de la nuit, qu'on dut la quitter. Il était deux heures du matin ; une patrouille avait rôdé autour de la maison ; on remarquait, disaient les émissaires, un mouvement inusité dans les cantonnements ; c'était là à peu près l'histoire de toutes les journées et de toutes les nuits de MADAME, depuis qu'elle était dans l'Ouest. Il fallut partir, en laissant Mlle de Kersabiec en proie à une fièvre brûlante. Une heure plus tard, on était chez M. de la Haie, au moulin Étienne. Marie-Caroline y trouva MM. Le Romain et Prévost, et fit venir M. de Couëtus, qui, bien qu'opposé au mouvement, au succès duquel il ne croyait pas, dit simplement à Marie-Caroline : « Je vous suivrai », parole fidèlement tenue.

Le moulin Étienne, où les chefs du mouvement venaient concerter leurs dernières mesures, était sans doute un séjour dangereux pour la princesse, mais une garde invisible veillait aux alentours ; c'étaient la fidélité et la vigilance vendéennes. Il avait suffi de dire : « Veillez à la sûreté du moulin Étienne » ; ce n'étaient point quelques hommes, c'était tout un pays qui veillait. « Le 29 septembre, dit Voltaire, en racontant la touchante histoire des malheurs du prince Édouard, le prince arriva par des chemins détournés et au travers de mille périls nouveaux au lieu où il était attendu; ce qui est étrange, et ce qui prouve bien que les cœurs étaient à lui, c'est que les Anglais ne furent avertis, ni du débarquement, ni du séjour, ni du départ des vaisseaux que la France envoyait pour le sauver. »

Ce fut à ce moulin Étienne que Marie-Caroline apprit la ruine à peu près complète de son entreprise, car ce fut là qu'elle sut les découvertes que le pouvoir avait faites au château de la Charlière. Sa douleur fut profonde, elle s'écria : « C'est le dernier coup porté à mes espérances; mon fils ne saura jamais toutes les angoisses et les larmes de sa mère. » Quelle que fût sa douleur, elle ne pouvait plus rien changer, on l'a vu, à ce qui avait été décidé. On était dans la nuit du 2 juin, les contre-ordres ne seraient point arrivés à temps. Ce fut la mort dans l'âme qu'elle quitta le lendemain le moulin Étienne, pour aller s'établir dans une petite métairie isolée et située très-avant dans les terres, qu'on appelait dans le pays la *Brosse,* et qui était occupée par les trois frères Janneau, comme fermiers de Mme Rédoi de Nantes, à qui la métairie appartenait. On attendit encore la soirée pour partir; il y aurait eu trop peu de sûreté à voyager le jour. A dix heures, Marie-Caroline se mit en marche avec MM. de Charette, Hyacinthe de la Roberie, de Mesnard, Le Romain, de Rezé et de la Chevasnerie. M. de la Roberie père attendait avec un bateau la princesse, sur les bords de la Boulogne ; il lui fit traverser cette petite rivière, sur l'autre bord de laquelle devaient se trouver des guides qui n'arrivèrent point à l'heure fixée. Marie-Caroline, épuisée par tant de fatigues, et par des inquiétudes plus cruelles encore, qu'elle était obligée de cacher à ses amis pour ne pas leur ôter le courage dont ils allaient avoir tant de besoin, s'étendit un moment sur la mousse, à l'ombre d'un chêne séculaire qui la couvrait de ses gigantesques rameaux, et, la tête appuyée sur une valise, elle sembla sommeiller ; la lune, qui brillait en ce moment au ciel, éclairait de ses pâles rayons ce mélancolique tableau et se reflétait sur les mâles figures des Vendéens qui, prêts à tirer l'épée, entouraient respectueusement cette princesse, comme autrefois les Highlanders leur prince Edouard, en songeant à la bataille du lendemain, ou mieux encore comme l'intrépide colonel Carlisle, quand il contemplait le roi Charles II, qui, épuisé de fatigue, s'abandonnait à un invincible sommeil sous le chêne de Boscobel, pendant que son ami veillait sur lui.

C'était l'heure où, deux années seulement auparavant, commençaient ces splendides et poétiques soirées dont MADAME était la reine; ce jour-là même, dans bien des salons à Paris, des femmes, tranquillement assises, étalaient les prestiges de leur beauté et les magnificences de leurs parures. Et pendant ce temps-là, il y avait une femme dans un coin de la Vendée, qui, passant les rivières à gué, supportant le froid des nuits, dormant sur la terre nue, bravait les périls, les fatigues et la souffrance; et pourtant cette femme était née pour être reine.

Quand Marie-Caroline rouvrit les yeux, elle remarqua la préoccupation de ses amis, et, voulant les empêcher de lire dans sa pensée et les arracher au cours de leurs propres idées, elle dit, en affectant une gaieté qui était loin de son cœur, après avoir jeté un rapide coup d'œil sur ses compagnons armés et déguisés : « Convenons, Messieurs, que nous ressemblons plutôt à une bande de voleurs qu'à d'honnêtes gens. » On se remit aussitôt en marche, et bientôt on arriva au lieu où Marie-Caroline devait attendre les nouvelles du premier rassemblement. Là, MM. de Charette, Le Romain et de Rezé la quittèrent et se dirigèrent en toute hâte vers Montbert, où ils avaient donné rendez-vous à leurs amis. On était alors dans la journée du 3 juin, et c'était dans la nuit que devait commencer le mouvement. Les derniers mots de Marie-Caroline, en se séparant de M. de Charette et de ses amis furent ceux-ci : « Courage et espoir ! »

Le courage ne devait pas manquer ; mais tout espoir avait disparu. La bataille était perdue avant d'être livrée. Ces quinze cents hommes que Marie-Caroline demandait pour se montrer sur le champ de bataille, on ne put les réunir nulle part ; à mesure que les royalistes se montrèrent sur un point, ils furent cernés par des forces supérieures. On combattit pour l'ancien renom vendéen plutôt que pour la victoire. Que pouvaient quelques centaines d'hommes réunis en Anjou avec MM. Louis de Bourmont et de la Beraudière, un peu plus loin avec MM. du Doré et de la Vincendière ; en Bretagne, avec M. de la Roche-Macé, et dans le Bocage, à Montbert, avec M. de Charette, ou à Maisdon, avec M. de Puyseux ; à Machecoul, avec MM. de Cornulier et de la Roberie ; et cette cavalerie de huit hommes conduite par M. le comte de Lorge, contre les forces considérables dont le gouvernement disposait ? Combattre courageusement, comme l'on combat en France sous tous les drapeaux, c'est ce qu'on fit au Chêne, à la Pénissière, en Anjou, en Bretagne, partout ; les Kersabiec, les Bourmont, les Rezé, les la Roberie, les Couëtus, les Mesnard, les Puyseux, les Cornulier, les Prévost, les de la Haie, maintinrent le vieux renom du courage vendéen, et les paysans soutinrent l'égalité des Français devant le péril. Mourir pour défendre son drapeau, c'est ce que firent d'Hanache, brave officier de la garde, qui portait le drapeau de la compagnie nantaise; Bonrecueil, qui avait suivi MADAME depuis le Midi; Trégomain, venu des landes de la Bretagne avec son frère; Bascher, l'ancien officier; Graimeau, Thalé de Saint-Philbert, Guillebaut, paysan de Sainte-Hermine.

Parmi les victimes de ces douloureuses journées, il faut compter une jeune fille. La nuit du 4 au 5 juin était à peine écoulée, lorsque des cris de désespoir vinrent frapper l'oreille de M. de Charette; c'était M. de la Roberie qui demandait en pleurant vengeance. Sa fille, mademoiselle Céline de la Roberie, âgée de seize ans, au moment où elle se précipitait pour écarter de la poitrine de son frère, jeune enfant de dix ans, le fusil d'un des soldats qui venaient d'envahir la Mouchetière, résidence de sa famille, avait reçu presque à bout portant un coup de feu qui l'abattit morte aux pieds de l'enfant qu'elle avait voulu sauver: triste résultat des luttes civiles, qui mêlent presque toujours des crimes aux combats, et qui permettent aux natures violentes et atroces de déshonorer leurs armes en les trempant dans le sang des femmes et des enfants.

Après avoir soutenu plus ou moins l'effort d'adversaires auxquels il n'était pas possible de résister, il fallut licencier tous les corps qu'on était parvenu à lever. M. de la Roche-Macé sur la rive droite de la Loire, M. Louis de Bourmont en Anjou, comme M. de Charette après le combat du Chêne dans le Bocage, demeurèrent bientôt convaincus que le licenciement des troupes était le seul parti à prendre. Toutes les communications des diverses bandes étaient coupées; après quelques engagements plus ou moins brillants, quelques faits d'armes où éclata le courage français, on se trouvait accablé par des forces supérieures, et obligé de s'éparpiller pour ne pas être cerné. Soutenir des duels heureux dans une bataille perdue d'avance, voilà tout ce qu'on pouvait faire, et c'est aussi tout ce qu'on fit : les royalistes ne triomphèrent pas, le triomphe était impossible, mais on ne demanda plus s'ils savaient mourir.

Le fait d'armes de la Pénissière fut un de ces merveilleux duels. Le combat de Mazagran, si justement célèbre, est, comme fait militaire, au dessous du combat de la Pénissière. Personne ne contestera la raison que nous allons en donner : les assiégés du blockaus de Mazagran n'avaient devant eux que des Arabes; les quarante-deux Vendéens qui, sous le commandement de M. de Girardin, défendirent contre plus de mille hommes, pendant neuf heures, la Pénissière, avec un incendie sur la tête et un autre sous les pieds, et qui, au lieu de se rendre, sortirent les armes à la main, et percèrent la ligne des assiégeants, avaient devant eux les meilleurs soldats de l'Europe, des soldats français, vingt fois plus nombreux que la faible garnison. Il y eut un moment solennel et touchant dans cette rude bataille, ce fut celui où le sol enflammé manquant sous les pieds des assiégés, et la toiture enflammée menaçant de s'écrouler sur leurs têtes, on résolut dans un conseil qui n'interrompit point le combat, d'évacuer la place. Huit hommes se dévouèrent pour continuer la fusillade pendant la sortie; l'un des deux chefs, c'étaient les deux frères, se dévoua avec eux, et embrassa son frère qu'il ne devait plus revoir. Alors trente Vendéens, le clairon en tête, sortirent en bon ordre, traversèrent au pas de course la ligne des assiégeants, et franchirent la haie, tandis que la fusillade des huit qui s'étaient dévoués protégeait leur retraite. Une grêle de balles salua leur sortie, deux tombèrent morts; le chef, blessé mortellement, alla expirer auprès de la haie; le clairon reçut trois balles, et ne cessa ni de sonner la charge ni de marcher. Un moment après, les progrès de l'incendie forcèrent les huit hommes qui étaient demeurés dans le bâtiment assiégé, à se réfugier dans une espèce d'enfoncement formé par un retrait de mur. Ils venaient de s'y entasser, quand le plancher tomba avec un fracas épouvantable; d'immenses jets de flammes s'élevèrent en tournoyant vers le ciel, et la fusillade qui venait de l'intérieur ayant cessé, les assiégeants crurent que les assiégés étaient demeurés ensevelis sous les décombres enflammés. Ils saluèrent donc par un grand cri le dernier soupir de la Pénissière, et s'éloignèrent du champ de bataille, où un grand nombre des leurs avaient péri.

Bientôt après, le silence régnait dans ces lieux, un instant auparavant retentissant du bruit de la mousqueterie et des clameurs des combattants, et la Pénissière brûlait et fumait au sein de la nuit obscure, comme un flambeau oublié. Seulement, qui aurait attaché les regards sur la métairie, à la lueur rougeâtre de l'incendie, aurait vu huit hommes qui, se laissant glisser le long des murailles, arrivaient à terre, se dirigeaient d'un pas rapide et avec précaution vers la haie que la petite garnison avait franchie, et disparaissaient bientôt comme des ombres. C'étaient les huit Vendéens, qui, préservés contre la chute des solives enflammées par le retrait du mur, sortaient de la fournaise où on les croyait engloutis, en rendant grâces à Dieu, qui leur avait conservé la vie.

Pendant tous ces engagements, la duchesse de Berry, l'âme navrée de la perte de ses meilleurs défenseurs, était demeurée à la Brosse, où M. de Charette l'avait laissée, la veille du combat du Chêne, en lui promettant de lui envoyer un exprès pour l'avertir, s'il parvenait à réunir quinze cents combattants. Après avoir licencié sa petite troupe, le chef vendéen courut à la Brosse; voici, selon son propre témoignage, la première parole que lui adressa la princesse: « Robert Bruce ne monta sur le trône d'Écosse qu'après avoir été vaincu sept fois; j'aurai autant de constance que lui [1]. » MADAME avait auprès d'elle Mlle Eulalie de Kersabiec, MM. de Mesnard, de Brissac, de la Chevasnerie; et, au moment où M. de Charette arriva, elle aidait Mlle Eulalie de Kersabiec à panser M. Bruneau de la Souchais, blessé au combat du Chêne. A peine M. de Charette entrait-il à la Brosse, qu'on eut une alerte: c'était une patrouille qui passait. Il fallut quitter à la hâte la maison, et aller se blottir dans un fossé profond où l'on avait de l'eau jusqu'à mi-jambes. Une haie d'épines, qui s'arrondissait au dessus,

[1] Journal militaire d'un chef de l'Ouest.

abritait les royalistes et la princesse, inquiète surtout du blessé, qui tremblait la fièvre.

Comme on était exposé à chaque instant à des alertes semblables, la duchesse de Berry voulut demeurer jusqu'au soir dans son humide retraite.

Ce fut dans ce fossé qu'on délibéra sur une question grave : dans quel asile se retirerait MADAME ? Sa présence dans le Bocage n'avait plus d'objet immédiat, depuis que l'issue des affaires du Chêne, Maisdon, la Carateric, Riaillé, la Pénissière, avait rendu, du moins pour le moment, toute prise d'armes impossible. La vie de partisan qu'elle menait depuis un mois, ses courses à la fois fatigantes et périlleuses à travers un pays entrecoupé de cours d'eau, dans des champs séparés par des haies, dans des chemins défoncés par les bœufs, et où les patrouilles n'osaient s'aventurer, parce que les hommes y enfonçaient jusqu'aux genoux et les chevaux jusqu'aux jarrets ; tout cela n'avait plus de but. En errant ainsi de commune en commune, elle exposait ceux qui la conduisaient, ceux qui la recevaient, et elle s'exposait elle-même à une arrestation presque certaine ; car le gouvernement avait couvert la Vendée de colonnes qui parcouraient le pays en tous sens, et, après les journées de juin à Paris, il s'était investi d'une dictature qui ajoutait tous les moyens extralégaux aux ressources légales dont il disposait déjà. Marie-Caroline termina la délibération en déclarant qu'elle entrerait à Nantes [1],

[1] Nantes n'étant pas en général favorable à l'opinion royaliste, on pensait que la présence de la duchesse de Berry dans cette ville ne serait pas soupçonnée, parce qu'elle n'était pas probable.

et elle rendit inutile toute discussion sur la manière dont elle exécuterait ce projet, en ajoutant qu'elle était décidée à y entrer seule avec Mlle de Kersabiec, sous des habits de paysanne.

Lorsque la nuit fut venue, on se rendit au Tréjet, maison appartenant à Mme Vassal, et située dans le village de la Haute-Menantie, paroisse de Saint-Martin. Tous les amis de la princesse la quittèrent alors pour ne pas attirer l'attention. Le Tréjet est à trois lieues de Nantes; le lendemain, Marie-Caroline en partit à la pointe du jour, avec Mlle de Kersabiec et deux femmes de campagne, Mariette Doré et Françoise Pouvreau. Lorsqu'elle eut marché pendant quelque temps, elle commença à souffrir de vives douleurs aux pieds: on n'avait pu lui donner à la ferme du Tréjet, que des souliers beaucoup trop grands et en cuir très-dur; cette chaussure grossière entamait ses pieds délicats, habitués à la soie et au velours. Marie-Caroline eut bientôt pris son parti; elle s'assit sur le bord du chemin, se déchaussa; et comme la blancheur de ses pieds aurait pu la trahir, elle prit soin, comme elle l'a souvent raconté depuis, « de les « promener pendant quelque temps dans l'eau de « fumier », pour leur donner ce qu'on pourrait appeler la couleur locale.

L'instant critique de l'entreprise de MADAME devait être le passage du pont de Pirmil. Ce point était sévèrement gardé, et la surveillance de la police y était encore plus active que partout ailleurs. Cependant, il n'y avait pas d'autre issue pour entrer dans la ville que ce pont, qui, reliant les deux rives entre elles, sert de communication entre Nantes et la Vendée. Mariette Doré se présenta la première ; elle fut fouillée, et on lui demanda d'où elle était. MADAME se présenta aussitôt après ; un commis de la douane voulut savoir si son panier contenait quelque objet de contrebande ; la princesse répondit : « Nenni, Monsieur », et tendit son panier. La vivacité de son mouvement fit remonter sa manche ; on vit la blancheur de son bras, qui pouvait éveiller les soupçons. Mlle de Kersabiec éprouva un de ces moments d'angoisse qui durent un siècle. Ce fut un éclair, la princesse rejoignait déjà en courant Mariette Doré, et Mlle de Kersabiec et Françoise Pouvreau, les suivant de près, entraient un moment après dans la ville de Nantes. Alors les deux paysannes vendéennes quittèrent la princesse et allèrent s'agenouiller dans une église, pour prier Dieu de la protéger jusqu'au bout dans sa course périlleuse.

A quelque distance, en passant le pont de la Madeleine avec Mlle de Kersabiec, Marie-Caroline rencontra un détachement de troupe de ligne, commandé par un officier qu'elle crut reconnaître, et par qui elle crut avoir été reconnue. Elle continua sans appréhension sa route : femme, princesse et proscrite, ce n'était pas un officier français qui pouvait la livrer. Un peu plus loin, nouvelle alerte. Tandis que la princesse marchait rapidement, elle sentit une main s'appuyer sur son épaule; elle se retourna avec quelque émotion : c'était une femme de la campagne qui, portant un panier sur sa tête, la priait de l'aider à le poser par terre. La princesse, avec l'aide de Mlle de

Kersabiec, lui rendit ce bon office, et la pauvre femme, pour les récompenser, leur donna à chacune une pomme, que la duchesse de Berry, tout en marchant, mangeait avec appétit.

Huit heures sonnaient à l'horloge du Bouffay, lorsque Marie-Caroline traversa cette place. Un assez grand concours de personnes qui se pressaient le long d'une muraille, lui fit tourner les yeux de ce côté ; alors elle lut ces trois mots en grosses lettres : ÉTAT DE SIÉGE. La duchesse de Berry parcourut rapidement cet acte, qui mettait hors la loi quatre départements de l'Ouest, et qui donnait son propre signalement, en promettant une riche récompense à celui qui la livrerait. Peu de minutes après, Marie-Caroline, après avoir échappé à tous les dangers, entrait dans un lieu sûr où Mme de Charette et Mlle Stylite de Kersabiec l'attendaient.

IV

LA DUCHESSE DE BERRY A NANTES

Après avoir demeuré trois jours dans la maison où elle avait été reçue à son arrivée à Nantes, la duchesse de Berry alla s'établir chez les demoiselles du Guiny, amies de la famille Kersabiec, et profondément dévouées à la même cause. Leur maison, d'une exposition agréable et qui domine les jardins du château, le cours de la Loire, et, au delà, les plaines qu'elle arrose, était située rue Haute-du-Château, n° 3. La princesse s'installa dans une mansarde, au troisième ; là se trouvait une cachette qui remontait aux mauvais jours de la première révolution ; elle était pratiquée derrière la cheminée établie dans un angle, et on y pénétrait par la plaque, qui s'ouvrait au moyen d'un ressort.

La vie de Madame la duchesse de Berry se trouva tout à coup complétement changée. A une fatigante activité succéda une immobilité complète et plus fatigante encore. Combien de fois ne regretta-t-elle pas ces courses continuelles qui, en épuisant son corps, endormaient au moins les insomnies de sa pensée ? Devenue captive du soin qu'on prenait de sa liberté, craignant non-seulement de se compromettre, mais de compromettre avec elle les personnes qui lui donnaient l'hospitalité, présente par l'imagination partout à la fois, en Vendée, dans le Midi, en Europe, et renfermée dans une chambre de quelques pieds carrés, Marie-Caroline éprouvait des tortures morales intolérables. « Ah ! mon fils ne saura jamais ce qu'il me coûte, ré« pétait-elle souvent ; les dangers que j'ai courus ne « sont rien. Je voudrais encore être dans les forêts de « la Vendée, plutôt que de faire ce métier. Ah ! mon « Henri, ma chère Louise, que font-ils maintenant ? « Pensent-ils à moi ? »

Le travail auquel la princesse se livrait était immense, et la correspondance qu'elle entretenait avec toutes les parties de la France l'obligeait à avoir sans cesse la plume à la main. Souvent les courriers devaient emporter vingt ou trente lettres ; Marie-Caroline travaillait alors du matin au soir, et, comme elle se servait d'encre blanche, ce travail lui était très-pénible; elle avait jusqu'à vingt-quatre chiffres différents qu'elle employait avec la même facilité ; en outre, pour ne pas compromettre ses correspondants en gardant leur écriture, elle transcrivait presque toutes les dépêches importantes qu'elle recevait. Le nombre de lettres qu'elle écrivit dans la petite mansarde de la rue du Château ne s'éleva pas à moins de neuf cents. Mais ce qui nuisait plus encore à sa santé que ce travail opiniâtre et cette immobilité forcée, c'était l'inquiétude si vive et si poignante que lui causait le sort de ses amis. Dans le Midi, dans l'Ouest, à Paris, les cours d'assises et les conseils de guerre achevaient la victoire du gouvernement de Juillet. Marie-Caroline aurait donné sa vie pour sauver celle des royalistes qui s'étaient montrés si peu ménagers de la leur, quand il s'était agi de répondre à son appel. Le deuil des familles compromises pour elle lui pesait comme un remords, et elle avait jusque sous ses yeux le spectacle de ce deuil.

Le chef de la famille de Kersabiec, arrêté après la prise d'armes, allait passer devant un conseil de guerre, et le général Solignac n'avait point caché aux filles de l'accusé que le pouvoir l'avait choisi, comme un des chefs de l'insurrection, pour faire un exemple en sa personne. On crut, dans la famille de Kersabiec, qu'une lettre de MADAME à sa tante, la reine des Français, pourrait faire obtenir à M. de Kersabiec et à ses compagnons d'infortune, au moins une juridiction moins rigoureuse. Quand Marie-Caroline sut qu'elle pouvait faire quelque chose pour une famille qui avait tant fait pour elle, voici la lettre qu'elle écrivit :

« Quelles que soient les conséquences qui peuvent résulter pour moi de la position dans laquelle je me suis mise, en remplissant mes devoirs de mère, je ne vous parlerai jamais de mon intérêt, Madame. Mais des braves se sont compromis pour la cause de mon fils ; je ne saurais me refuser à tenter pour les sauver ce qui peut honorablement se faire.

« Je prie donc ma tante, son bon cœur et sa religion me sont connus, d'employer tout son crédit pour intéresser en leur faveur. Le porteur de cette lettre donnera des détails sur leur situation ; il dira, entre autres, que les juges qu'on leur donne sont des hommes contre lesquels ils se sont battus.

« Malgré la différence actuelle de nos situations, un volcan est aussi sous vos pas, Madame, vous le savez. J'ai connu vos terreurs bien naturelles, à une époque où j'étais en sûreté, et je n'y ai pas été insensible. Dieu seul connaît ce qu'il nous destine, et peut-être un jour me saurez-vous gré d'avoir pris confiance dans votre bonté, et de vous avoir fourni l'occasion d'en faire usage envers mes amis malheureux. Croyez à ma reconnaissance.

« Je vous souhaite le bonheur, Madame : car j'ai trop bonne opinion de vous pour croire qu'il soit possible que vous soyez heureuse dans votre situation. »

Ce fut M. de la Chevasnerie qui porta cette lettre, espoir d'une famille si cruellement éprouvée. Cet espoir était mal fondé.

Après quelques pourparlers, Marie-Amélie refusa de recevoir le messager et de lire la lettre ; il est vrai que M. de Montalivet, qui était venu communiquer cette résolution à M. de la Chevasnerie, la lut pour elle, car la lettre était ouverte, et celui qui l'apportait consentit volontiers à ce que le ministre en prît connaissance. Après quoi le messager de MADAME, se retirant, sans paraître s'apercevoir de l'étonnement qu'excitait son audacieuse tranquillité, pria, avec un imperturbable sang-froid, M. de Montalivet de prendre son adresse, et lui dit qu'il attendrait la réponse de la reine des Français pendant quatre jours. Son attente fut vaine, la réponse ne vint pas.

Il peut sembler, au premier abord, étonnant que Madame la duchesse de Berry, après les revers essuyés par ses amis, n'ait pas pris la résolution de quitter l'Ouest; on lui en offrit les moyens, et un vaisseau croisa longtemps en vue de la côte. Ce fut la princesse qui refusa de partir. « Je ne mettrai pas ma « tête à couvert, répondit-elle, quand celle de mes « amis est sous la main du bourreau. D'ailleurs, j'ai « renoué ma correspondance sur plusieurs points de « la France; j'ai écrit aux souverains de l'Europe; « j'ai mandé auprès de moi des hommes considérables « du parti royaliste, je ne peux m'éloigner sans con- « naître préalablement l'opinion de ceux que j'ai « consultés. »

La première idée de la princesse, c'est qu'elle avait compromis trop d'intérêts pour les abandonner; la seconde, c'est qu'elle pouvait encore avoir une grande mission à remplir, en raison de la situation extérieure qui s'aggravait de jour en jour.

C'est en appelant l'attention de ses amis sur cette situation si grave à cette époque, que la duchesse de Berry motiva, avec leur approbation, la prolongation de son séjour en France, deux mois après son entrée à Nantes, c'est-à-dire au mois d'août. Plus le temps marchait, plus les affaires extérieures se compliquaient, et la tenacité du roi Guillaume semblait devoir mettre prochainement le feu à l'Europe. Marie-Caroline voyait ainsi apparaître la possibilité d'une guerre d'invasion contre la France; car il semblait difficile qu'une armée française allât assiéger Anvers, en passant pour ainsi dire à une portée de canon de l'armée prussienne, sans qu'il y eût une collision que les traités de 1815 devaient bientôt changer en conflagration générale. Dans cette lutte, la France demeurée seule contre toute l'Europe, pouvait éprouver des revers; n'était-ce pas le cas de rester dans les provinces de l'Ouest pour lui ménager une dernière ressource, et de se tenir prête à rallier la France royaliste autour du drapeau blanc, pour marcher à la frontière et arrêter l'ennemi vainqueur? C'était là, du moins, la pensée, c'était là le plan de la duchesse de Berry; et ce fut le véritable motif de son opiniâtreté à ne point quitter la France. C'était surtout pour prévenir une guerre d'invasion qu'elle était venue; le mauvais succès de la prise d'armes l'obligeait à se réduire à l'arrêter.

Ajoutons qu'il était arrivé à la princesse ce qui arrive à tous ceux qui sont depuis longtemps dans une situation périlleuse: elle s'était habituée à vivre avec le danger; et, après avoir si longtemps échappé à toutes les recherches, elle croyait qu'elle ne pouvait être découverte, parce que, pendant plusieurs mois, elle ne l'avait pas été.

Le gouvernement, remarquant qu'il n'y avait plus d'allées et de venues dans les campagnes, et sachant, par ses envoyés au dehors que la duchesse de Berry n'avait paru sur aucun point de l'Europe, avait fini par en conclure qu'elle était à Nantes, et plus de deux mille visites domiciliaires pratiquées en quelques mois en cette ville disaient assez haut l'importance qu'il attachait à la capture de Marie-Caroline. On n'avait rien ménagé : vers le mois d'octobre, la police avait fait, avant le lever du soleil, une descente dans le couvent de la Visitation, dont Mme de la Ferronnays était la supérieure, et tandis que cinq cents hommes de troupe de ligne cernaient militairement le couvent, les religieuses, à qui on avait à peine laissé le temps de se lever, avaient été réunies dans un parloir, et les agents de l'autorité, tenant le registre matricule à la main, avaient vérifié l'exactitude des signalements; en outre on avait levé jusqu'aux parquets et sondé jusqu'aux murailles pour trouver la duchesse de Berry. Mais les précautions les plus minutieuses, prises par les amis de la princesse, avaient dérouté jusque-là la police. Mlles du Guiny avaient même eu soin de ne pas augmenter leur ordinaire, de peur que ce fait ne fût remarqué par les marchands de la ville. Peu de personnes savaient le secret de la retraite de la duchesse, et ces personnes étaient de celles que la police ne peut deviner, attendu que les aboutissants lui manquent; la police est toute-puissante contre les scélérats, et elle se dirige avec une dextérité merveilleuse dans les lieux bas et ténébreux hantés par les criminels, parce qu'elle n'a pas besoin de beaucoup chercher pour trouver, parmi eux, des pilotes qui connaissent ces côtes mal famées; mais comme ces oiseaux de la nuit qu'éblouit la lumière du jour, elle ne va plus qu'à tâtons quand elle se trouve en face d'un parti d'hommes de cœur, parce qu'il n'y a là personne qui puisse la conduire.

Le gouvernement de Juillet cherchait depuis longtemps en vain le traître qui devait le mettre sur la trace de cette noble proie. La Vendée est une terre sainte et pure ; la félonie et la déloyauté, ces plantes vénéneuses, ne sauraient s'acclimater sur ce sol, où l'on aime comme l'on hait, à cœur ouvert. Tant que le secret de la princesse ne dépendait que des habitants du pays, il fut impénétrable. Prêtres et laïques, paysans, bourgeois et nobles, l'avaient reçue tour à tour sous leur toit hospitalier, sans songer au péril qu'ils couraient en lui offrant un asile, et les plus indigents n'avaient pas été tentés par la riche récompense qu'il était facile de gagner en la livrant aux agents du pouvoir. Quelque haut qu'on élève le tarif, le sang d'un Bourbon demeure sans prix dans la contrée où tant de gens ont versé leur sang pour les Bourbons : il n'y a pas d'ailleurs de gouvernement assez riche pour payer une lâcheté en Vendée, et, quand on a besoin d'y machiner une trahison, il faut amener le traître avec soi.

C'est ce qu'on fit. Par un malheur attaché aux entreprises aventureuses comme celle que tentait Madame la duchesse de Berry en débarquant en France, il se trouve toujours, à côté des hommes véritablement dévoués, des hommes d'intrigue pour spéculer sur les tentatives dont le succès promet de leur ouvrir des voies à la fortune, et qui deviennent, à leurs yeux, des espèces de loteries où ils prennent un numéro, sans conviction et sans affection politiques, et seulement parce que ce numéro peut gagner.

Tels avaient été les motifs qui avaient guidé un des visiteurs que l'on a vus s'arrêter à Massa ; il s'appelait Simon Deutz. Converti du judaïsme au catholicisme, sa conversion n'avait pas été sincère, de même que son retour du catholicisme au judaïsme, qui eut lieu plus tard, semble n'avoir été qu'un faux semblant. Il n'y a pas de religion qui consacre la félonie et la lâcheté, et ceux qui ont toutes les religions selon les circonstances n'en ont aucune. A l'idée de la riche récompense promise à celui qui livrerait MADAME, le vice originel de la race judaïque, cette cupidité que les Juifs les plus honnêtes ont souvent avoué n'avoir que difficilement vaincue, se remua au fond du cœur de cet homme; il alla s'offrir. D'abord mis en rapport avec M. de Montalivet, puis avec M. Thiers, il fut agréé; on l'envoya à Nantes en même temps qu'un nouveau préfet, M. Duval, qui dut mettre à sa disposition tous les moyens d'action qui lui seraient nécessaires.

Deutz, qui voyageait sous le nom de fantaisie de baron de Gonzagues, se trouvait dans des conditions favorables pour accomplir son œuvre de trahison; il avait montré de l'intelligence et du zèle dans les missions qui lui avaient été confiées par le pape, qui l'avait recommandé à MADAME; il était le beau-frère d'un homme honorable; les lettres dont la princesse l'avait chargé pour sa sœur la reine Christine avaient été fidèlement remises, et, dans les réponses, on avait loué le dévouement que Deutz faisait paraître pour la duchesse de Berry. Cependant il éprouva beaucoup de difficultés à parvenir auprès de la princesse. Mme de la Ferronnays, à laquelle il s'adressa, se renferma dans une réserve prudente. Chose triste à dire!

pour vaincre cette défiance, le fourbe communiait presque tous les jours dans la chapelle du couvent de la Visitation, et renouvelait ainsi le crime de Judas, le patron et le modèle de tous les traîtres, pour s'ouvrir des voies vers une nouvelle trahison.

Ce qui augmentait les difficultés qu'éprouvait Deutz pour arriver jusqu'à MADAME, c'était le nom de baron de Gonzagues qu'il avait pris, et sous lequel elle ne le connaissait pas. Enfin, on lui demanda son portefeuille, qu'il livra avec quelque hésitation. Trois jours après, M. du Guiny entrait chez lui avec un billet qui lui commandait de suivre le porteur, chargé de le conduire dans un endroit où il recevrait les ordres de MADAME. Deutz fut ainsi conduit chez Mlles du Guiny; mais on le fit attendre une demi-heure, et quand la duchesse de Berry entra, il put croire, d'après ses souliers poudreux, qu'elle venait de faire une longue course. Il lui rendit compte, avec beaucoup d'intelligence, des résultats de son voyage. Quand il eut exposé les résultats de sa mission, MADAME le pria de demeurer quelques instants pendant qu'elle s'éloignerait. Il approuva hautement ses précautions, et s'agenouillant devant la princesse, il baisa le bas de sa robe avec les démonstrations du plus vif attendrissement et du plus profond respect, et en versant même des larmes. Était-ce l'occasion de la livrer qu'il pleurait?

Cette occasion était en effet perdue pour ce jour-là, le coup avait manqué. Dans l'incertitude où était Deutz sur le lieu qu'habitait Marie-Caroline, qui pouvait n'avoir été qu'en visite rue Haute-du-Château, c'eût été donner l'éveil que de requérir l'investissement de la maison. On différa donc, et le lendemain Deutz demandait une nouvelle audience, en alléguant que l'émotion où l'avait jeté la présence de MADAME lui avait fait oublier une affaire de la plus haute importance, et de laquelle il ne pouvait pas traiter par écrit. Il y eut quelque hésitation de la part de la duchesse, non qu'elle se défiât de Deutz, elle croyait être sûre de lui, mais elle craignait qu'il ne fût suivi. Enfin, on lui indiqua un rendez-vous pour le 6 novembre, à cinq heures de l'après-midi.

Cette fois, les précautions qu'on avait prises à la première entrevue furent négligées, Deutz fut introduit en arrivant, et rien n'annonçait que la princesse vînt du dehors ; il en conclut qu'elle habitait cette maison même. Pendant la conférence, une lettre arriva, elle était écrite à l'encre blanche, et quand M. de Mesnard eut fait revenir les caractères, la duchesse lut tout haut l'avis qui lui était donné, « de « prendre toutes sortes de précautions, attendu que « MADAME était trahie par une personne en qui elle « avait toute confiance. » — « Ne serait-ce point par « vous, Deutz ? » dit la princesse en souriant. Ce fut une occasion pour Deutz de parler avec chaleur de son dévouement ; après quoi il sortit et alla la livrer. Il ne doutait plus que la maison de Mlles du Guiny fût le séjour habituel de la princesse ; car en passant près de la salle à manger, dont la porte était ouverte, il avait compté sept couverts. Or, il savait que Mlles du Guiny étaient ordinairement seules dans la maison ; il était donc clair que MADAME allait se mettre à table.

Toutes les précautions étaient prises depuis le matin. En peu de temps, la maison fut investie par une colonne de douze cents hommes, qui s'établit militairement, de manière à fermer toutes les issues. Il était six heures du soir, et la nuit facilitait les approches. Cependant, comme il faisait clair de lune, M. Guibourg, en s'approchant de la fenêtre, vit reluire les baïonnettes ; il s'écria en se rejetant en arrière : « MADAME, sauvez-vous. » On monta rapidement l'escalier, et en un clin d'œil on arriva à la cachette que l'on avait souvent essayée, et où l'on tenait par rang de taille ; M. de Mesnard entra le premier, madame la duchesse de Berry entra la dernière ; elle dit à Mlle Stylite de Kersabiec qui se défendait de passer avant elle : « Stylite, en bonne stratégie, quand on effectue une retraite, le général marche le dernier. » La porte de la cachette se refermait, quand les soldats ouvrirent la porte de la maison qui donne sur la rue.

Les commissaires de police étaient entrés le pistolet au poing, comme s'il s'agissait d'un assaut. Les recherches commencèrent avec une activité inouïe. Mlles du Guiny, pleines de sang-froid se mirent à table, et ne fournirent aucun indice ; Mme de Charette, qui s'était donnée pour une demoiselle de Kersabiec, fut reconduite avec Mlle Céleste de Kersabiec dans sa famille prétendue. Deux humbles Vendéennes, l'une Charlotte Moreau, femme de chambre de Mlles du Guiny, l'autre Marie Bossy, leur cuisinière, furent arrêtées et conduites à la caserne de gendarmerie ; on employa tout, les menaces, les promesses, la vue de grosses sommes en or étalées sous leurs yeux pour les faire parler ; ce fut en vain. Le gouvernement de Juillet se trouva trop pauvre, avec tous ses trésors, pour acheter l'honneur de deux servantes vendéennes.

Le préfet, M. Maurice Duval, qui conduisait cette campagne de police, ne comptant plus que sur l'activité et la sévérité de ses recherches, résolut alors d'arriver coûte que coûte à son but. La visite domiciliaire se changea en démolition. On leva les parquets, on sonda les murailles à coups de marteau et de hache ; les maçons et les sapeurs envahirent les maisons voisines pour y faire les mêmes recherches, et il arriva un moment où l'on frappa avec une telle force le mur contigu à la cachette, que des morceaux de plâtre tombèrent sur les captifs. Ils entendaient le fracas des marteaux, et les malédictions que proféraient les soldats et les ouvriers, fatigués de ces longues et inutiles recherches. « Nous allons être mis en pièce, dit tristement Madame la duchesse de Berry ; ah ! mes pauvres enfants ! » Puis s'adressant à ses compagnons : « C'est cependant pour moi que vous vous trouvez dans cette affreuse position. »

La position était affreuse en effet. La nuit était tout à fait venue ; un givre froid et glacial tombait à travers le toit sur la tête de la duchesse et sur ses compagnons, en proie à une inquiétude mortelle. On avait fait plusieurs fois du feu dans la cheminée ; alors la plaque devenait brûlante, et une chaleur intolérable succédant à un froid excessif, il avait fallu déranger une ardoise pour ne pas étouffer, et chacun approchait successivement sa bouche de cette ouverture, pour échanger une haleine de feu contre l'air extérieur.

Debout depuis plusieurs heures, les captifs entendaient les propos de ceux qui les cherchaient : les uns parlaient de démolir la maison, d'autres de l'incendier, les plus raisonnables de l'occuper militairement, personne de la quitter. « Nous attendrons, répétèrent plus d'une fois les officiers, que les vivres soient épuisés, s'ils en ont. » On eut pourtant un moment d'espoir, quand l'autorité fit retirer les travailleurs fatigués pour leur donner un peu de repos. Mais toutes les pièces demeurèrent occupées par des soldats. Il était sept heures du matin, et il y avait treize heures à peu près que MADAME et ses compagnons étaient enfermés. Comme elle n'avait pas laissé échapper une seule plainte, personne ne se plaignait. M. de Mesnard, pour qui sa grande taille était un supplice de plus, dit alors à ses compagnons : « Je sens mes jambes défaillir ; si je me trouvais mal, je ferais du bruit en tombant. Tâchez de vous arranger pour me laisser asseoir. Alors on se mettra sur moi comme on pourra. » C'est ce qui eut lieu.

Trois heures s'écoulèrent encore, et cette agonie avait duré seize heures, quand arriva l'incident qui contraignit les captifs à y mettre un terme. Les deux gendarmes postés dans la mansarde éprouvèrent les atteintes du froid, et allumèrent un grand feu pour se chauffer. La plaque devint rouge, et la robe de la duchesse de Berry prit feu par deux fois ; elle étreignit les flammes avec ses mains, au prix de deux brûlures dont elle devait longtemps conserver la trace. Mais le feu s'étant ralenti pendant le sommeil des gendarmes, ceux-ci, en se réveillant, y jetèrent une grande quantité de tourbe et des brasses de journaux qui étaient sous une table. Ce nouveau genre de combustible produisit une fumée épaisse qui, pénétrant bientôt dans la cachette, menaça d'asphyxie ceux qui y étaient enfermés. Ce ne fut que lorsqu'un plus long séjour dans cette fournaise enfumée devint impossible que Marie-Caroline, après avoir entendu les observations de ses amis, accueillit la proposition de se rendre : c'était une étrange délibération que celle-là, tenue dans une atmosphère de feu par des captifs qui depuis seize heures n'avaient ni bu ni mangé. La plaque, ordinairement facile à ouvrir, ayant été dilatée par le feu, ne cédait plus à la pression ; il fallut que M. Guibourg l'ébranlât à coups de pied. Les gendarmes entendirent le bruit et demandèrent : « Qui est là ? » Mlle de Kersabiec répondit : « Nous allons ouvrir; nous nous rendons; ôtez le feu. » Au même instant, un nouveau coup de pied abattit la plaque. Les gendarmes s'étaient hâtés d'ôter le feu et de s'élancer au secours de ceux qui les appelaient. « Le premier objet qui s'offrit à leur vue, dit le général Dermoncourt, fut une femme défaillante, se traînant péniblement sur un foyer mal éteint. Un d'eux, qui avait vu MADAME à Dieppe, affable pour tous, chérie de tous, entourée de tant d'hommages, la reconnut dans ce misérable état et s'écria : *Quoi! c'est vous, Madame la Duchesse ?* Vivement touchée du son de cette voix amie, la duchesse lui répondit en se relevant : « Vous êtes Français et militaire : je me fie à votre honneur. » Il était alors neuf heures du matin ; il y avait seize heures que durait cette longue agonie.

Aussitôt sortie, MADAME demanda le général Dermoncourt, et, dès qu'il entra, elle alla vivement à lui et lui dit : « Général, je me rends à vous et me remets à votre loyauté. » Le général, comme tous ceux qui portaient l'épée, traita MADAME avec autant de courtoisie que de respect, et lui répondit : « MADAME, V. A. R. est sous la sauvegarde de l'honneur français. » La princesse était pâle, ses cheveux, en désordre et coupés comme ceux d'un homme, se hérissaient à demi sur sa tête nue ; sa simple robe, de couleur brune, était sillonnée de plusieurs brûlures. En s'asseyant sur la chaise vers laquelle la conduisit M. Dermoncourt : « Je n'ai rien à me reprocher, dit-« elle d'une voix brève et accentuée, j'ai rempli les « devoirs d'une mère, pour reconquérir l'héritage « d'un fils. » Quand le comte d'Erlon entra, il témoigna à MADAME le même respect et les mêmes égards que le général Dermoncourt lui avait témoigné ; mais M. Maurice Duval, préfet de la Loire-Inférieure, en agit tout autrement : il avait, en entrant, le chapeau sur la tête, et c'est à peine s'il le souleva en y portant la main ; puis, ayant attentivement considéré MADAME : « Ah ! oui, dit-il, c'est bien elle ! » Et il sortit. La duchesse de Berry demanda avec assez de vivacité quel était cet homme. Lorsqu'on lui eut nommé le préfet, elle voulut savoir s'il avait servi sous la Restauration. On l'assura du contraire. —

« Tant mieux, reprit-elle alors, j'en suis bien aise pour la Restauration. »

Bientôt on annonça à la duchesse qu'il fallait quitter la maison où elle venait d'être prise, pour se rendre au château de Nantes. Elle accepta le bras du général Dermoncourt pour descendre l'escalier, et lui dit, en passant devant la mansarde et en montrant du doigt la cachette, dont la porte était restée ouverte : « Ah ! général, si vous ne m'aviez pas fait une « guerre à la saint Laurent, ce qui, par parenthèse, « est au-dessous de la générosité militaire, vous ne « me tiendriez pas sous votre bras, à l'heure qu'il « est. » Il fallut marcher à pied entre les soldats qui faisaient la haie à partir de la maison de Mlles du Guiny jusqu'au château ; heureusement le trajet était court, et l'on arriva au bout de quelques instants. Toute la population de Nantes, accourue au bruit de l'événement, se pressait derrière la double haie que formaient les soldats, et contemplait ce spectacle avec les sentiments les plus divers. Ce fut au château seulement que MADAME, qui n'avait pas mangé depuis trente-six heures, prit pour la première fois quelques aliments. Dans une position aussi triste, elle n'avait point songé à elle-même, toutes ses paroles avaient été pour ses compagnons d'infortune, dont elle avait demandé à ne pas être séparée.

V

CAPTIVITÉ DE LA DUCHESSE DE BERRY

Le séjour de la duchesse de Berry au château de Nantes ne se prolongea point longtemps. Le château de Blaye avait été désigné comme le lieu où devait être enfermée la prisonnière. Le 9 novembre 1832, elle s'embarquait à bord de la *Capricieuse*, à quatre heures du matin, et, après avoir été retenue deux jours en rade par les vents contraires, elle fit voile le 11. Le voyage dura huit jours : la mer était mauvaise, l'équipage inexpérimenté, et le navire, qui était un petit brick de guerre, résistait avec quelque difficulté à la violence de la mer; le capitaine, M. Leblanc, ne cacha point son inquiétude. Mais ce fut surtout lorsqu'on arriva en vue de la rivière de Bordeaux que cette inquiétude augmenta. Le vent étant tout à fait contraire, il fallut descendre dans le canot de la *Capricieuse* pour rejoindre le bateau à vapeur le *Bordelais,* qui, ne comprenant pas le signal que lui fit le capitaine Leblanc, exécuta une fausse manœuvre, ce qui augmenta la distance que le canot avait à parcourir. Cependant le temps se gâtait : la mer devenait houleuse, et, un grain survenant, de grosses vagues commençaient à rouler sur la frêle embarcation à bord de laquelle étaient la duchesse de Berry, Mlle de Kersabiec, M. de Mesnard, M. de Chousserie, son aide de camp, et le capitaine Leblanc.

L'anxiété du capitaine était visible ; il pressait les rameurs, suivait tous les mouvements du gouvernail, et son agitation dénotait la gravité de la situation. Mlle de Kersabiec, peu familiarisée avec les périls de la mer, ne put s'empêcher d'exprimer à haute voix ses craintes : « Prenez donc exemple sur MADAME », lui dit avec quelque impatience M. Leblanc, en lui montrant la princesse demeurée calme et silencieuse. La côte de France devenait inhospitalière pour la duchesse de Berry : le transbordement était pénible et périlleux, et elle eut presque autant de difficultés à arriver à Blaye, où l'attendait une prison, qu'à toucher la terre de Marseille, où elle croyait voir se relever le trône de son fils. Quand le canot fut arrivé auprès du *Bordelais*, les vagues étaient tellement agitées, que tantôt elles portaient la frêle embarcation jusqu'au niveau du pont, tantôt elles la faisaient redescendre au bas de l'échelle du bord. Le capitaine saisit le mouvement d'ascension pour jeter la duchesse de Berry dans les bras des matelots du *Bordelais*, en criant : « Sauvez la princesse. » Les autres passagers parvinrent aussi à passer sur le bateau à vapeur, et l'on cingla vers Blaye.

La nouvelle de l'arrestation de MADAME produisit

une émotion profonde; la prime offerte à la trahison de celui qui la livra excita un dégoût universel. Le courage qu'elle avait montré pendant cette agonie de seize heures endurée dans la cachette de la rue Haute-du-Château, la dignité et le sang-froid qui ne l'avaient point abandonnée depuis son arrestation, ses paroles toutes françaises, son malheur si grand et sa résolution au niveau de son malheur, tout se trouvait réuni pour remuer les cœurs et frapper profondément les intelligences.

De toute part, les hommages lui vinrent. M. de Châteaubriand lui écrivait, de Genève, la lettre suivante, qui ne précéda l'arrivée de cet homme illustre à Paris que de quelques jours :

« Vous me trouvez bien téméraire de venir vous « importuner dans un pareil moment pour vous supplier de m'accorder une grâce, dernière ambition « de ma vie: je désirerais ardemment être choisi par « vous au nombre de vos défenseurs. Je n'ai aucun « titre personnel à la haute faveur que je sollicite « auprès de vos grandeurs nouvelles; mais j'ose la « demander en mémoire d'un prince dont vous daignâtes me nommer l'historien; je l'espère encore « comme le prix du sang de ma famille. Mon frère « eut la gloire de mourir avec son illustre aïeul, M. de « Malesherbes, défenseur de Louis XVI, le même « jour, à la même heure, pour la même cause et sur « le même échafaud. »

M. Janvier, quoiqu'il n'appartînt pas aux opinions légitimistes, terminait ainsi une lettre dans laquelle il réclamait le même honneur :

« Mon libéralisme s'incline d'admiration devant « votre courage de femme et votre dévouement de « mère. Je n'exalterai pas seulement en vous le pres- « tige des têtes couronnées, je glorifierai ce qui est « grand et saint au-dessus des misères de la poli- « tique: l'héroïsme du sentiment et de la volonté. »

En même temps, Mlles du Guiny demandaient, du fond de la prison où elles avaient été conduites, à être admises une dernière fois auprès de MADAME, pour la remercier de la grâce qu'elle leur avait faite de choisir leur maison, grâce qui les conduisait devant la cour d'assises; et Charlotte Moreau, dans un post-scriptum touchant, suppliait qu'on lui accordât la même faveur, « si MADAME n'en trouvait pas « indigne une pauvre femme de chambre qui l'avait « servie de tout son cœur. »

Il est beau d'être aimée ainsi, et de tels dévouements, s'ils honorent ceux qui les éprouvent, honorent aussi ceux qui les inspirent. Les indifférents et les adversaires de la branche aînée rendirent eux-mêmes justice à la duchesse de Berry. Un décoré de Juillet écrivit à la *Quotidienne,* pour féliciter la France de ce que Deutz n'était pas Français. M. de Talleyrand, avec ce talent qu'il avait de résumer les situations dans un mot, dit tout haut: « La duchesse de Berry est toute la poésie de l'époque. »

Ce mot disait les choses comme elles étaient. La poésie, à cette époque, était à Blaye, elle était dans les rudes et difficiles sentiers du Bocage, au pied de la croix où l'on prie, au milieu des flammes du château de la Pénissière, et la glorieuse milice de l'intelligence choisissait pour écrire ses Iliades, non la page brillante d'un programme de fête, mais la triste feuille d'un écrou. Tandis que Béranger se taisait, triste et découragé, et que M. Casimir Delavigne se renfermait lui-même dans le silence, malgré ses liens avec la famille d'Orléans, les Lamartine, les Soumet, les Guiraud, les Beauchêne, les Saint-Valery, partageaient les respects de Châteaubriand pour les nouvelles grandeurs de MADAME; et M. Victor Hugo, dans une de ses plus belles pièces, dévouait à une immortalité de honte le juif qui l'avait livrée. Toute bouche qui chantait livrait ses chants aux brises qui soufflaient vers Blaye. En même temps, de nombreuses adresses étaient signées pour demander la délivrance de MADAME; de simples individus, des familles, des communes entières, prenaient part à ce mouvement, et une nombreuse députation de jeunes gens allait féliciter M. de Châteaubriand, cité à comparaître en cour d'assises pour s'être écrié dans une de ses puissantes brochures: « Madame, votre fils est mon roi. » Ceux qui honoraient ainsi la duchesse de Berry n'avaient pas même la consolation de penser que leurs hommages parviendraient sous ses yeux; les portes inflexibles de Blaye ne laissaient passer ni témoignages de sympathie, ni louanges, et le gouvernement avait fait une solitude autour de la prisonnière. Plus l'émotion était générale, plus on remarqua la conduite de la famille d'Orléans, qui, le jour même où l'on apprit à Paris la nouvelle de l'arrestation de MADAME, assista en loge à l'Opéra à une représentation extraordinaire. On trouva généralement que c'était là une grande et difficile victoire remportée sur les sentiments de famille, que les positions politiques ne dominent pas toujours à ce point, et cela fit honneur à l'impassibilité du Palais-Royal.

Il y a deux époques bien distinctes dans la vie de Mme la duchesse de Berry à Blaye, celle qui s'écoula pendant que M. de Chousserie demeura gouverneur du château, celle qui s'écoula pendant le gouvernement de M. Bugeaud. Le premier, tout en se conformant aux ordres rigoureux qu'il recevait de Paris, adoucit, autant qu'il put, par ses égards, la position si malheureuse de la princesse. C'était sans doute pour MADAME un supplice bien cruel, que de voir la France à travers les barreaux d'une fenêtre grillée et d'avoir l'œil sur le sol de la patrie, les pieds attachés au plancher d'une prison, et cet exil intérieur qui avait vue sur la France redoublait ses douleurs. Sans doute aussi l'immobilité à laquelle elle se trouvait de nouveau condamnée pesait à son activité. Les natures vives et les hardis caractères ont besoin d'un air libre et d'un vaste horizon ; et quand Marie-Thérèse mit son cœur de mère et son génie de reine dans la balance de l'Europe, il lui fallait une nation à sauver, les ennemis de son pays à vaincre, et la fidèle Hongrie à conduire ; il fallait à son oreille le cri de ses fidèles et loyaux palatins : *Mourons pour notre roi Marie-Thérèse.* Mais, sauf les angoisses inséparables de sa captivité, MADAME trouvait dans les égards de M. de Chousserie et dans l'empressement de ses propres amis, tous les adoucissements qu'elle pouvait espérer.

La garde-robe de la duchesse, en entrant à Blaye, tenait tout entière dans un mouchoir ; peu de jours après son arrivée, elle reçut de Paris une caisse contenant un trousseau complet. Elle accusa un instant une proche parente qu'elle avait dans cette ville, d'avoir eu pour elle cette attention, et elle hésitait à se servir des objets que contenait la caisse, lorsqu'elle apprit, avec beaucoup de bonheur, que c'était la princesse de Beauffremont, qu'elle avait toujours aimée, qui s'était réunie à plusieurs autres femmes royalistes pour lui faire cet envoi. La princesse fit aussi parvenir à MADAME le portrait de son fils, afin qu'elle eût devant les yeux l'image de celui pour qui elle souffrait.

La prisonnière habitait une maison située dans l'enceinte de la citadelle, qui est une espèce de ville, et qui a vue sur la Gironde. Deux chambres à coucher, séparées par un salon et une petite salle à manger, composaient l'appartement occupé par la princesse et Mlle de Kersabiec ; M. de Mesnard était dans un autre corps de logis. Pendant le jour, la circulation demeurait libre pour les prisonniers, tant dans la maison que dans le jardin situé derrière la maison. Un peu avant le coucher du soleil, on fermait la porte du salon qui donnait sur le corridor, et MADAME se trouvait ainsi verrouillée dans son appartement avec Mlle de Kersabiec. M. de Chousserie, malgré des ordres réitérés, avait refusé de placer ni soldats ni gendarmes à l'intérieur ; la princesse n'était donc qu'extérieurement gardée ; et, si ce n'avaient été les barreaux de fer qui garnissaient ses croisées, elle eût pu oublier, pour quelques instants, qu'elle était prisonnière. Ces instants durèrent peu, il est vrai, et les précautions minutieuses, et les rigoureuses consignes qu'on recevait de Paris vinrent bientôt lui rappeler sa triste situation. Un jour arrivait l'ordre d'éventrer jusqu'aux volailles, afin de vérifier si elles ne contenaient pas une correspondance factieuse; le lendemain, c'était l'ordre d'ajouter des grillages aux barreaux de fer qui garnissaient déjà les croisées de la prison, et de placer des grilles jusque sur le haut des cheminées; le télégraphe, jouant de nouveau, enjoignait d'élever une palissade de douze pieds de haut autour de la maison où était enfermée la princesse. Pendant la nuit, une ceinture de sentinelles était placée entre la palissade et la maison, une autre rangée de sentinelles veillait en dehors de la palissade, et les consignes étaient si sévères, que la princesse n'ayant pas obtempéré assez vite à l'ordre qu'on lui donnait un soir de fermer sa croisée, le factionnaire cria: « Je vais tirer. » MADAME ouvrit la fenêtre plus grande encore et s'y présenta, et le soldat, violant la consigne militaire pour obéir à celle de l'honneur et de l'humanité, ne tira point sur elle. La duchesse de Berry aimait à se promener sur les remparts, du haut desquels elle pouvait, à l'aide d'une longue-vue, distinguer les habitants de Blaye et de Bordeaux, qui se rendaient dans une prairie située au bas du glacis, et d'où l'on pouvait apercevoir la prisonnière. C'est ainsi que MADAME avait reconnu une de ses premières femmes de chambre, Mme de Wathaire, venue de Paris pour offrir ses services à la princesse captive, mais qui n'avait pu obtenir accès dans la citadelle. Le télégraphe transmit aux autorités de Blaye l'ordre d'interdire à la population l'entrée de la prairie, toutes les fois que MADAME se trouvait sur les remparts; mais la princesse aima mieux renoncer à sa promenade favorite que de priver les habitants de Blaye et de Bordeaux de la leur.

Ce sont là de ces piqûres qui, rappelant sans cesse aux captifs leur captivité, sont douloureusement ressenties par leur cœur déjà ulcéré. Mais des épreuves plus cruelles étaient réservées à la princesse. Quand elle sut que, sur toute la surface de la France, ses amis, compromis par sa venue, comparaissaient devant les cours d'assises; lorsqu'elle vit la justice pénétrer dans les murs mêmes de Blaye, pour venir s'emparer, sous ses yeux, de ses compagnons d'infortune, et lui enlever Mlle de Kersabiec, que réclamaient les assises de Nantes, et M. de Mesnard, revendiqué par les assises de Montbrison, alors sa patience commença à s'épuiser, elle demanda hautement des juges, et dans une lettre écrite au maréchal Soult, alors président du conseil, elle disait : « Vous devez « vous en souvenir, monsieur le maréchal, lorsque « vous fûtes rappelé à la cour, après avoir été exilé « en 1815, et qu'on vous eut rendu votre rang et vos « grades, vous vous présentâtes chez mon malheu- « reux mari, le plus franc des hommes, qui vous dit : « *Monsieur le maréchal, je suis bien aise de vous* « *voir ici. Si j'eusse été maître, vous y seriez de-* « *puis longtemps, ou vous seriez fusillé.* Vous ré-

« pondîtes : *Monseigneur a raison. Aussi n'ai-je* « *pas cessé de demander des juges.* Monsieur le ma- « réchal, c'est aussi ce que je sollicite. »

Ce n'était point là l'affaire du gouvernement. Lorsque, dans la séance du 6 janvier 1833 , M. Sapey présenta son rapport sur les nombreuses pétitions pour la mise en liberté de la prisonnière, la discussion s'ouvrit naturellement sur la conduite que devait tenir le pouvoir à l'égard de la duchesse de Berry, et le ministère repoussa vivement l'idée de lui faire son procès. M. Thiers, dit en propres termes que, « pour con- « duire la duchesse de Berry devant les juges, il fau- « drait au moins soixante à quatre-vingt mille hom- « mes échelonnés sur la route » ; et M. de Broglie, amplifiant encore cette thèse, et faisant monter avec lui la peur à la tribune, dit à la Chambre émue : « Vo- « yez-vous accourir , de toutes les extrémités de la « France, les ennemis du gouvernement ? Ce n'est ni « par cent, ni par mille qu'il faudra les compter, c'est « par centaines de mille. Avez-vous vu, lors du juge- « ment des ministres, Paris tout entier sous les armes ? « Eh bien, vous n'avez rien vu. Vous avez vu les dé- « sordres de Lyon, vous n'avez rien vu. Vous avez vu « les scènes du mois de juin, vous n'avez rien vu. »

On n'accorda donc pas à Madame la duchesse de Berry les juges qu'elle demandait ; sa captivité se prolongea et devint plus étroite, jusqu'à ce que le gouvernement eût trouvé un autre dénoûment pour y mettre un terme. M. de Brissac et Mme la comtesse d'Hautefort étaient venus remplacer à Blaye, auprès de MADAME , M. de Mesnard et Melle de Kersabiec, chargés par la princesse d'avertir M. Hennequin que, si on lui donnait les juges qu'elle réclamait, elle comptait sur l'illustre avocat pour la défendre. Le courage de Marie-Caroline, si ferme devant le péril, devait finir par succomber devant la captivité ; elle ne trouvait de consolation que dans la prière. Il y avait un psaume qu'elle répétait chaque matin avec une grande dévotion, c'était le psaume 139e, qui commence ainsi : « Arrachez-moi, Seigneur, au pouvoir du méchant, délivrez-moi de l'homme inique », et qui finit par ces mots : « Je sais que le Seigneur prendra en main la cause de l'opprimé. » Ce qui la jetait dans le désespoir, c'était de ne pas voir de terme à cette captivité forcée qui, venant s'ajouter à la captivité volontaire qu'elle s'était imposée dans la maison de Mlles du Guiny, la tenait depuis tant de mois dans une immobilité contraire à sa nature. Les journées de Blaye étaient longues et pesantes. L'âme de MADAME, ployée par la captivité, tombait dans la mélancolie.

Des vexations de toute sorte et un espionnage incessant vinrent encore irriter son impatience. Il semblait qu'on se fît une étude de la réduire au désespoir, et le nouveau gouverneur de la citadelle de Blaye, M. Bugeaud, qu'on avait envoyé pour remplir une mission spéciale, plutôt au niveau d'un grand dévouement dynastique qu'à la hauteur d'un sentiment élevé de l'honneur militaire, donnait toute licence aux hommes de police que M. de Chousserie avait retenus dans les justes bornes.

C'est que le gouvernement, qui avait appris par ces

derniers qu'il avait plu à Madame la duchesse de Berry, pendant qu'elle était au dehors, de modifier gravement, non sa position politique, mais sa situation privée, car les mariages morganatiques n'ont aucune influence sur la position officielle des princes, le gouvernement avait résolu d'abuser de cette découverte et de contraindre la duchesse de Berry à déclarer publiquement un mariage secret. Que des obsessions et des persécutions de tous genres aient été employées pour ce résultat, c'est ce dont il n'est pas permis de douter, car il existe des lettres où la prisonnière déclare que « des vexations, l'ordre positif de la laisser seule avec des espions, l'ont contrainte à faire une déclaration qui la fait mourir ». N'est-ce pas Marie Stuart disant dans le château de Lochleven, pendant qu'une main de fer s'appuyait sur son bras : « Milord, je signerai ces actes avec la liberté qu'on me laisse ici. » La duchesse de Berry signa donc la déclaration du 22 février 1833, et le gouvernement, au lieu de la réserver seulement comme une arme contre la princesse, si elle tentait quelque chose de nouveau, ce qui était la plus grande concession qu'on pût faire à la politique, arracha cette pièce au secret des archives domestiques, pour la faire insérer publiquement au *Moniteur*.

La moralité de ce procédé fut appréciée par toutes les opinions avec la même sévérité, et l'honneur français protesta par la voix de tous les partis contre cet oubli des liens du sang et contre cette publicité étrange donnée aux circonstances les plus intimes de la vie privée. Madame la duchesse de Berry ne résista qu'avec peine à ce coup, qu'elle n'avait pas attendu. Toute sa correspondance à cette époque peint les angoisses d'un cœur brisé. Chaque fois que son affliction devenait trop vive, ses compagnons de captivité ramenaient sa pensée sur Henri de France et sur MADEMOISELLE. « Que font-ils à présent ? » disait-elle un matin. « Quoique libres, ils sont aussi malheureux « que moi. Je ne crains rien, parce que mes enfants « sont en sûreté. »

La captivité de la princesse se prolongea pendant quelques mois encore ; elle ne recouvra la liberté que le 8 juin 1833. On l'avait détenue sans jugement ; ce fut sans jugement aussi qu'on ouvrit les portes de sa prison ; et quand un membre de la Chambre interpella le ministère sur cette violation des lois, M. Thiers se leva, et après avoir déclaré que « l'arrestation, la détention, la mise en liberté, tout avait été illégal », il invoqua la doctrine de la nécessité ; un ordre du jour lui donna raison.

Pendant que le nom de MADAME retentissait ainsi encore une fois au milieu des orages parlementaires, le vaisseau qui emportait Marie-Caroline vers Palerme, où s'étaient écoulées les premières années de sa vie, s'éloignait déjà des rivages de France. Le 7 juin elle écrivait ses adieux à la France : « Je re« mercie les Français, disait-elle dans cette pièce, des « nombreux témoignages qu'ils m'ont donnés, mon « cœur n'en perdra jamais le souvenir. Je prie tous « ceux qu'on a persécutés à cause de mon fils ou de « moi, ceux qui m'avaient offert des conseils dont on « m'a privée malgré ma triste situation, et ceux qui « ont réclamé au nom de la France et au mien contre

« la séquestration et les souffrances morales qui « étouffaient jusqu'à mes plaintes, de recevoir l'assu- « rance que je n'oublierai jamais leur affection ni les « peines qu'ils ont endurées. Quel que soit l'avenir « que la Providence réserve à mon fils, aimer la « France, consacrer à réparer ses malheurs ses soins « et sa vie, désirer qu'elle soit heureuse, s'il n'était « pas chargé lui-même de faire son bonheur, tels se- « ront, dans tous les temps, ses sentiments et ses « vœux, tels seront toujours aussi les miens. »

Le 8 juin 1833, MADAME s'embarquait sur le bateau à vapeur le *Bordelais,* et elle trouvait à bord le marquis et la marquise de Dampierre avec leur fille, le marquis de Barbançois, le vicomte de Mesnard, le comte Louis de Calvimont, et quelques autres personnes dont M. Bugeaud avait autorisé l'admission, et qui conduisirent la princesse jusqu'à l'*Agathe*. Des barques montées par des royalistes bordelais entourèrent le bateau à vapeur et le suivirent quelque temps. Au moment où l'on allait accoster l'*Agathe,* quelqu'un dit à la princesse qu'elle devait quitter avec plaisir des lieux où elle avait tant souffert. Elle répondit : « La citadelle, oui ! mais la France, non. »

M. le prince et Mme la princesse de Beauffremont, M. le vicomte de Mesnard pour l'accompagner, M. l'abbé Sabattier comme aumônier, M. Mesniel comme médecin, madame Hansler et Mlle Lebeschu pour le service, étaient les seules personnes qui eussent été autorisées à s'embarquer sur l'*Agathe* avec MADAME. Il faut nommer à part M. Bugeaud, qui s'était donné l'étrange mission de reconduire sa prisonnière jusqu'à Palerme, fantaisie qui lui réussit peu, car tout l'équipage, officiers comme matelots, ne prit pas beaucoup de peine pour cacher les sentiments que sa conduite inspirait. Quant à la princesse, qui renaissait à la vie en renaissant à la liberté, elle tira une vengeance bien indulgente des torts de M. Bugeaud envers elle: un jour que le gouverneur de Blaye, sans avoir l'air de s'adresser à la princesse, développait le plan d'un voyage qu'il avait l'intention de faire en Sicile, il s'interrompit tout à coup, en faisant observer qu'on racontait de terribles choses sur le peu de sûreté des routes. Cette observation était présentée sous la forme d'une question. Personne n'y répondait ; ce que voyant, Mme la duchesse de Berry, qui travaillait avec Mme la princesse de Beauffremont sur l'arrière, releva sa tête baissée sur un ouvrage en tapisserie, et, du ton le plus sérieux : « La police des routes est parfaite-« ment faite en Sicile, répondit-elle ; mais je ne con-« seillerai pas à quelqu'un qui se serait conduit de « manière à craindre une vengeance particulière, de « mettre le pied à Palerme. La vie d'un homme y « tient à rien, et, moyennant un ducat, on est sûr de « ne plus entendre parler de celui dont on veut se « débarrasser. » Le coup avait porté ; le lendemain, un des officiers abordait la princesse en lui disant : « Ah ! Madame, qu'avez-vous fait ? le général Bugeaud a pris votre plaisanterie tellement au sérieux, qu'il renonce au voyage de Sicile. » Bientôt après, on était en vue de Palerme, où une réception royale attendait Mme la duchesse de Berry, que l'*Agathe* salua de vingt-trois coups de canon, lorsqu'elle eut quitté son bord.

Ainsi se terminait l'entreprise commencée par MADAME en 1832. Pour la juger au point de vue des principes, il faut se rappeler ce que disait M. Thiers des princes qui ne craignent point de chouaner et de coucher sur la dure, comme Charles II, ou qui sortent comme Gustave Wasa des mines de la Dalécarlie pour aller régner. Pour la juger au point de vue politique, il faut se rappeler l'exposé de la situation de la France présenté par M. de Salvandy. Pour la juger au point de vue militaire, il faut lire cette phrase du général Dermoncourt : « Si Marie-Louise lui eût ressemblé, nous n'aurions pas eu les Cosaques à Paris. Si Marie-Caroline avait pu seulement rassembler cinq ou six mille hommes, et quarante jours plus tôt cela était très-possible, ses amis et ses ennemis qui hésitaient se fussent décidés, et peut-être ne dirait-on pas aujourd'hui que son entreprise était une folie. »

Ajoutons que, quand bien même Marie-Caroline eût réussi, la question n'eût pas été encore décidée. Une restauration n'est pas une œuvre si facile qu'elle puisse s'établir d'une manière solide par un coup de main. Il fallait savoir si les circonstances qui avaient produit la révolution avaient tellement changé, si le désenchantement était assez grand, le mécontentement des intérêts assez vif, le discrédit des hommes et des idées qui avaient triomphé assez éclatant, et les préventions soulevées contre les hommes et les idées monarchiques assez complétement détruites, pour qu'il y eût place pour une restauration ; ce qui est plus que douteux. Dans ces sortes de situations, c'est peu de vaincre le péril de la journée, si l'on n'est pas en position de résoudre les problèmes du lendemain. Mais, de même qu'un succès militaire de la duchesse de Berry n'eût pas tranché la question politique, l'échec qu'elle éprouva n'empêcha pas que son entreprise eût un résultat moral. Les adversaires mêmes de la princesse reconnurent que le sang héroïque de Henri IV n'avait pu se refroidir en passant par ses veines, et ils durent admettre que son entreprise, malgré son peu de succès, avait eu au moins l'effet de faire taire ces accusations de pusillanimité qui s'étaient élevées contre les royalistes, après le triomphe si rapide de la révolution sur la monarchie. On put empêcher les combattants du Chêne et de la Pénissière de vaincre, on ne put les empêcher de mourir; or, c'est quelque chose, dans un pays, qu'une opinion pour laquelle on meurt. Disons-le, tout en déplorant la plus triste des guerres, la guerre civile, l'opinion royaliste, en sortant de cette épreuve toute couverte du sang de Cathelineau, d'Hanache, Trégomain, Bonrecueil, Tascher, Bonnechose, n'entendit plus reproduire les insultes qui avaient suivi la défaite des trois jours.

LES BOURBONS EN ALLEMAGNE

LES BOURBONS A PRAGUE

1832-1834.

Au moment où l'on arrêtait MADAME, duchesse de Berry, à Nantes, Henri de France, conduit par le vieux roi Charles X, et MADEMOISELLE, conduite par M. le duc et Mme la duchesse d'Angoulême, étaient arrivés en Autriche [1].

Tous les souverains dont la famille exilée avait traversé les États s'étaient inclinés devant cette auguste infortune, et les plus grands respects lui avaient été rendus. On peut jalouser en Europe la primauté d'honneur de la maison de France; mais la présence de ces aînés de la grande famille des rois fait taire ces sentiments, et ne laisse place qu'à un respectueux intérêt. La haute résignation du vieux monarque et de son fils, les douloureuses émotions de Mme la Dauphine, écrites sur sa noble figure, quand elle entra à Vienne dans ces mêmes appartements qu'elle avait habités trente-trois ans auparavant, lorsqu'au sortir du Tem-

[1] Mme la Dauphine arriva à Vienne le 8 octobre 1832.

ple elle était venue, deux fois orpheline, chercher un asile auprès de la famille de sa mère ; la grâce animée et touchante de MADEMOISELLE ; la vivacité de Henri de Bourbon, son intelligence précoce et son goût pour les études militaires, tout contribuait à augmenter l'intérêt qui s'attache naturellement aux princes proscrits et malheureux. Les vicissitudes qui ont promené la destinée des Bourbons d'épreuve en épreuve leur ont fait gagner une grande et belle science, la science du malheur ; nul ne porte plus haut l'adversité, et l'on dirait qu'ils se sont fait comme une nouvelle majesté de leurs infortunes.

Après quelques hésitations sur le lieu où la famille royale fixerait son séjour, le roi Charles X, qui avait eu un moment la pensée de louer le château d'Austerlitz, propriété du prince de Kaunitz, finit par accepter le château de Prague, que l'empereur s'était hâté de mettre à sa disposition, en attendant qu'il trouvât une résidence particulière. Le roi partit le premier pour Prague, et laissa à Vienne Mme la Dauphine, qui, le jour de l'anniversaire du 16 octobre, pria pour sa mère, la reine-martyre, dans la même tribune où Marie-Antoinette, alors archiduchesse d'Autriche, avait prié. Le 25 octobre 1832, le roi arrivait à Prague et y trouvait le duc de Fitz-James, qui l'y avait précédé, et qui était venu lui apporter l'hommage d'un pieux dévouement et de sa respectueuse tendresse, qui remontait aux jours de la première émigration. Le 27, Mme la Dauphine entrait dans la même ville ; ainsi, au mois de novembre 1832, la famille royale tout entière était établie à Prague.

« C'est de la place du Hradshin, dit un des voyageurs de 1833 [1], qu'il faut contempler la ville de Prague: les dômes et les clochers des églises, la vieille ville avec ses tourelles élancées, le pont et ses trente-deux statues, les îles verdoyantes qui se baignent dans la Moldau, le Laurenzberg entouré de remparts crénelés, tout cela forme un admirable panorama. J'ai vu Naples, Édimbourg et Messine, et je n'hésite point à dire que Prague est un des lieux les plus pittoresques et les plus poétiques qu'il y ait au monde. » Prague, qui eut deux fondateurs (car à la vieille ville, fondée en 759, Charles II ajouta la ville neuve en 1348), est une cité grande encore dans le présent, après avoir été plus grande dans l'histoire. Elle compte cent vingt-cinq mille habitants. On y trouve de vastes ressources pour l'étude, une université fameuse, qui, quoiqu'un peu déchue de son ancienne splendeur, réunit beaucoup d'étudiants encore; des bibliothèques, les belles galeries de tableaux des palais Nosttz et Kinski, une école d'artillerie, l'observatoire de Ticho-Brahé; sous les murailles de la ville, les souvenirs des campements du grand Frédéric et d'un mémorable siége soutenu par les Français.

Ce n'est point par une vaine curiosité pour les notions statistiques que nous rappelons ces détails; c'est une opinion commune que les lieux où s'écoulent nos premières années exercent sur notre caractère et sur notre intelligence une influence réelle, et cette opinion ne manque pas de justesse quand on ne l'exagère pas jusqu'à prêter à l'influence des lieux un carac-

---

[1] Le vicomte de Nugent.

tère de fatalité impérieuse. Il y a tant de vérité dans cette remarque sur l'influence des lieux, qu'on voit souvent les hommes les plus éminents s'éprendre d'une véritable tendresse pour la beauté muette et inanimée d'un paysage; et c'est ainsi qu'il y avait, non loin de Cologne, un lac que l'empereur Charlemagne ne pouvait regarder sans pleurer. Il n'est donc pas sans intérêt de faire connaître les lieux où s'écoulèrent, pour l'enfance de Henri de Bourbon, les premières années de l'exil.

Prague est une ville de luttes et de guerres; c'est là que commencèrent les terribles guerres des hussites qui désolèrent, pendant dix-sept ans, la Bohême et la plus grande partie de l'Allemagne, à la suite de la mort de Jean Huss, brûlé en 1417, après le concile de Constance. Dans la guerre de trente ans, cette ville joua encore un grand rôle, et dans la guerre de succession (1742), notre Chevert s'y illustra en soutenant, pour les intérêts de l'empereur Charles III, notre allié, un siége demeuré célèbre dans les fastes de la guerre. Dans la guerre de sept ans, il y eut une bataille sous les murs de cette ville entre les Autrichiens et les Prussiens, qui la bombardèrent sans pouvoir la prendre. Prague est demeurée debout comme un vieux soldat couvert de nobles cicatrices; ses murailles si souvent assiégées portent la trace des boulets; la cathédrale elle-même, située dans une des vastes cours du palais, aussi vastes que des places publiques, a été endommagée par le dernier bombardement, et l'on montre les autels où les prêtres ont été atteints par les projectiles pendant qu'ils célébraient les saints mystères.

Une des merveilles de Prague, c'est le pont célèbre qui étend, comme de grands bras, ses seize arches sur les eaux de la Moldau, et rapproche deux rives éloignées l'une de l'autre de plus de dix-sept cents pieds [1]. C'est du haut de ce pont que saint Jean Népomucène, le patron de la Bohême, fut précipité dans le fleuve et périt martyr du secret de la confession, pour n'avoir pas voulu révéler à l'empereur Wenceslas, qui avait des doutes sur la fidélité de l'impératrice Jeanne, les aveux que le saint prêtre n'avait reçus que sous le sceau du sacrement. Une plaque de marbre indique la place où le pied du serviteur de Dieu a, pour la dernière fois, touché la terre, et chaque passant se signe en arrivant à cet endroit, consacré par la dernière empreinte du martyr. Des deux côtés du pont, théâtre de cet acte d'héroïsme chrétien, s'élèvent deux rangées de statues: c'est le calvaire avec le Christ, ce sont des groupes d'anges et d'archanges, ce sont de saints évêques et des religieux, Népomucène en tête, qui étendent leurs mains sur le front des passants, et semblent appeler sur eux les bénédictions d'en haut, comme pour indiquer que là où un homme souffre pour la cause de la vérité et de la justice, le ciel descend tout entier. Au calvaire du pont de Prague se rattache un souvenir: dans une émotion populaire, les Juifs, qui étaient nombreux à Prague, arrachèrent la croix et la jetèrent dans le fleuve. A la suite de cette profanation, ils furent

---

[1] Nous empruntons une partie de ces détails au *Voyage à Prague et à Léoben* de M. le vicomte Walsh.

bannis de la ville, et n'y rentrèrent, de longue années après, que sous la condition de faire sculpter une nouvelle croix par un habile artiste, et de remplacer la couronne d'épine et les clous de fer par une couronne d'or et des clous de même métal. Il semblait qu'on forçât ainsi les Juifs à immoler l'or, leur idole, au vrai Dieu.

On montre aussi à Prague deux vieilles tours historiques : Daleborka ou la tour blanche, Mitrulka ou la tour noire. La première était la prison réservée aux grands personnages ; ceux qui entraient dans la seconde laissaient l'espoir à la porte, car ils étaient condamnés à y mourir de faim. Cependant un prisonnier échappa à la loi commune. Au bout de deux mois, il vivait encore, nourri par l'ingénieuse tendresse de sa femme, devenue un archer assez habile pour envoyer, chaque nuit, plusieurs flèches, auxquelles étaient attachées autant de bouchées de nourriture, droit à l'étroite lucarne indiquée par la lampe que le prisonnier faisait briller à l'entrée de cette ouverture. Ainsi des instruments de mort lui apportaient la vie ! Le plus beau livre écrit de la main de l'homme, puisque l'Évangile ne l'est pas, l'*Imitation*, ne l'a pas dit en vain : « Rien n'est impossible à l'amour. » Il traverse les espaces, il soulève les montagnes, il change les pierres en aliments, il est plus fort que la mort.

Les Bourbons exilés occupèrent à Prague le royal palais du Hradschin, qui fut restauré et fini par Marie-Thérèse, sur un dessin de Barrosty. Ainsi, à Prague, Mme la Dauphine était, pour ainsi dire, chez son illustre aïeule, la grande Marie-Thérèse. Pendant l'été, la famille royale habitait Buschtirhad, triste et solitaire résidence située dans un pays morne et désolé, à cinq heures à peu près de Prague. Le noble palais du Hradschin est le géant des résidences royales; on n'y compte pas moins de quatre cents appartements; il est assis sur les hauteurs de la ville comme un roi sur un trône, et domine Prague tout entier, qui s'étend par étages, semblables à autant de degrés qui conduisent au Hradschin.

Il n'y avait pas un an encore que la famille royale était établie dans cette résidence et quelques mois à peine que Madame la duchesse de Berry avait recouvré sa liberté, lorsque la solitude de Hradschin fut tout à coup peuplée par une nombreuse affluence de Français, accourus pour saluer le petit-fils de Louis XIV, le jour où il entrait dans sa treizième année. On comprend qu'il y avait dans cette sollicitude une pensée politique. La majorité des rois de France était fixée, par les anciennes lois de la monarchie, à leur treizième année: ce fut le souvenir de cette loi qui décida plusieurs centaines de Français à venir à la fois, à cinq cents lieues de leur pays, visiter l'exil de la branche aînée des Bourbons. Sans doute, dans cette manifestation, il y avait quelque chose d'hostile à la dynastie nouvelle; mais ce sont de ces hostilités inévitables qu'on ne peut prévenir sans sortir des termes de la loi, parce qu'ici la pensée politique agit à l'abri d'un droit commun et général. Il y a, pour un gouvernement, deux positions: une position de violence et d'arbitraire dans laquelle il empêche tout ce qui lui déplaît, mais cette position n'est pas sûre, parce qu'elle amène des représailles, et d'ailleurs on n'est pas toujours maître de la prendre; une position déterminée par des règles tracées d'avance, et dans laquelle le gouvernement est obligé de tolérer les attaques qui ne sortent point des termes d'une espèce de gymnastique légale, et les hostilités qui prennent une forme régulière, position moins agréable, mais cependant plus sûre. C'était celle qui, par la force des choses, était imposée au nouveau pouvoir.

Il fit ce qu'il put dans ces limites pour entraver la manifestation qui allait avoir lieu; il sortit même des limites qui lui étaient tracées, pour susciter des tracasseries de tout genre aux voyageurs; il obtint du gouvernement autrichien qu'un assez grand nombre d'entre eux fussent ramenés aux frontières. Ainsi à Francfort, à Munich, les chargés d'affaires du Palais-Royal refusèrent les visas nécessaires; à Pilsen et à Wall-München, il y en eut aussi de retenus, comme aussi à Mayence et à Égra. Mais le gouvernement de Juillet ne fit rien au delà; s'il diminua le nombre des voyageurs, il ne put empêcher le voyage: c'était un acte de malveillance, un fait désagréable pour le pouvoir, mais après tout ce n'était pas une conspiration, et il aurait fallu découvrir les caractères d'une conspiration pour motiver les rigueurs de la loi. Dans plusieurs provinces, les royalistes s'étaient réunis pour choisir quelques-uns d'entre eux, chargés de faire, au nom de tous, un voyage que tous ne pouvaient pas faire à cause de sa longueur et des grandes dépenses qu'il entraînait. Partout où l'on put saisir la trace d'une délibération, on verbalisa, on fit des visites domiciliaires, et l'on cita les délinquants à comparaître en justice. C'est ainsi qu'en Anjou MM. Auguste Myonnet, négociant, Burolleau, avocat, Alfred Hébert, Henri de Maquillé et Louis de Quatrebarbes, qui avaient réuni les suffrages et qui s'étaient adjoint M. Pineault, vieux débris des anciennes guerres de l'Ouest et compagnon d'armes de Charette et de Henri de la Rochejaquelein, décoré de neuf blessures, ne purent parvenir que jusqu'à Strasbourg, où on les arrêta comme conspirateurs; ce qui donna le moyen de les traîner, à travers tous les degrés de juridiction et les lenteurs de la procédure, jusqu'à ce qu'on ne fût plus en temps utile pour arriver à Prague.

En Allemagne, les voyageurs devaient encore éprouver quelques désagréments, résultats de la complication des positions et plus encore des malentendus qu'il était assez difficile d'éviter. C'était, en général, la portion la plus vive et la plus enthousiaste de l'opinion royaliste, qui avait fait le voyage de Prague, conçu à la chaleur des émotions que les événements de 1832 avaient laissées dans les âmes. Dans cette brillante jeunesse, les têtes étaient ardentes, et l'on appréhendait quelque coup d'éclat de leur part, à la manière des cavaliers, leurs prédécesseurs en fidélité, mais aussi, du moins on le croyait, en vivacité politique. Il faut indiquer d'une manière nette et précise la cause de ces craintes. Le roi Charles X et son fils Louis-Antoine avaient abdiqué à Rambouillet, sans esprit de retour, et ils ne songeaient point à retirer cette abdication ; seulement voulaient-ils, d'abord pour maintenir l'irresponsabilité morale de Henri de France, ensuite pour rendre les rapports de l'exil avec les cabinets plus aisés, conserver, sur la terre étrangère, un titre qui leur semblait inséparable de celui de chefs de la famille de Bourbon. C'était une royauté de l'exil qui renonçait d'avance à toutes les chances que pouvait contenir l'avenir, et qui abandonnait volontiers ces chances à l'enfant royal couronné de toutes les espérances comme de toutes les tendresses de son aïeul et de son oncle. Soit que cette position n'eût pas été assez clairement expliquée, soit qu'elle n'eût pas été bien comprise, on craignait à Prague que les jeunes Français venus pour saluer Henri de France, le jour où il entrait dans sa treizième année, n'entreprissent de changer, par leurs démonstrations, ces arrangements particuliers de l'exil. De leur côté, un assez grand nombre de ces jeunes hommes, dont plusieurs avaient pris une part active aux événements de 1832, — il y avait parmi les visiteurs de Prague des Vendéens dont les blessures n'étaient pas fermées, et jusqu'à huit contumaces qui avaient dérobé par la fuite leurs têtes à un arrêt de mort, — un assez grand nombre voyaient avec une certaine défiance la manière dont étaient distribués les rôles politiques dans l'exil, et supposaient, aux arrangements qu'on avait pris, de tout autres motifs que les motifs réels. Il leur semblait qu'on voulait revenir sur des faits accomplis et que les tombes, ouvertes naguère dans le Bocage, rendaient plus incontestables encore, car on ne pouvait plus changer le cri qu'on avait placé sur les lèvres des combattants du Chêne et de la Pénissière, et il y avait, en faveur du nom répété alors par toutes les bouches, quelque chose d'irrévocable comme la mort. Au fond de ces craintes mutuelles, il y avait, on le voit, un malentendu ; ce malentendu suffit pour jeter, dans les premiers instants, de la froideur entre quelques-uns des serviteurs les plus éminents de l'exil et les jeunes Français qui étaient venus de si loin pour saluer Henri de France le jour où il entrait dans sa treizième année. Quelques-uns des voyageurs trouvèrent même moins de facilités dans leur voyage, qu'ils n'en auraient trouvées sans cette circonstance.

Cependant le voyage de Prague triompha de toutes ces difficultés et de tous ces obstacles. Ils avaient tant d'élan et tant de vivacité française, les jeunes pèlerins qui traversaient, de toute la vitesse de leurs chevaux de poste, Francfort, Mayence, Carlsbad, en se dirigeant vers la capitale de la Bohême ! Ce n'était point pour eux que le mot *impossible,* rayé de notre dictionnaire, pouvait redevenir français. Ils allaient, ils allaient, échappant, la plupart par la rapidité de leur course, aux obstacles semés sur leur route, échauffant la froideur germanique par la chaleur française, communiquant quelques étincelles de la flamme de leur enthousiasme aux indifférents eux-mêmes. Vifs, spirituels, généreux, ils parlaient si bien de leur amour pour celui qu'ils allaient chercher au fond de la Bohême ; ils étaient si intéressants, quand ils racontaient les derniers événements de la Vendée, au milieu desquels bon nombre d'entre eux avaient joué un rôle attesté par des blessures reçues par devant, et il y avait quelque chose de si poétique et de si chevaleresque d'ailleurs dans ce sentiment de fidélité qui amenait de si loin un si grand nombre de représentants des premières familles de France aux pieds de l'exil et du malheur! C'était la poésie qui passait, la poésie, si rare dans cette époque de prosaïsme et de calcul; et l'Allemagne, qui aime les poètes, se mettait partout aux fenêtres pour voir passer cette poésie. Bien souvent on interrogeait les voyageurs sur celui qu'ils allaient voir, et sur cette Vendée qu'ils venaient de quitter, et, à leurs récits, l'enthousiasme, ce sentiment électrique, rejaillissait de leur cœur dans le cœur de ceux qui les écoutaient. Plus d'une fois même on vit l'hôtesse commander à ses filles, blondes et douces créatures aux yeux bleus, d'apporter elles-mêmes, sur la nappe bien blanche, une bouteille de vin du Rhin prise dans le caveau réservé, avec quelques-uns de ces gâteaux que les Allemands appellent *farinage,* afin de porter la santé si chère aux jeunes voyageurs, et souvent les fronts se découvraient au bruit de ce nom si court et qui contient tant de choses: la Vendée [1]! C'est là la destinée des nations qui agissent, au milieu des nations immobiles, et particulièrement la destinée de la France au milieu de l'Europe: elle fournit un aliment aux sentiments et aux idées; car elle est comme la scène du vaste théâtre des choses humaines: c'est donc vers elle que se tournent les cœurs pour sentir, les yeux pour voir, et les oreilles pour écouter.

---

[1] Voir le *Voyage à Prague et à Léoben,* par M. le vicomte Walsh.

Dire les émotions de ces jeunes hommes quand ils approchèrent du vieux roi Charles X, rendu plus vénérable par son malheur, de Mme la Dauphine, qui, du haut de tous les souvenirs de sa vie si exercée par l'adversité et si remplie de vertu, leur apparaissait comme une sainte, est chose difficile. Ceux qui avaient eu le bonheur d'être reçus en audience particulière par le vieux monarque, racontaient à leurs compagnons leur bonheur et aussi leurs émotions douloureuses, car ils avaient remarqué que la tête de Charles X, naguère encore si droite, s'était penchée sous le poids de trois années d'exil. Et puis, la comparaison de la simplicité, presque du dénûment du château de Buschtirhad, avec les magnificences des Tuileries, les ronces et les épines qui croissaient sur les avenues de cette demeure, comme l'oubli et l'ingratitude sous le pas des bannis, le silence profond, la morne solitude qui environnaient cette résidence et l'aspect désolé d'un paysage qui attristait encore la pensée, déjà grave et solennelle, de ceux qui allaient visiter ces majestés tombées, il y avait dans cet ensemble quelque chose qui serrait le cœur.

On sortait de chez le vieux roi ému et pensif, comme lorsqu'on vient de visiter une noble et grande ruine; mais on se sentait renaître à la vie et à l'espoir auprès de MADEMOISELLE, dont Mme la duchesse de Gontaut continuait avec un grand succès l'éducation. Elle était si charmante et si vive, la petite princesse, comme l'appelaient les pèlerins de Prague ; elle avait l'esprit et le cœur si ouverts, la parole si française, ses quatorze ans rayonnaient de tant de grâces et de tant d'intelligence, elle savait si bien faire les honneurs de l'exil, si bien parler de sa mère, dont elle redisait le courage, de son frère qu'elle aimait d'une amitié si tendre et dont elle exprimait les sentiments avec tant de chaleur et d'à-propos; elle était si déterminée à plaire à tous ces Français venus de si loin, qu'elle plaisait à tous. Elle savait d'un mot calmer un mécontentement prêt à naître, fermer une de ces blessures de cœur qui font tant de mal, car le dévouement et la fidélité ont leurs susceptibilités comme tous les amours; elle avait le secret de ces riens charmants qui sont sans prix pour ceux qui ont gardé au fond de leur âme le vieil amour des Français pour les princes de la maison de Bourbon, comme on garde un trésor héréditaire; de ces prévenances qui partent du cœur et qui vont au cœur. C'était son goûter, gaiement partagé avec un des voyageurs qui, attendant depuis longtemps son tour d'audience à Buschtirhad, n'avait pas mangé depuis le matin [1]; c'était sa promenade contremandée quand elle avait chez elle quelques Français, ou l'ordre donné d'arrêter sa voiture quand elle apercevait des Français sous cette longue avenue de pommiers, sorte d'avenue normande transplantée en Allemagne, et qui conduisait de Prague à Buschtirhad, et une demi-heure de familière causerie dans un des champs qui bordent la route; c'étaient les noms de ceux qui avaient souffert pour la cause royaliste, répétés avec cet accent qui paye mieux les services que toutes les récompen-

---

[1] Le vicomte Édouard Walsh.

ses, parce qu'en France, dans ce pays de noble désintéressement, on aime mieux être apprécié que rémunéré, et que c'est avec une monnaie d'honneur, qui passe avant les métaux les plus précieux, que nos rois ont fait faire toutes ces grandes actions dont nos histoires sont remplies.

Lorsque les jeunes Français réunis à Prague se rencontraient le soir à celle des hôtelleries de la ville qu'ils avaient décorée du nom de *Café de Paris,* ou au glacier le plus en vogue qu'ils appelaient Tortoni, car il faut que les Français retrouvent partout la France, chacun avait quelque histoire à raconter de MADEMOISELLE, et le nom de Louise de France était doux à toutes les oreilles et à tous les cœurs. Avec tant de grâces, un esprit si vif, elle avait les vertus aumônières de sa race, et elle mettait dans l'exercice de ces vertus quelque chose du caractère prompt et prime-sautier qu'elle tenait de sa mère.

« Savez-vous ce qui lui est arrivé, peu de temps « avant notre arrivée, à notre charmante petite prin« cesse ? Dans une de ses promenades du matin avec « Mlle Le Vachon, elle rencontra un assez grand nom« bre de paysans qui entouraient un brancard. — « Qu'y a-t-il donc ? — Une vieille et respectable « femme, la centenaire de la contrée, qui vient de se « casser la jambe. Ainsi disent ceux qui l'entourent, « et leurs fronts se découvrent, et leurs rangs s'ou« vrent pour laisser arriver le beau et royal prin« temps, venu du tant beau pays de France, vers la « pauvre infirme chargée du poids de cent sept hivers. « De consolantes paroles murmurées en allemand par

« cet ange à demi penché tombent, comme une douce « rosée, sur le cœur de celle qui souffre, et puis « Louise de France s'envole, légère comme les abeil- « les, en criant : « M. Bougon ! M. Bougon ! » Allez « où Louise de France vous appelle, M. Bougon, fidèle « serviteur, qui, depuis la nuit du 13 février, êtes « attaché à nos Bourbons par des liens indissolubles ; « là où cette douce voix vous mande, il y a du bien à « faire, et quand cette blanche main levée vous fait « signe de loin, c'est qu'il y a une douleur à soula- « ger, une blessure à guérir. Pendant que M. Bougon « court aussi vite qu'il peut courir, Louise de France « court aussi. Ce n'est pas tout que les soins d'un « médecin, il faut un lit à la centenaire. MADEMOI- « SELLE n'est pas embarrassée pour si peu ; elle court « à son lit, en ôte un matelas et, tout en courant, elle « met de moitié dans sa bonne action son frère, qui « apporte aussi son matelas pour que le lit soit com- « plet. Ainsi faisait saint Martin, quand il partageait « son manteau avec ce pauvre sous les traits duquel « Jésus-Christ lui-même s'était présenté à lui. Comme « les voilà heureux, les deux enfants ! Les voyez-vous « tout rouges de fatigue, mais plus encore de bon- « heur, porter leur fardeau à la centenaire ? Et le « vieux roi Charles X, qui, d'une fenêtre du château, « voit tout ce remue-ménage, demande en souriant « quelle nouvelle idée a passé par la tête de ses en- « fants ; et quand on lui a redit cette touchante aven- « ture, deux larmes, mais des larmes bien douces, qui « emportent avec elles toute l'amertume des larmes « de l'exil, tombent de ses yeux, et le roi très-chré-

« tien remercie Dieu, dans son âme, de ce que les « vertus de saint Louis tiennent mieux au cœur de « ses héritiers que la couronne de saint Louis sur « leur tête ; il bénit Henri et Louise, et il croit bénir « la France en souhaitant que l'avenir réalise les « souhaits qu'il exprimait dans ses adieux à la « garde royale, à la fin du triste voyage de Ram-« bouillet. »

Tels étaient les récits que l'on faisait le soir, autour du punch à la flamme pétillante, qui dardait ses rayons en reflets bleuâtres sur les nobles et vives figures des jeunes Français, essuyant furtivement une larme qui coulait à l'idée de celle qu'avait versée le vieux roi. Puis on racontait les histoires qu'on avait entendu redire, ou les traits dont on avait été témoin, et qui pouvaient faire espérer que Henri, une fois homme, aurait les qualités qu'on souhaitait le plus trouver en lui. Il n'aimait pas la flatterie ; car un des jeunes voyageurs, appelé à jouer au billard avec lui, commettant des maladresses calculées et s'arrangeant pour perdre, Henri avait interrompu tout à coup la partie, en disant : « Je ne joue pas avec les flatteurs. » Un jour, en voyant passer un régiment de hussards à la suite des funérailles du prince de Lichtenstein, gouverneur militaire de la Bohême, il s'était écrié : « Regardez donc leur uniforme, comme il ressemble aux uniformes français ! Oh ! si c'étaient des Français, je sauterais par la fenêtre pour aller plus vite à eux. »

Je vous laisse à penser si l'on ménageait, à la suite de ces récits, les toasts, et si le nom de Louise et celui de Henri de France étaient répétés par toutes les bouches, et retentissaient au fond de tous ces jeunes cœurs. L'émotion, l'attendrissement, le dévouement, l'amour, la joie, l'admiration, rendaient tous les orateurs éloquents, l'enthousiasme était inépuisable et coulait à pleins bords comme le punch; on eût dit voir un de ces joyeux banquets où les cavaliers buvaient, du temps de Cromwell, au jeune homme de l'autre côté de l'eau. C'étaient des exclamations, des cris interrompus, des frémissements; les paroles ne s'attendaient pas et jaillissaient ensemble au cliquetis des verres et au choc électrique des sentiments et des idées, et l'enthousiasme, auquel chaque nouveau récit fournissait un aliment, se rallumait comme le liquide enflammé qui jette de plus vifs rayons à mesure qu'on verse le rhum qui nourrit la flamme. Maintenant, pour compléter ce tableau, figurez-vous en face de cette réunion vraiment française, quelques Allemands graves et silencieux, attardés auprès de leurs pots de bière, et suivant méthodiquement du regard la fumée de leurs pipes s'élevant lentement dans les airs. La bière en face du punch, c'était bien l'Allemagne en face de la France!

Cette vive et brillante jeunesse, qui se plaignait déjà de ce que l'inflexible ponctualité qui, distribuant toutes les heures de la journée de Henri de France entre les diverses études dont se composait le cours d'éducation qu'il suivait, ne lui laissait que de rares et de rapides moments à donner aux Français affamés de sa vue, et que sa cordiale vivacité et son intelligence ravissaient, eut bientôt une autre et plus difficile épreuve à subir. On venait à Prague pour faire une manifestation, et il était convenu que cette manifestation aurait lieu le 29 septembre, lorsque tout à coup, la surveille du jour fixé, le bruit se répandit que la duchesse de Berry, qui se rendait à Prague, étant tombée malade en route, Charles X allait partir avec M. le duc de Bordeaux et MADEMOISELLE pour aller au devant d'elle. Ici la défiance réciproque qu'avait fait naître, entre les visiteurs de Prague et quelques-uns des plus fidèles serviteurs des Bourbons exilés, le malentendu dont nous avons parlé, devint plus vive. Les plus impatients crurent qu'on voulait éluder une parole donnée, et il y eut un moment d'irritation prononcée chez les uns, et de douleur profonde chez les autres. Mais, après quelques pourparlers, tout s'arrangea, et il fut convenu que M. le duc de Bordeaux, différant son départ, réunirait tous les Français dans la matinée du 27 septembre, au château de Buschtirhad, et que Madame la Dauphine, qui allait au devant de Madame la duchesse de Berry, n'emmènerait avec elle que MADEMOISELLE.

Le 27 septembre 1833, dès huit heures du matin, un grand nombre de voitures roulaient sous l'avenue de pommiers qui conduit de Prague à Buschtirhad. La route, ordinairement si triste, était vive et animée; il y avait des rencontres imprévues, car beaucoup de voyageurs, arrivés à l'instant même, se hâtaient de prendre la direction de Buschtirhad pour assister à la scène qui allait s'y passer.

A onze heures, l'assemblée réunie à Buschtirhad se composait de plusieurs centaines de personnes, venues de tous les points de la France, de Cambrai comme de

Bayonne, de Dieppe comme de Lyon, de la Bretagne comme du Languedoc, de Paris comme de Marseille. Onze pairs de France, cinq lieutenants généraux, trois maréchaux de camp, quatre colonels, trente-huit officiers de divers grades, en faisaient partie. On y remarquait aussi un ancien député, un ancien préfet et les deux sous-préfets de son département, un jeune secrétaire général, le directeur d'un journal de Paris, trois directeurs de gazettes de province, trois étudiants de l'école de droit de Paris, un étudiant de l'école de Toulouse, un élève de l'école de Rennes, un élève de l'école de médecine de Paris, trois anciens élèves de l'École polytechnique, un ouvrier de Bordeaux, un ouvrier de Paris, un curé de campagne, un membre de l'Académie des sciences et trois artistes. Parmi les assistants, il y en avait huit que l'on se montrait avec une vive sympathie; nous voulons parler des huit condamnés à mort.

A midi, M. de Damas, gouverneur de M. le duc de Bordeaux, fit prévenir les Français réunis chez M. de la Villate, que le prince allait les recevoir, et, s'avançant à leur rencontre, il les introduisit lui-même chez son royal élève. Le prince était debout, vêtu d'une redingote de velours vert; une fraise à la Henri IV accompagnait l'ovale de son visage, dont on trouve la ressemblance fidèle dans le portrait que dessina, à cette époque, Grévedon. Ceux qui l'avaient vu à Holy-Rood le trouvèrent grandi, embelli et fortifié; ceux qui ne l'avaient pas vu depuis Rambouillet et Cherbourg, le reconnurent à peine, tant le climat d'Écosse avait exercé une influence heureuse sur son développement physique. Un front haut et remarquablement pur, un nez légèrement aquilin, un regard doux et brillant, un son de voix vibrant et sonore quand il parla, voilà ce qui frappa dans son extérieur. L'émotion était générale, et il était visible que Henri la partageait : la rougeur qui colorait son visage, l'éclat de ses regards, annonçaient assez que le sang du noble enfant circulait plus promptement dans ses veines, et que son cœur battait plus vite. Alors ces Français venus de si loin, formèrent le demi-cercle autour du petit-fils de Henri IV ; on fit silence, et M. Édouard Walsh, qui avait été chargé de porter la parole, s'exprima ainsi :

« Légitimistes français, vos jeunes compatriotes,
« nous venons, au jour de votre majorité, vous assu-
« rer de notre dévouement et vous présenter nos
« hommages.

« Daignez recevoir nos vœux, qui se confondent
« avec ceux que nous formons pour la France. Dans
« tout ce qui peut contribuer à son affranchissement
« et à son bonheur, vous ne sauriez être séparé d'elle.
« Appelé à relever sa destinée, sûr de toujours la
« comprendre, elle vous devra ce qu'elle a dû à un
« plus glorieux ancêtre, et vous serez, ainsi que vous
« l'avez promis vous-même, l'Henri IV second de la
« France. »

Le jeune prince répondit :

« Je travaille de toutes mes forces à me rendre
« digne des devoirs importants que ma naissance
« m'impose et que vous venez de me rappeler ; c'est,
« je crois, le plus sûr moyen de reconnaître les senti-

« ments que vous venez de m'exprimer au nom de « nos jeunes compatriotes. Je ne serai heureux que « quand il me sera permis d'unir mes efforts aux « vôtres et aux leurs pour l'affranchissement de notre « commune patrie.

« Soyez-en persuadés, Messieurs, je sais apprécier « les motifs qui ont inspiré votre démarche, et que « vous venez de me rappeler; il me sera doux de con- « server vos noms, et plus encore de vous montrer un « jour que je n'en ai pas perdu le souvenir. »

Aussitôt un cri qui indiquait le sens de la manifestation qui venait d'avoir lieu, ébranla la voûte du château de Buschtirhad. L'émotion était universelle et profonde. Ceux qui avaient quelques souvenirs de la patrie absente à présenter au jeune prince s'avancèrent successivement en dehors du cercle: M. de Philibeaucourt lui offrit une médaille d'or frappée pour perpétuer le souvenir de cette journée; le vicomte de Nugent lui attacha, au nom des royalistes de Paris, une paire d'éperons d'or sur lesquels étaient gravés ces mots: *France! en avant! en avant!* le vicomte Édouard Walsh présenta, au nom des royalistes de l'arrondissement de Dieppe, une belle statue en ivoire de Henri IV avec Sully à ses pieds, œuvre remarquable de M. Blard; M. de Mey une épée d'or et une aigrette; puis vinrent d'autres présents offerts au nom de plusieurs villes de France. Quand ces offrandes eurent été déposées devant le prince, il se mêla aux groupes qui s'étaient formés dans la salle, et l'on applaudit à quelques paroles naturelles et sans apprêt qui exprimaient la reconnaissance du fils pour ceux qui avaient souffert et exposé leur vie à la voix de la mère. Bientôt après, on vint l'avertir que M. de Châteaubriand, qui venait d'arriver à Buschtirhad, se présentait pour le voir; alors il dit aux Français qui l'entouraient: « Au revoir, Messieurs, voilà qu'il « m'arrive quelqu'un que vous aimez tous, un ami de « ma mère, M. de Châteaubriand; vous ne m'en vou- « drez pas de vous quitter pour courir à lui. » En achevant ces paroles, le royal enfant, s'élançant rapidement vers l'escalier, se mit à courir avec la vivacité de son âge au devant de l'illustre écrivain dont son grand-oncle Louis XVIII avait dit: « Son livre m'a valu une armée. » C'était un touchant et poétique spectacle que celui qu'offrait aux Français réunis dans les salons du vieux château, M. de Châteaubriand inclinant son front plein de pensées vers ce doux et riant visage d'enfant. Les Français qui avaient assisté à cette scène se retirèrent lentement, en emportant les vives et douces émotions qu'elle avait laissées dans leur cœur. Formés en groupes nombreux et animés dans les avenues du château de Buschtirhad, dont les ronces et les épines disparaissaient, ce jour-là, sous les pas de ceux qui étaient venus de si loin peupler la solitude et fouler les sentiers déserts et abandonnés de l'exil, ils se communiquaient encore leurs impressions, lorsque Henri, qui, après être resté quelques moments avec M. de Châteaubriand et le prince et la princesse de Beauffremont, était monté à cheval, passa devant eux. Un long vivat, répété par toutes les bouches de ces Français, le salua; il répondit en découvrant son front: Vive la France! C'était un adieu. Quelques minutes après, toutes les voitures roulaient sur la route de Prague. Le paysage du château de Buschtirhad, si animé un instant auparavant, avait retrouvé son caractère de tristesse et de désolation, et la solitude et le silence, ces tristes gardiens de l'exil, reprenaient leur empire un moment suspendu.

M. de Châteaubriand a raconté lui-même les impressions qu'il éprouva dans le voyage de Bohême. « La « dernière fois que je vis les proscrits de Rambouil- « let, a-t-il dit, c'était à Buschtirhad, en Bohême; « Charles X était couché, il avait la fièvre : on me « fit entrer de nuit dans sa chambre : une petite « lampe brûlait sur la cheminée ; je n'entendais, dans « le silence des ténèbres, que le trente-cinquième « successeur de Hugues-Capet. Mon vieux roi ! votre « sommeil était pénible ; le temps et l'adversité, lourds « cauchemars, étaient assis sur votre poitrine. Un « jeune homme s'approcherait du lit d'une jeune fille « avec moins d'amour que je ne me sentis de respect « en marchant d'un pied furtif vers votre couche soli- « taire. Du moins je n'étais pas un mauvais songe « comme celui qui vous réveilla pour aller voir expi- « rer votre fils ; je vous adressais intérieurement ces « paroles, que je n'aurais pu prononcer tout haut « sans fondre en larmes : « Le ciel vous garde de tout « mal à venir ! Dormez en paix ces nuits avoisinant « votre dernier sommeil ! Assez longtemps vos vigiles « ont été celles de la douleur ; que ce lit de l'exil « perde sa dureté, en attendant la visite de Dieu. Lui « seul peut rendre légère à vos os la terre étran-

« gère. » — Dans le refuge de Charles X, j'avais ren-
« contré le frère et la sœur; ils avaient l'air de deux
« petites gazelles cachées parmi des ruines. Pour
« trouver ces deux aimables enfants, le pèlerin de la
« Terre-Sainte avait heurté avec son bâton et ses
« sandales poudreuses à la porte de l'étranger; Blon-
« del en vain chanta au pied de la tour d'Autriche;
« il ne put rouvrir aux exilés les chemins de la
« patrie. »

Ainsi chantait le poète, aussi fidèle, mais plus éloquent que Blondel.

Le voyage de Prague était terminé. Les Français avaient hâte de retourner dans leur pays; cependant un grand nombre d'entre eux voulurent se réunir encore avant de se séparer. Plusieurs banquets eurent lieu : à l'hôtel des Bains, où cent quatre-vingts Français se retrouvèrent réunis; à l'hôtel des Trois-Tilleuls, où l'on comptait jusqu'à deux cent trente-sept convives. On y invita les condamnés à mort pour leur faire plus d'honneur; ils étaient, on l'a dit, au nombre de huit; plus de trente autres, parmi les convives, avaient passé par les prisons du nouveau pouvoir. Il y avait, autour de ces tables, les vieux soldats qui avaient suivi le vieux drapeau tricolore depuis Marengo jusqu'à la Moskowa, glorieux legs que la monarchie avait reçu de l'Empire, et qu'elle avait conservé; des hommes d'épée, des magistrats, des propriétaires, des négociants, des artistes, des hommes de parti hardis et déterminés qui avaient sacrifié leur fortune et risqué leur tête; des grands noms noblement portés. Bientôt le vin de Bordeaux circula à plein verre, et des toasts furent proposés : aux Bourbons de la branche aînée par M. de Pigneroles, ancien député ; à Henri de France, par M. le Coulteux de Canteleu ; au roi Charles X, par le duc de Rivière; à MADAME, par M. du Fougeray ; au Dauphin et à la Dauphine, par MM. de la Bouillerie et Walsh ; à MADEMOISELLE, par le vicomte de Nugent; aux condamnés royalistes, par M. de la Villate ; à l'armée française, par M. de Bruc. Plus on avançait dans le repas, plus les cœurs s'échauffaient, et les têtes s'échauffaient avec les cœurs; et, debout, pleins d'enthousiasme, tous ces jeunes hommes heurtaient leurs verres, confondaient leurs voix, saluaient de leurs acclamations les noms des princes qui leur étaient chers. Tout cela se faisait avec *cette furie française* qu'on retrouve dans la salle d'un banquet comme sur un champ de bataille ; on aimait, on chantait, on buvait, à cœur plein, à pleine voix, à plein verre ; on allait de table en table échanger de chaleureux toasts, et l'on prolongeait à dessein ces scènes émouvantes ; le lendemain on devait partir !

Un certain nombre de Français demeurèrent cependant quelques jours encore à Prague, et y attendirent le retour de la famille royale [1] ; un plus petit nombre

[1] Ce fut alors qu'une députation de Bordelais, composée d'hommes distingués appartenant à toutes les classes de la société, fut introduite près du jeune prince. Madame la Dauphine, à qui cette députation présenta d'abord ses hommages, la reçut avec cette bienveillance marquée que le souvenir de Bordeaux excita toujours dans son âme. Elle parla aux personnes dont elle était composée, de Henri de France, avec tendresse et sollicitude. « Avez-vous vu votre ancien duc? » leur demanda-t-elle

parvinrent jusqu'à Léoben, où MADAME, duchesse de Berry, se trouvait réunie à ses enfants et à sa famille.

La police de Vienne refusait obstinément à tous les Français la permission de voyager sur cette route ; mais il y avait des obstinations bretonnes capables de tenir tête à toutes les tenacités allemandes, et, si le caractère germanique est plus dur et plus fort, l'esprit français est plus vif et plus subtil. Quelques-uns de ceux à qui on refusait des passe-ports s'en passèrent, et, grâce à la rapidité de leur course, parvinrent à Léoben sans être arrêtés. Habitués depuis trois années à lutter avec la police du juste-milieu, ils n'étaient pas à leur apprentissage de ressources et de ruses pour déconcerter la police allemande, plus sévère qu'ingénieuse. C'est ainsi que deux jeunes Français, se divisant les rôles, entraient, par une belle soirée d'octobre, à Léoben. Un des deux [1], en habit de voyage, était demeuré dans la voiture, dont le postillon avait reçu l'ordre de sonner du cor et de faire beaucoup de bruit pour attirer l'attention, tandis que l'autre [2] se glissait à pied dans la ville, en habit de salon. Le premier savait qu'il allait être arrêté, mais pendant qu'il bataillerait avec la police, le second devait parvenir jusqu'à MADAME, duchesse de Berry,

---

avec l'accent le plus affectueux. Le duc de Bordeaux répondit au discours du chef de la députation ; voici le début de cette réponse : « Dites à vos « fidèles compatriotes que, de loin comme de près, mes premiers vœux « seront pour ma patrie; dites-leur que le nom de la ville que j'ai reçu « en naissant ne cessera jamais d'avoir des droits à mon attachement. »

[1] Le comte Alfred Walsh.

[2] Le vicomte Édouard Walsh.

et obtenir par son intervention un permis de séjour. Les choses se passèrent exactement comme les deux voyageurs l'avaient prévu. Celui qui était en voiture fut arrêté, le piéton pénétra sans coup férir dans la ville. Tandis que le premier expliquait, aussi mal que possible, comment il avait pu se faire qu'un postillon amenât sa voiture de Vienne à Léoben avec un passeport de Vienne à Munich, le second rencontrait le vicomte de Saint-Priest ; le vicomte de Saint-Priest se hâtait d'avertir MADAME, et le roi Charles X, apprenant à table l'embarras des deux royalistes en contravention, leur faisait obtenir, avec l'amnistie du gouvernement autrichien, un permis de vingt-quatre heures de résidence à Léoben.

C'est ainsi qu'ils purent voir le soir Mme la duchesse de Berry, qui, entourée, quelques instants avant, de ses deux enfants, venait de retrouver un peu de bonheur après de si cruelles épreuves. Sa longue captivité lui avait laissé de la pâleur sur le visage, de la tristesse au fond de l'âme ; mais elle se ranima dans la soirée, en entendant redire l'impression qu'avait produite sur les Français son Henri, dont elle était fière, et qu'elle retrouvait si tendre et si empressé auprès d'elle, ainsi que sa sœur. Elle parla avec orgueil de ses enfants, avec amour de la France, avec reconnaissance de la Vendée, avec affection de ceux qui l'avait servie, avec de douloureux regrets de ceux qui étaient morts. Les noms de Cathelineau, Bonrecueil, Trégomain, Bascher, Bonnechose, d'Hanache, de la Roberie, vinrent se placer tristement sur ses lèvres ; puis, tout à coup, retirant son bras de la console sur laquelle elle était appuyée : « J'ignore les « destins futurs de la France, dit-elle, mais je ne sais « qu'une chose, que je vous charge de redire à mes « amis et à mes ennemis : si jamais trois baïonnettes « étrangères se croisent contre la France pour le « partager, j'irai me mettre à l'encontre et leur pré- « senterai ma poitrine. »

Ainsi parlait Marie-Caroline.

Le lendemain de cette soirée, par une froide et triste matinée du mois d'octobre, les deux jeunes voyageurs qui avaient réussi à tromper la police autrichienne descendaient l'escalier de leur auberge pour partir. On entendait la cloche de l'église sonner une messe ; ils rencontrèrent sur le carré une femme qui sortait d'une des pauvres chambres de leur misérable hôtellerie, et qui, vêtue de deuil et enveloppée d'un châle noir jeté à la hâte sur ses épaules, semblait s'empresser de se rendre à l'appel de la prière. Leurs fronts s'inclinèrent profondément, et leurs yeux se mouillèrent : on était au 16 octobre, et c'était Mme la Dauphine qui allait entendre une messe des morts pour l'anniversaire de la reine.

Tel fut ce voyage de Prague, dont il ne faut point méconnaître le caractère. Malgré la chaleur de sentiments qu'apportèrent, dans cette démarche, ceux qui la firent, ce n'était point la reprise du mouvement de 1832, c'en était la fin. L'action armée avait joué sa chance, et cette chance était demeurée ensevelie sous les ruines du château de la Pénissière et avec les victimes du combat du Chêne. C'était surtout l'imminence de la guerre étrangère qui avait enfanté la guerre civile, parce que les royalistes de l'action armée ne pensaient pas que le gouvernement fût dans les conditions nécessaires pour résister à une invasion, et qu'ils croyaient avoir un grand service à rendre au pays en arrêtant l'ennemi sur la frontière devant le drapeau blanc déployé au nom de Henri V. Les éventualités de guerre, en s'éloignant, comme elles s'éloignaient en effet par le dénoûment pacifique de la question belge, emportèrent avec elles les éventualités de la guerre civile. L'événement, cet arbitre qui, s'il n'est pas toujours le plus juste, est toujours le plus fort, avait prononcé contre la régence de Madame la duchesse de Berry et contre l'action armée. On entrait dans une situation nouvelle, situation de patience et de longue attente. Les principes de force ou de faiblesse que la révolution de 1830 portait en elle allaient se développer au milieu du bruit des faits et de la lutte enflammée des intérêts et des passions, tandis que l'enfance de Henri de France se développerait dans le silence et la solitude de l'exil, jusqu'à ce que ce double développement eût atteint son dernier terme, en mettant une révolution consolidée ou moralement détruite par l'épreuve du temps, en face de l'enfant du 29 septembre devenu homme.

C'était l'instinct secret de cette situation toute d'avenir qui avait amené tant de Français à Prague pour l'époque solennelle du 29 septembre 1833; après un échec comme celui auquel avait abouti la prise d'armes de 1832, ils ne voulaient pas qu'on pût croire à leur découragement, à leur défaillance, à leur démission, et ils venaient à Prague renouveler, avec l'exil, leur bail de dévouement et d'affection pour les années qui allaient suivre. Ce sentiment avait paru dans le discours adressé à Henri de France lors de la scène de Buschtirhad; on n'y parlait que d'avenir. C'était là le vrai sens du voyage de Prague, comme MADEMOISELLE avait donné aux royalistes qui le firent, leur véritable devise pour les temps où ils entraient, en leur rappelant souvent cette légende italienne qu'elle avait adoptée: *Speriamo*, et que tous les pèlerins de Prague firent graver sur un cachet comme un souvenir de leur voyage: *Speriamo, giacchè la speranza sola puo sostenerci in vita.* Or, qu'est-ce que l'espérance? un regard détourné du présent et dirigé vers l'avenir.

Cela fut si bien compris en France, que, peu de mois après, lorsque le ministère déféra au jury la relation du voyage de Prague, comme contenant le double délit d'*attaque contre les droits que le roi des Français tient du vœu de la nation, et de provocation à la désobéissance aux lois*, le jury, comprenant, sur les explications de M. de Genoude, qui avait fait insérer cette relation dans la *Gazette de France*, et sur la belle plaidoirie de M. Janvier, que le voyage de Prague ne pouvait avoir pour effet des actes de renversement et de violence, renvoya les prévenus de la plainte.

« Les actes de conservation d'un principe, avait dit « M. de Genoude dans un remarquable discours, n'ont « rien de contraire à l'intérêt de la France. Ce n'est « point là une agression, mais une simple manifesta- « tion d'opinion. Il y a plus, cette démarche avait

« encore un autre motif: les actes de Rambouillet, « enregistrés aux deux Chambres, étaient regardés « comme nuls par quelques personnes, et l'on prêtait « à Charles X l'intention de revenir sur ces abdica- « tions acquises à la France. Il était important que « nul ne gardât aucun doute à cet égard; il n'y a « plus de doute aujourd'hui. Si les royalistes avaient « dit que Henri V pouvait former un gouvernement, « parce qu'il atteignait sa majorité de quatorze ans, « qu'il pouvait défendre de payer l'impôt et d'obéir au « recrutement, on comprendrait que leur démarche « pût inquiéter le pouvoir; mais il n'a été dit rien de « pareil. Chez les anciens, il y avait des consuls, c'est- « à-dire des hommes prévoyants dont la vigilance de- « vait s'étendre sans cesse sur la sécurité publique. « Au milieu des dangers dont nous sommes environ- « nés, laissez des hommes passionnés pour la France « voir de loin les périls, chercher les moyens de les « conjurer, et préparer un asile où nous puissions « tous échapper à la tempête. »

Après que M. de Genoude eut ainsi parlé, on entendit M. Janvier, dont les paroles doivent être d'autant plus soigneusement notées, qu'il n'appartenait pas aux opinions légitimistes, et qu'il devait plus tard tenir une place importante parmi les députés qui représentaient à la Chambre les opinions les plus dévouées au nouveau pouvoir. Il avait défendu avec succès plusieurs des jeunes voyageurs de Prague, et avait prouvé, ce sont ses propres paroles, que « c'était une dérision que de vouloir transformer en conspiration un chevaleresque pèlerinage ». Il partit de là pour établir que « ce serait une monstrueuse et absurde contradiction qu'il fût coupable de raconter ce qu'il n'avait pas été coupable d'accomplir ». Puis, se laissant aller à un de ces mouvements d'enthousiasme et de poésie qui, devant les cours d'assises de l'Ouest, avaient plus d'une fois ému les juges assis sur leurs siéges, en faveur des accusés politiques ses clients :

« Les puissances tombées, s'écria-t-il, ont des pres-« tiges pour des âmes généreuses. Il leur est difficile « surtout de ne pas s'émouvoir pour l'orphelin dé-« couronné en qui les infortunes de sa famille pren-« nent un si touchant caractère. L'assassinat et l'exil, « voilà les destinées dont elle lui offre l'exemple. Sa « vie, commencée sous les auspices de l'assassinat, « est déjà dévouée aux horreurs de l'exil. Royal en-« fant, je ne suis point de ceux qui se sont prosternés « avec idolâtrie autour de ton berceau, qui ont men-« dié, comme des faveurs, les naïfs bégaiements de « ton enfance, qui tombaient à genoux devant la « grâce qu'on dit dans ton sourire, et la rayonnante « fierté qu'on dit aussi dans ton regard ; j'ignore le « dévouement des temps antiques, le dévouement aux « personnes, et pourtant j'éprouve pour toi un charme « et presque un respect douloureux ; car enfin tu es « le symbole d'un principe qui, pendant des siècles, a « été cher à la France. C'est par lui qu'elle est deve-« nue la grande nation. Ce principe, inviolé depuis « Hugues-Capet, s'est personnifié glorieusement dans « Louis le Gros, Philippe-Auguste, dans saint Louis, « Louis XII, François Ier, Henri IV, Louis XIV et « Louis XVI. Tombé aujourd'hui dans un frêle enfant,

« il le marque parmi les hommes d'une mystérieuse « consécration, qu'on peut renier du bout des lèvres, « mais qu'on reconnaît dans son cœur. Du reste, pour- « quoi se défendre d'une impression qui étonne à la « surface du raisonnement, mais qui s'explique dans « ses profondeurs? La philosophie de l'histoire, cette « science nouvelle pour laquelle tous les esprits su- « périeurs sont en travail, place au rang de ses « maximes la vocation providentielle de certains peu- « ples et de certains hommes. Une analogie néces- « saire ne tiendrait-elle pas à admettre la vocation « de certaines familles chargées, elles aussi, de repré- « senter et d'accomplir une idée dans le monde so- « cial? Nul ne possède le secret de l'avenir, nul ne sait « ce qu'il réserve au jeune exilé de Buschtirhad, et « c'est pourquoi tous le prédisent diversement, suivant « leurs haines ou leurs affections, leurs craintes ou « leurs espérances. Tandis que les uns prédisent à « l'enfant-roi la vie aventureuse de l'héritier des « Stuarts, ou la mort mélancolique du fils de Napo- « léon, d'autres, dont la fidélité soutient les espéran- « ces, sont accourus vers lui pour solenniser l'anni- « versaire de sa virilité royale et lui ont dit : « Henri, « nous te saluons notre roi ; nous venons de France, « ne désespère pas d'elle, elle ne désespère pas de toi. « Henri, tu régneras sur nous comme tes pères ont « régné sur nos pères ; mais attends, plutôt que de « rapporter à ta patrie la guerre civile, ses fureurs « et ses désastres, plutôt surtout que de revenir pré- « cédé d'un Cosaque dont l'ignoble pique brandirait « insolemment ta couronne déshonorée !..... Attends,

« les années ne te manquent point, et prépare-toi à « te rendre digne de ton siècle et de ton pays ; pré- « pare-toi à résumer toutes les gloires de tes aïeux « sans imiter leurs fautes, et tu perpétueras la mo- « narchie en la transformant, et la révolution elle- « même, dans ce qu'elle a de vrai, de grand, de beau, « acceptera ta légitimité. »

Ainsi se prolongeait le retentissement du voyage de Prague, et les échos de la cour d'assises renvoyaient à tous les points de France la voix éloquente d'un des amis les plus éclairés et les plus honorables du nouvel ordre de choses, assignant à ce voyage son véritable caractère, en rappelant les émotions du passé.

FIN DU PREMIER VOLUME.

TABLE DES MATIÈRES

CONTENUES DANS LE PREMIER VOLUME

Nantes. — Imp. Vincent Forest et Émile Grimaud, place du Commerce, 4.

www.ingramcontent.com/pod-product-compliance
Ingram Content Group UK Ltd.
Pitfield, Milton Keynes, MK11 3LW, UK
UKHW020108200726
13856UKWH00002B/433

9 782011 615688